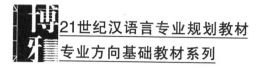

21世纪汉语言专业规划教材
专业方向基础教材系列

当代语法学教程

熊仲儒 著

图书在版编目(CIP)数据

当代语法学教程/熊仲儒著.—北京:北京大学出版社,2013.9
(21世纪汉语言专业规划教材·专业方向基础教材系列)
ISBN 978-7-301-23175-3

Ⅰ.①当… Ⅱ.①熊… Ⅲ.①汉语—语法—高等学校—教材 Ⅵ.①H14

中国版本图书馆 CIP 数据核字(2013)第 208203 号

书　　名：当代语法学教程
著作责任者：熊仲儒　著
责　任　编　辑：唐娟华
标　准　书　号：ISBN 978-7-301-23175-3/H·3398
出　版　发　行：北京大学出版社
地　　址：北京市海淀区成府路 205 号　100871
网　　址：http://www.pup.cn　新浪官方微博:@北京大学出版社
电　子　信　箱：zpup@pup.pku.edu.cn
电　　话：邮购部 62752015　发行部 62750672　编辑部 62767349
　　　　　出版部 62754962
印　刷　者：三河市北燕印装有限公司
经　销　者：新华书店
　　　　　650 毫米×980 毫米　16 开本　19.5 印张　320 千字
　　　　　2013 年 9 月第 1 版　2018 年 5 月第 2 次印刷
定　　价：39.00 元

未经许可,不得以任何方式复制或抄袭本书之部分或全部内容。
版权所有,侵权必究
举报电话：010-62752024　电子信箱：fd@pup.pku.edu.cn

编写与使用说明

陆俭明先生（1997）很早就指出："在对外汉语教学中不宜大讲语法，更不能大讲语法理论，这已成为大家的共识。但是，这不等于说，从事对外汉语教学的老师可以不关心语法，可以不学习语法理论。事实告诉我们，对外汉语教学的老师懂得语法，学习掌握一定的语法理论，将大大有助于提高对外汉语教学的质量。"不管是二语教学还是一语教学，都是如此。这几年给本科生讲现代汉语语法学与对外汉语教学语法，也给硕士生讲句法学，我萌生了一个想法，就是编一本语法学教程。我心目中的语法学教程首先得有时代性与学术性，其次得有系统性，更重要的是得有实用性与针对性。

实用性。本教程各章节编排了学习要点、推荐阅读与练习。学习要点让学生明确学习的重点，可以方便学生的预习和复习。推荐阅读让学生了解相关内容的来源与研究状况，可以激发学生的研究热情，为方便起见，推荐阅读只列中文论著。练习检验学生的已有知识状况并巩固课程学习，既有热身练习，又有巩固练习，练习题的类型和题量都比较多，使得教、学双方都比较方便。一部分练习来源于高校的考研试题，并配有答案提示，可帮助本科生考研复习；一部分练习是目前学界讨论的热点问题，可激发学生的研究热情，甚至可作为学位论文的研究对象。

针对性。本教程针对已有专业基础的本科生，采用循序渐进的方式进行讲解，概念或理论的引进，都是以学生的可接受性为起点。目前很多高校选用黄伯荣、廖序东或邵敬敏等先生主编的"现代汉语"教材，他们也会向学生推荐阅读朱德熙先生的《语法讲义》，但由于语法学体系的不同，各家的表述也有不同，学生就会无所适从。对此本教程会做出可能的解释。

比如说"着、了、过、得"等，一般认为是虚词，而朱先生则认为是后缀，本教程第一章就会讲结构主义语言学中黏附形式的身份识别问题，如黏附于短语的为虚词，黏附于词的为词缀，朱先生依据的就是该原则,从词的构成来讲也可以将它们处理为词。后边的章节就将这些黏附形式处理为功能范畴,它们之所以出现于词内并具有定位性,是因为发生的核心移位使之与动词融合,并且"嫁接与移位同向假设"使之只能出现于动词的右侧。

比如说"V＋P＋NP",黄廖本处理为"V|P＋NP",朱先生则分析为"V＋P|NP",本教程的第二章认为这两种处理反映着句法推导的不同阶段。

层次分析法、语义指向分析法、语义特征分析法、配价分析法、词类、句法成分等相关基础内容、经典案例,都将在本教程中呈现。

系统性。本教程系统地讲解了汉语语法的词法与句法,全书分4章讲词法,6章讲句法,3章讲语法与语义、语法与语音。全书以核心(head)为纲,在绪论中指明核心决定着结构体的类别和与之共现的成分,其他各章围绕着核心的作用展开。比如说第一章以偏正结构与动宾结构的复合词为例展示核心决定复合词的类别;第二章以把字句、状态补语为例展示功能核心的选择作用,并讲解了"功能范畴假设"和限制嫁接方向的"嫁接与移位同向假设";随后各章就根据这两条假设讲解动词短语、句子、名词短语、形容词短语、并列短语、语法与语义、语法与语音,并以此反哺构词法。

学术性。本教程适用于高年级本科生,也适用于汉语言文字学、语言学及应用语言学等相关专业的硕士生,他们有一定的汉语语法基础,所以针对这些学生的教材宜强调学术性。比如说两个语言单位的语序,两个语言单位在进行组合时,谁在前谁在后,逻辑上存在两种可能,为了限制组合的方向,本教程提出"嫁接与移位同向假设",为满足该假设,本教程提出"词汇核心在后,所有扩展它的功能核心在前"。再比如说选择性,汉语的"吃"除了跟食物这样的受事组合,还可以跟工具("吃大碗")、处所("吃食堂")等组合,为解释这种现象,本教程提出了"功能范畴假设"。这些假设有一定的解释力和限制力。

当代性。高等学校语言学科的基础教材一般是以结构主义语言学的理论为基础,但西方语言学已经发展出生成语法、认知语法等学术流派,并以生成语法为主流。本教程以生成语法的近期理论"最简方案"为基础描写、解释汉语的一些重要的语法现象,主要意图是让学生尽早接触当代语言学的理论、观念与技术手段。

引进"核心"概念。汉语学界有中心语这样的句法成分,却没有引进结构主义的"核心"概念，更没有引进生成语法的"核心"概念。本教程的绪论根据黄廖本上的特殊偏正结构"经济的发展"引进生成语法中的"核心"，并用胡裕树、范晓先生（1994）关于"的"名词化的作用论证核心具有决定结构体类别的属性，在第一章用复合词进一步论证该观点。

引进 DP 假设。国外对名词性短语有了一些新的看法，如提出了 DP 假设，我们在名词短语这一章节就按 DP 假设分析汉语中的名词短语，对"的"字短语的转指、名词短语的短语结构与指称属性进行了讲解。

引进"控制理论"。汉语学界有语义指向理论，但它只是一种描述性理论，没有限制。本教程由结果补语的语义指向引进控制理论，并介绍了最短距离原则以限制控制语的位置，并探讨了控制理论在汉语句法中的作用，如：限制句法结构、解释语法行为、帮助判断语义指向与论元选择。

引进焦点理论。副词的语义指向汉语界也有很多描述，本教程引进了算子、焦点关联、三分结构等概念，并从句法的角度进行了探讨。

引进分布形态学的观念。在分布形态学中，词汇范畴实际上是没有范畴特征的词根，类似于实词无类的观念，其词类由扩展它的功能范畴决定，所以本教程没有特别强调词类，而只是将词类问题放到教材的后边讲解，并用类似的观念重新分析汉语的构词问题。

生成语法认为语言具有共性，变异只在功能范畴。本教程凸显了该观念，既把功能范畴用在句法上，也把它用在词法上。

那么，如何使用本教程呢？我们建议可根据每周开设课程的学时数进行灵活调整。一般来说，一个学期有 17 个教学周，如果每周只有两个学时，可上到第八章，后边的章节可指导学生自学。第九章的形容词短语、第十章的并列短语与第十一章的词汇范畴可在学生学完名词短语之后自学；第十二章的功能范畴可在学生学完句法假设之后自学；第十三章可在学生学完语音与语法之后自学。如果每周有三个学时，则可学完本教程。

目 录

零	绪论	1
	一 核心	1
	二 构造原则	6
	三 词类	12
第一章	合并式构词法	22
	一 词法规则	22
	二 词与短语	29
	三 黏附形式	41
第二章	句法假设	49
	一 嫁接与移位同向假设	49
	二 功能范畴假设	55
第三章	动词短语	67
	一 补语的位置	67
	二 时体范畴	70
	三 被动范畴"给"	78
	四 被动范畴"被"	80
	五 能性范畴"得"	83
第四章	制图理论	90
	一 时制短语	90
	二 话题化	96
	三 焦点	101
	四 语气词	104

第五章	名词短语	112
一	的系名词短语	112
二	量系名词短语	121
三	名词短语的指称性	128

第六章	控制理论	137
一	动结式	137
二	状态补语句	139
三	兼语句	142
四	作用	147

第七章	约束理论	156
一	句法约束	156
二	算子约束	163

第八章	语音与语法	182
一	语音黏附	182
二	移位动因	188
三	移位高度	194

第九章	形容词短语	203
一	形容词的扩展	203
二	形容词做补语	208
三	形容词的变价	210
四	形名合成词	216

第十章	并列短语	224
一	非结构体的并列	224
二	非同类结构体的并列	228
三	结构的范畴特征	231

第十一章	词汇范畴	237
一	范畴特征	237

二　名词 …………………………………………… 239
　　三　形容词 ………………………………………… 241
　　四　动词 …………………………………………… 244
　　五　介词 …………………………………………… 247
　　六　区别词 ………………………………………… 250

第十二章　功能范畴 ……………………………… 255
　　一　选择论元 ……………………………………… 255
　　二　指派题元 ……………………………………… 259
　　三　激发移位 ……………………………………… 262
　　四　确定句式的意义 ……………………………… 266

第十三章　移位式构词法 ………………………… 275
　　一　句法合成词 …………………………………… 275
　　二　词法合成词 …………………………………… 284

主要符号说明 ……………………………………… 295
后记 ………………………………………………… 298

零　绪论

> **学习要点：**
> 1. 了解核心决定结构的类别，也决定与之共现的成分。
> 2. 了解语法合并要满足选择性与局域性；选择性由核心决定，在合并时，核心及其所选成分都必须进行合并；局域性是对核心及所选成分在合并时位置上的限制。
> 3. 了解实词的内部分类不是很重要，研究的重点应放在扩展实词的功能范畴上，看它在合并与移位上的功用，并以此来解释语法行为与语音、语义表现。

一　核心

　　一个语言表达式的语法类别通常是根据其语法功能来确定的。语法功能指的是语言表达式的语法分布（distribution），就是它所能占据的语法位置的总和。朱德熙（1985）关于"划分词类只能根据词的分布，不能根据意义"的表述就是这种"分布观"的体现。分布一般只考虑有区别的分布，汉语学界一般认为词类与句法成分之间没有一一对应的关系，所以目前主要考虑它们的有区别特征的线性分布，如：

(1) a. 名词：[＋数量_____]∧[－副词_____]
　　 b. 动词：[＋_____宾语]∨[－很_____]
　　 c. 形容词：[－_____宾语]∧[＋很_____]
　　 d. 区别词：[! _____名词]
　　 e. 副词：[! _____动词]∨[! _____形容词]
　　 f. 数词：[! _____量词]
　　 g. 量词：[! 数词_____]

"_____"是相应的分布位置，"∧"表示"并且"，"∨"表示"或者"，"＋"表示具有某属性，"－"表示不具有某属性，"!"表示只具有某属性。(1a)是说名词分布于数量成分之后且不能分布于副词之后,即名词能受数量成分修饰而不能受副词修饰。(1b)是说动词能分布于宾语之前或者不能分布于"很"之后,即动词能带宾语或不能受"很"修饰。(1c)是说形容词不能分布于宾语之前并且能分布于"很"之后,即形容词不能带宾语且能受"很"修饰。(1d)是说区别词仅分布于名词之前,相当于说区别词只能做定语。(1e)是说副词仅分布于动词形容词之前,相当于说副词只能做状语。(1f)是说数词只能分布于量词之前。(1g)是说量词只能分布于数词之后。

根据分布标准可进行词类判断。比如说"喜欢"与"漂亮",前者既能出现于宾语之前,又能出现于"很"之后,后者只能出现于"很"之后,并且不能出现于宾语之前。如:

(2) a. 喜欢:很喜欢语言学　　[＋很＿＿＿＿]∧[＋＿＿＿＿宾语]
　　 b. 漂亮:很漂亮　　　　　[－＿＿＿＿宾语]∧[＋很＿＿＿＿]

按标准,"喜欢"是动词,"漂亮"是形容词。再如:

(3) a. 他多了十块钱。　　　＊他很多了十块钱。
　　 b. 他钱很多。　　　　　＊他钱很多了十块。

按标准,(3a)中的"多"为动词,(3b)中的"多"为形容词。

在语法类别的确定上,除了"分布观"之外还有"核心观"。核心观认为一个语言表达式的语法类别是由其内部一个被称为核心(head)的成分决定的[1]。早先对于什么是核心,以及如何确定核心,并没有一致的看法,但都感觉到语言表达式中有某个成分决定着整个语言表达式的类别[2]。比如说短语,黄伯荣、廖序东(2007)指出:"短语的功能是由它相当于哪类词的功能决定的。功能相当于名词的叫做名词性短语;功能相当于谓词的叫做谓词性短语,通常以动词、形容词为中心。"这段表述前边提到的是分布,后边提到的是内部成分,如谓词性短语"通

---

[1] 核心本身的语法类别是作为特异属性登录于词库或者说词典之中。词典是个材料库,它登录着原子单位的语义、语音、语法属性。我们可以设想有两种词典,一是词法词典,登录语素的相关属性;一是句法词典,登录词的相关属性。当然也可以只有一种。无论哪种情况,对原子单位而言,语义、语音、语法三种属性都是不可预测的。

[2] 美国结构主义语言学大师布龙菲尔德在区分向心结构与离心结构时,不仅要求向心结构中有跟短语类别相同的核心,也要求离心结构中有决定短语类别的特别成分。

常以动词、形容词为中心"。但他们没有提及名词性短语以什么为中心，因为"还有一种特殊的定中短语，属于名词性短语"。如：

(4) 经济的发展　　文艺演出　　他们的估计
　　凄然的笑　　　求学的希望　灯火的辉煌
　　别人的精明　　分析的精确

说（4）为名词性短语的理由很简单，从分布上看，这些短语只能或主要做主宾语。但学者们没有到此为止，而是在继续探讨它们为什么为名词性，最后的结论就是其中有某个成分决定着它们为名词性，这个决定（4）为名词性的成分是"的"。胡裕树、范晓（1994）认为"的"起着名词化①作用，他们认为"的"作为名词化的标志有两种形式：粘附形式与插加形式。

第一，粘附形式。是指"的"粘附于动词或形容词性词语之后，使之成为名词性词语的一种形式。如：

(5) "动词＋的"为名词性词语。

　　住的是洋式的房子，吃的是鱼肉荤腥。
　　这来的便是闰土。
　　男女混合的一群，有坐的，也有蹲的，争论着一个哲学上的问题。

(6) "动词性短语＋的"为名词性词语。

　　跌倒的是一个女人。
　　洗菜的是个女孩子。
　　回头人出嫁，哭喊的也有，说要寻死觅活的也有，抬到男家闹得拜不成天地的也有，连花烛都砸了的也有。

(7) "形容词＋的"为名词性词语。

　　先进的要带动落后的。
　　红的像火，粉的像霞，白的像雪。
　　家中只有老的和小的，人手不够了。

(8) "形容词性短语＋的"为名词性词语。

　　最可怜的是我的大哥。
　　说句不好听的，是黑面上的。

---

① 名词化就是把一个非名词性的成分用构词的或造句的手段使它转化为名词性成分的过程或操作。

在这个村庄里，有富得流油的，也有贫得肚子都填不饱的。

（9）"主谓短语＋的"为名词性词语。

我们反对的是空话连篇言之无物的八股调。
我关注的是妇女的命运。

第二，插加形式。是指"的"插加于动词性短语或形容词性短语中间，使之成为名词性词语的一种形式。这有以下一些情形：

（10）"的"插加于主谓短语之间，即"主语＋的＋谓语"成为名词性词语。

我的决不邀投稿者相见，其实也并不完全因为谦虚。
我的笑便渐渐少了。
他们的翻译和研究新医学，并不比中国早。
他的讽刺和幽默，是最热烈最严正的对于人生的态度。
还有他的静默，我也不会忘记。
骆晶玉对我的回答很感到满意。

（11）"的"插加在动宾短语中间，即"动词＋的＋宾语"成为名词性词语。

要想想，吃的饭穿的衣是哪里来的。
我们这两个民族是一条藤上结的瓜。
来的人很多。

（12）"的"插加在受事名词和动词之间，即"受事＋的＋动词"构成名词性词语。

这本书的出版是有重要意义的。
这个问题的解决，一点也离不开实践。
我们应当重视基础科学的发展。

说粘附形式与插加形式的"的"起到名词化作用，实际上就是将结构的整体属性归结为其部分的属性。对粘附形式而言，尽管其宿主（host）为动词或形容词性词语，但整体却是名词性词语；对于插加形式而言，尽管其操作的主体是动词性短语或形容词性短语，但其整体却是名词性词语。这说明"的"在其中可能起着重要作用，即可以改变宿主或操作主体的类别属性。在当代语言学中，只有核心才能决定整体的类别属性。如：

(13)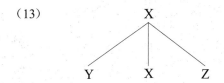

(13) 中 X 是核心,它决定着整体的类别属性为 X。所以,我们不妨将"的"看作名词性的核心,是它决定着所在结构的名词性。

不仅短语的类别由其核心决定,合成词的类别也可以由其核心决定。如汉语中的"子、儿、头"也可以决定所在合成词的名词性:

(14) ——子——扳子　塞子　骗子　傻子　胖子
　　 ——儿——盖儿　画儿　印儿　黄儿　尖儿
　　 ——头——念头　看头　吃头　甜头　苦头

尽管这些词缀的宿主是动词性的或形容词性的,但其整体却是名词性的。从核心观来看,可以认为这些词缀是核心,是它们决定着这些合成词的类别。

核心在当代语言学中不仅可以决定整体结构的类别属性,还能选择与之共现的成分,即结构中可以出现什么样的 Y、什么样的 Z。朱德熙(1982)指出:"有的动词只能带体词性的宾语,不能带谓词性的宾语,例如:骑(马)、买(票)、捆(东西)、喝(一杯)、驾驶(汽车)、修理(电灯)。我们管这类动词叫体宾动词,有的动词能带谓词性的宾语,例如:'能(去)、会(写)、觉得(好)、打算(参加)、主张(先调查)、希望(快调查)'。我们管这类动词叫谓宾动词,有的谓宾动词也可以带体词性宾语,例如:喜欢说话(谓词性宾语)~喜欢孩子(体词性宾语)|赞成马上出发(谓词性宾语)~赞成这个意见(体词性宾语)。"这实际上就是核心的范畴选择(C-selection)方面的信息。

核心也有语义选择(S-selection)方面的信息,如有些动词选择施事做主语,有些动词选择感事做主语。施事是活动的激发者,感事是心理活动的经历者。如:

(15) a. *球踢了张三。　　　张三踢了球。
　　 b. *西瓜骗了猴子。　　狐狸骗了猴子。

"踢"选择"施事"做主语,"球"不符合施事的要求;"骗"选择感事做主语,"西瓜"不符合感事要求。

在汉语研究中,核心是个呼之欲出的概念,它决定着所在结构的整体属性,即范畴,也决定着与之共现的成分的范畴属性与语义属性,即选择性。短语的核心是决定短语属性的词,词的核心是决定词属性的语素。核心是原子单位,为简单起见,可认为词法中的核心是语素,句法中的核心是词。也就是说,核心要么是语素,要么是词,但不能是短语。核心的属性登录在词典中,不需要通过分布等方式进行拟测。研究者可以做关于核心属性的多种假定,然后进行评价,选出最合适的假定。

二　构造原则

语法指的是由小的语言单位合并成大的语言单位所依据的规则。语法研究的就是合并规则,即词法体如何合并为更大的词法体,句法体如何合并成更大的句法体。词法体的合并规则为词法,句法体的合并规则为句法。句法体包含词与句法体的组合,词法体包含语素与词法体的组合①,词是最大的词法体也是最小的句法体。词法体"形声字"是由词法体"形声"与"字"组成,"形声"是由词法体"形"与"声"组成,如(1a);"张三喜欢语言学"是由句法体"张三"与"喜欢语言学"组成,"喜欢语言学"是由句法体"喜欢"与"语言学"组成,如(1b):

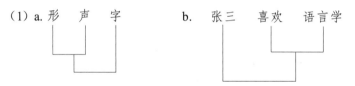

结构主义语言学一般采用直接成分分析法描写成分的组合,该分析法认为语言符号除了线条性还有组合性,即一个句子或者句法结构不仅仅是词的线性序列,而且还是按一定的语法规则一层一层地进行组合。在分析一个句子或语法结构时,按其构造层次逐层进行分析,在分析时,指出每一层面的直接组成成分,这种分析就叫直接成分分析法,也叫层次分析法。层次分析可以采用由大到小的切分,也可以采用由小到大的组合。在分析时,首先确定核心,然后根据依存关系确定与之相关的成分,最后采用由远至近并由左至右的切分。比如说:

---

① 这是一种递归定义,可参见 Chomsky(1995)。

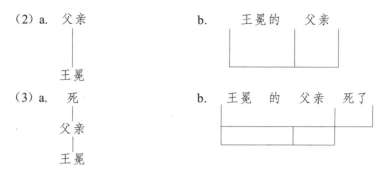

在（2a）中，"父亲"是核心，"王冕"跟"父亲"有依存关系；在（2b）中，切掉被依存的成分"王冕"。（3a）中"死"是核心成分，"王冕的父亲"是被依存的成分，同样，在被依存成分"王冕的父亲"中，"父亲"是核心，"王冕"是被依存的成分；在（3b）中，首先切掉"死"的被依存成分"王冕的父亲"，在第二层切掉"父亲"的被依存成分"王冕"。

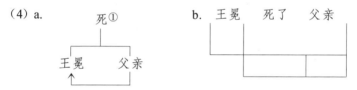

在（4）中核心是"死"，被依存的成分是关涉者"王冕"与受事"父亲"，"王冕"与"父亲"之间也有依存关系。在切分时，首先切掉左边的被依存成分"王冕"，在第二层切掉被依存成分"父亲"。

---

① 箭头表示"语义指向"，即这两个成分有某种语义上的联系。
② 为简单起见，在表征动词与相关成分的依存关系时，可忽略名词短语内部的依存关系。

(6) a.
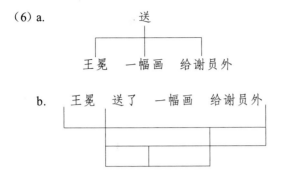

在（5—6）中，"送"是核心，被依存的成分有"王冕""（给）谢员外""一幅画"。在（5）中首先切掉最左边的"王冕"，在第二层切掉最右边的"一幅画"，在第三层切掉右边剩下的"谢员外"，如（5b）。在（6）中首先切掉最左边的"王冕"，在第二层切掉最右边的"给谢员外"，在第三层切掉右边剩下的"一幅画"，如（6b）。

(7) a.
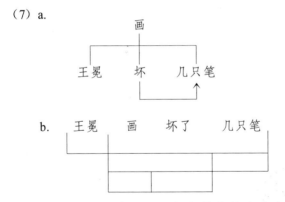

在（7）中，"画"是核心，与之依存的成分有施事"王冕"、结果"坏"与工具"几只笔"，如（7a）。切分时，首先切掉最左边的"王冕"，第二层切掉最右边的"几只笔"，在第三层切掉右边剩下的"坏"，如（7b）。

(8) a.

b.

在(8)中,"请"是核心,与之依存的成分有施事"王冕"、受事"谢员外"与目的"吃饭";在"吃饭"中,"吃"是核心,"饭"与之直接依存,"谢员外"与之间接依存。在切分时,首先切掉最左边的"王冕",第二层切掉最右边的被依存成分"吃饭",在第三层切掉右边剩下的被依存成分"谢员外",如(8b)。

(9)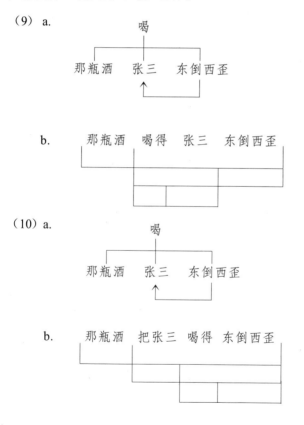

---

① 这是个兼语句,一般画作缠绕结构,以表示"谢员外"既是"请"的宾语又是"吃饭"的主语。根据依存关系与自远至近的切分,则不宜画作缠绕结构,也就是说"请谢员外吃饭"不是兼语结构。朱德熙(1982)也反对兼语说。对兼语的处理可参见第六章。

在（9—10）中，"喝"是核心，与之依存的成分有受事"那瓶酒"、施事"（把）张三"与状态"东倒西歪"。在（9）中首先切掉最左边的"那瓶酒"，第二层切掉最右边的被依存成分"东倒西歪"，在第三层切掉右边剩下的被依存成分"张三"，如（9b）。在（10）中，首先切掉最左边的"那瓶酒"，第二层切掉左边剩下的被依存成分"把张三"，在第三层切掉右边的被依存成分"东倒西歪"，如（10b）。

在选择性上，长期以来，大家接受的是动词中心说，如（3—10）都将动词处理为核心。本书主张的是功能范畴中心说。动词中心说与功能范畴中心说都认为某些成分之所以能够组合，是由选择性决定的，差异在于选择的主体不同，动词中心说的选择主体是动词，功能范畴中心说的选择主体是功能范畴。比如说：

（11）a. 王冕死了父亲。
　　　b. 王冕吃饭馆。

说（11a）中的"死"选择"父亲"大概是可以的，但说"死"选择"王冕"就有点儿不对了，因为"王冕并没有死"。说（11b）中的"吃"选择"王冕"大概是可以的，但说"吃"选择"饭馆"就有点儿勉强了，因为"王冕只是在饭馆吃饭，而没有以饭馆为食物"。所以本书持功能范畴中心说，认为由别的成分为动词选择成分，这个别的成分就是扩展动词的功能范畴。为动词选择成分的功能范畴可以称之为轻动词（light verb），记作"v"。也就是说，不管是（11a）还是（11b），都是 v 为其中的动词选择组合对象，在（11a）中，v 为"死"选择了"王冕"与"父亲"，在（11b）中，v 为"吃"选择了"王冕"与"饭馆"。

合并的方式很多，本书采用两两合并的方式，并且将动词这样的词汇范畴放在结构的最右侧，如果 v 这样的功能范畴为它选择一个组合成分，它就先跟 v 合并，接着跟另一成分合并；如果 v 为它选了两个组合成分，它就先跟其中一个成分合并，然后跟 v 合并，最后跟另一成分合并。如：

(12) a.

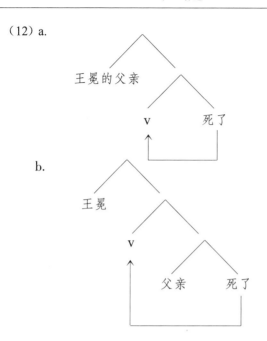

b.

(12a)中 v 为"死了"选择的是"王冕的父亲",(12b)中的 v 为"死了"选择的是"王冕"与"父亲"。至于(12b)中的"死了"为什么跟"父亲"合并而不是跟"王冕"合并,那是别的限制要求的。这个限制我们暂且不讨论,只要想着"死了"移到 v 位置就能得到我们想要的句子就行了。从一致性上讲,(12a)中的"死了"也要移到 v 位置。从(12b)来看,"王冕"与"父亲"都跟 v 近邻,实际上,(12a)中的"王冕的父亲"也跟 v 近邻。被选择者与选择者的近邻,是合并局域性的要求。

由此可见,合并要满足选择性与局域性。选择性管的是谁跟谁合并,局域性管的是谁跟谁在哪儿合并。这两个要求,对词、对短语、对句子,都相同。从这个意义上讲,词、短语、句子的构造原则相同,都是采用合并,合并都遵守选择性与局域性[1]。

---

[1] 朱德熙(1985)也认为"汉语句子的构造原则跟词组的构造原则基本上是一致的",即"句子的结构实际上就是词组的结构","句子不过是独立的词组"。朱先生的证据有二:一是汉语"动词和动词结构不管在哪儿出现,形式完全一样",二是汉语"主谓结构可以做谓语"。我们所理解的构造原则是各种句法体或词法体的内部成分在组合时遵守什么样的原则,从这点来看,各种语言中句子与短语、词的构造原则都是相同的。在生成语法中,句子也是词组,这也意味着各种语言中句子与短语的构造原则都是相同的。

三 词类

词类是词的语法类别。词类有两大类：词汇范畴与功能范畴，大致对应于汉语中的实词与虚词。功能范畴是扩展词汇范畴的范畴，词汇范畴是第一个被扩展的范畴。如：

(1) a.

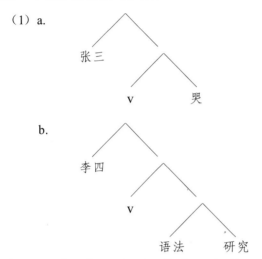

b.

在（1a）中，"哭"是词汇范畴，v是扩展该词汇范畴的功能范畴；在（1b）中，"研究"是词汇范畴，v是扩展该词汇范畴的功能范畴。在（1）中，"哭、研究"是动词还是名词并不重要，"张三、李四、语法"是名词还是动词也不重要，重要的是它受什么样的功能范畴扩展。这样一来，词汇范畴的内部区分就显得并不重要了。对词汇范畴的子类划分我们可以有三种策略：实词无类、词无定类、词有定类。

第一种策略是"实词无类"：不区分词汇范畴的子类。词在词库中没有规定类别，词类是句法计算的结果。这种策略类似于高名凯的汉语无词类的说法①，高名凯在《关于汉语的词类分别》里说，汉语的词只能分虚词和实词，实词不能再分类。按"实词无类"的策略，不仅汉语

---

① 实词无类，曾经是一种遭批判的观点。高名凯先生认为汉语实词不能分类的观点来自丁一种三段论的推导：实词的词类是按的形态划分的（大前提）；汉语的实词没有形态（小前提）；所以汉语的实词不能分类（结论）。吕叔湘先生认为高名凯的大前提不正确。按目前的实词无类的观点看，这大前提也不正确，因为"实词无类"不仅仅对汉语有效，对印欧语或别的语言也有效。换句话说，高名凯先生的前提虽然错误，但其结论却是正确的，而且可以推广（转下页）

"实词无类",英语和其他的语言也都是"实词无类"。

第二种策略是"词无定类":根据扩展它的功能范畴的特征来定词汇范畴的类。比如说,"哭、研究"受动词性的功能范畴扩展,就可以将"哭、研究"定为动词;如果受名词性的功能范畴扩展,可以将"哭、研究"定为名词。如:

(2) a. 我深深地理解,<u>这哭</u>,不仅仅是高兴、激动、同情的哭,而是有种更深层的内涵。

b. <u>这哭</u>不是由于难过也不仅因为委屈,并不源于憋闷也不单单为了她生活中所有的获得和所有的失落。

c. 他的研究者认为呢,就是说康奈尔大学的这个研究,没有说服力,它<u>这研究</u>主要是在实验室内进行的。

d. 如果我们研究两种生物,即使是<u>这研究</u>是周密进行的,除非我们得到大多数的中间连锁,我们就不能辨识一个物种是否是另一变异了的物种的祖先。

(3) a.　　　　　　　　b.

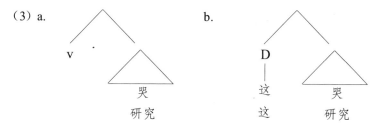

"哭、研究"在(3a)中由 v 决定它们为动词,在(3b)中由 D 决定它们为名词。这种策略类似于黎锦熙的"依句辨品,离句无品"的策略。

第三种策略是"词有定类":每个词在词库中都标明了确定的词类①。

(接上页)到其他语言。正因为实词无类,黎锦熙先生就可以做到"依句辨品、离句无品";甚至可以说,正因为实词无类,朱德熙先生就可以做到词有定类。

① 在生成语法的早期,句法计算采用自上而下的方式,先定义句子的组成,再定义句子组成的组成,如名词短语、动词短语的组成,这种定义采用的是范畴标记。如:

 a. S→NP VP
 b. NP→T N
 c. VP→V NP

自上而下地推导,会得到如下的序列:

 d. T N V T N

为了插入合适的词项,需要将每个词项标记上合适的范畴标记。后来,句法计算采用自底向上的方式,范畴标记就显得有些冗余,实词无类说也就可以提出了。

为了"词有定类",就不能根据句法成分确定实词的子类,为此,朱德熙(1985)提出"汉语词类跟句法成分(就是通常说的句子成分)之间不存在简单的一一对应关系"①的看法,也就是说不能根据一个词是充当主宾语、谓语还是定语等来确定其词类。如:

(4) a. 我进去的时候,他正在学习。　　　　　　　(谓语中心语)
　　　b. 今天老师发了很多学习材料。　　　　　　　(定语)
　　　c. 这孩子非常喜欢学习,到哪儿都拿着一本书。　(宾语)
　　　d. 学习要专心。　　　　　　　　　　　　　　(主语)
(5) a. 历史是一面镜子。　　　　　　　　　　　　(主语)
　　　b. 王强专门研究历史。　　　　　　　　　　　(宾语)
　　　c. 这是一本历史书。　　　　　　　　　　　　(定语)
　　　d. 我们要历史地看待这个问题。　　　　　　　(状语)

(4) 中的"学习"虽然可以充当主宾语、定语,但仍为动词;(5) 中的"历史"虽然可以充当定语、状语,但仍为名词。

"词有定类"的前提是词的同一性,即音同义同或音同义相关。朱德熙(1985)指出:从理论上说,划分词类只能在确定了词的同一性问题的基础上进行。词的同一性问题指的是在不同的句法环境里出现的几个词到底应该算同一个词,还是算不同的词的问题。不同的算法,最后的结果是不同的。吕叔湘、朱德熙(1953)曾指出:"区分词类,最好维持一个原则:一个词的意义不变的时候,尽可能让它所属的类也不变。这样,词类的分别才有意义。"这对研究词类具有指导性价值。

要做到词有定类,必须缩小兼类现象。无限制地扩大兼类现象会造成词无定类;缩小兼类现象能在很大程度上保证词有定类,但必须尽可能地否认某两种用法上的意义相关性。目前多数教材采用缩小兼类现象的策略,但各家看法并不一致。比如说,黄伯荣、廖序东(2007)有5种兼类现象:

(6) 兼动、名的:病、锈、建议、决定、领导、工作、代表、指示、

---

① "汉语词类跟句法成分(就是通常说的句子成分)之间不存在简单的一一对应关系"是一个非常重要的观点。从生成语法的观点看,不仅汉语如此,其他语言也都如此,因为理论上,句法成分只能由短语充当,不能由词充当。也就是说,是没有哪个词可以充当主、谓、宾、定、状、补这样的成分的。既然充当句法成分的是短语而不是词,其结果自然是词与句法成分没有关系。

　　　　　通知、总结等；
　　兼名、形的：左、科学、标准、经济、道德、困难、理想等；
　　兼形、动的：破、忙、热闹、丰富、明确、端正、明白、努力等；
　　兼形、副的：共同、自动、定期等；
　　兼形、动、名的：麻烦、方便、便宜等。

邵敬敏（2007）有6种兼类现象，跟黄伯荣、廖序东（2007）部分相同，部分不同。如：

（7）兼动、名的：锁、锄、锯、病、伤、药、电、漆、锈、网、尿、教练、指导、指挥、代表、领导、参谋、翻译、编辑、报告、申请、检查、工作、生活、战斗、组织；

　　兼名、形的：圆、尖、红、美、平常、累赘、方便、困难、错误、麻烦、秘密、热情、威风、内行、外行、经济、科学、民主、精神、道德、矛盾；

　　兼形、动的：热、冷、饿、破、端正、巩固、集中、坦白、负责、确定、肯定、密切、严密、统一、公开、明确、严肃、严格、满足、丰富、繁荣、暴露、明白、方便；

　　兼区、副的：长期、无限、基本、临时、高速、额外、永久、主要；

　　兼动、介的：在、对、给、到、向、朝、跟、同、比；

　　兼连、介的：和、跟、同、因为、为了。

陆俭明（2005）的兼类现象比较少，他指出："下面八种现象是否属于词的兼类现象，语法学界也仍然存在着分歧。"

（8）a. 锁　　　把门锁$_1$上。　　　　　买了一把锁$_2$。
　　b. 代表　　他代表$_1$我们班发言。　他是人民的代表$_2$。
　　c. 报告　　现在报告$_1$大家一个好消息。
　　　　　　　这起事故你给写个报告$_2$。
　　d. 死　　　他爷爷死$_1$了。　　　　这个人脑筋很死$_2$。
　　e. 白　　　那墙刷得很白$_1$。　　　我白$_2$跑了一趟。

f. 方便　　这儿交通很方便₁。　　大大方便₂了顾客。
g. 正式　　他是正式₁代表。　　我正式₂提出申请。
h. 研究　　他研究₁人类史。
　　　　　这笔研究₂经费只用于艾滋病研究₃。

陆俭明认为只有（8f）、（8g）属于兼类，其他都不算，（8a—e）类属同音词现象，（8h）中的"研究"只是动词。如果（8a—e）仅属同音现象，为不同的词，不同的词属不同的类不算兼类现象。

如果坚持词有定类说，则兼类现象很少，极端结果是没有兼类。比如说（8f）中的"方便"，如果觉得动词"方便"跟形容词"方便"有语义上的关联，可将它确定为形容词，对于它的动词用法，可在词法或句法中处理。再比如说（8a）中的"锁"，如果觉得动词"锁"跟名词"锁"有语义上的关联，可将它确定为名词，对于它的动词用法，可在词法中处理。

(9) a.　　　　　　　　b.

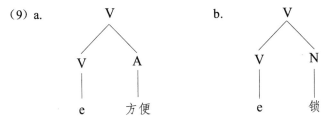

（9a）中"方便"是形容词，是零形式的核心 V 将之转类为动词；（9b）中"锁"是名词，也是零形式的核心 V 将之转类为动词的。对于（8g）中的"正式"，大概也能找到合适的方法将之归为一种词类。

☞ 推荐阅读

胡裕树、范晓 1994 动词形容词的"名物化"和"名词化"，《中国语文》，第 2 期。
黄伯荣、廖序东 2007《现代汉语》（下），北京：高等教育出版社。
陆俭明 2005《现代汉语语法研究教程》，北京：北京大学出版社。
吕叔湘、朱德熙 1953《语法修辞讲话》，北京：中国青年出版社。
邵敬敏 2007《现代汉语通论》，上海：上海教育出版社。
朱德熙 1982《语法讲义》，北京：商务印书馆。
朱德熙 1993 从方言和历史看状态形容词的名词化，《方言》，第 2 期。
朱德熙 1985《语法答问》，北京：商务印书馆。

练习一

（一）热身练习

1. 对下面的词进行归类。

极限	牵强	欣赏	团结	计划	反响	了解	繁荣	繁华
成败	充实	啊（轻声）	同感	初级	将来	时常	刚才
刚刚	成熟	欣赏	况且	微观	明白	啊（阴平）	愿望
绝望	合适	适合	哪里	民办	委屈	一时	人家	通过
方便	和	明朗	均匀	慢性	暂时	在	哗啦	一样
泛滥	同志	现在	马上	金灿灿	统一	通过	这么
小型	担心	游泳	羡慕	自己	业余	旁边	否则	猛然

2. 指出下列句中画线词语的词性。
   （1）出发<u>之前</u>请检查装备。
   （2）<u>和</u>孙经理接洽的是马经理。
   （3）<u>究竟</u>是怎么了？
   （4）留了两辆，<u>其余</u>的都拆了。
   （5）篝火<u>噼哩啪啦</u>地燃起来了。
   （6）雨还在下，<u>但是</u>小多了。
   （7）天<u>渐渐</u>热起来了。
   （8）这是一本<u>袖珍</u>词典。
   （9）<u>哦</u>，原来如此。
   （10）<u>大家</u>应该互相帮助。

3. 根据语法功能判断"虚心""煞白""微型"的词类。

4. 请辨析下面各组句子中画线词语之间的区别。
   （1）a. 台上演<u>着</u>梆子戏。　　　b. 台上坐<u>着</u>主席团。
   （2）a. 他俩在部队结<u>的</u>婚。　　b. 他到部队告我<u>的</u>状。
   （3）a. 我们须要<u>学习文件</u>。　　b. 我们需要<u>学习文件</u>。
   （4）a. 他觉<u>得心脏病犯了</u>。　　b. 他累<u>得心脏病犯了</u>。
   （5）a. 我们都<u>认为</u>他不老实。　b. 我们都<u>讨厌</u>他不老实。
   （6）a. 我们今天都想用<u>钢笔写字</u>。b. 我们今天都想借毛笔写字。

➤ 答题提示：
"着"在（1a）中表示动作的进行，在（1b）中表示状态的持续。
"的"在（2a）中为时间助词，在（2b）中为结构助词。
"学习文件"在（3a）中是动宾短语，在（3b）中是偏正短语。
"心脏病犯了"在（4a）中是宾语，在（4b）中是补语。

5. "汉语词类跟句法成分之间不存在简单的一一对应关系"，请分别以名词、动词、形容词为例进行说明。

6. 请用层次分析法分化下列有歧义的短语。
   （1）报道中国女足成长的过程
   （2）对日本鬼子的进攻
   （3）她那些昂贵的首饰和服装
   （4）铁头的小朋友小黑等几个人
   （5）我向你保证我没有做不好的事
   （6）很关心发展中国家兔毛纺织业
   （7）老王批评张峰的意见不正确

7. 下列句中有主谓谓语句，也有不是主谓谓语句的，挑出主谓谓语句并说明理由。
   （1）这支笔，我用它写过字。
   （2）这件事，我不清楚。
   （3）我们连队战士很活跃。
   （4）这件事你看多难呀！
   （5）她的态度一向和蔼。
   （6）对这种事我一点儿经验也没有
   （7）这种事我一点儿经验也没有。
   （8）这件事我看很悬。

➤ 答题提示：
（1）、（2）、（3）、（6）、（7）是主谓谓语句。

第一，排除语用成分，如插入语、称呼语等，如（4）中"你看"与（8）中"我看"是插入语。

第二，有些类别的成分不能充当主语，如介词短语，如（6）中的"对这种事"。

第三，主语后边可以添加语气词、"是不是"、状语等，不过对"是不是"的要求相对严格。

部分测试如下：
(1) 这支笔啊，我用它写过字。　　　这支笔，我啊用它写过字。
　　 这支笔，是不是你用它写过字？　这支笔，你是不是用它写过字？
(3) 我们连队啊，战士很活跃。　　　我们连队战士啊很活跃。
　　 你们连队是不是战士很活跃？　　你们连队战士是不是很活跃？
(4) 这件事啊，你看多难呀！　　＊这件事你啊看多难呀！
(6) 对这种事我啊一点儿经验也没有。　对这种事我一点儿经验啊也没有。
　　 对这种事你是不是一点儿经验也没有？
　＊对这种事你一点儿经验是不是也没有？

8. 判断下列句子中画线词语的词类。
　 (1) 现在已见不到用这种<u>锁</u>来<u>锁</u>门了。
　 (2) 我今天<u>花</u>了五块钱买了 20 朵<u>花</u>。
　 (3) 他这个人哪，就喜欢搞<u>研究</u>。这几年来，他一直潜心<u>研究</u>苹果的退化问题，<u>研究</u>取得了突破性的进展，获得了可喜的<u>研究</u>成果。
　 (4) 今天我给你带了瓶<u>好</u>酒来，你先喝一口，品尝一下，看味道<u>好</u>不<u>好</u>？
　 (5) 他从小就知道<u>劳动</u>光荣，从小就爱<u>劳动</u>，不仅天天<u>劳动</u>，还经常关心<u>劳动</u>人民。

9. 分析下列五组例句中的画线词语，说说哪一组是同音词，哪一组不是同音词，并说明理由。
　 (1) a. 他<u>打</u>去年开始就一直都在准备考研。
　　　 b. 他<u>打</u>去年那位曾经伤害过他的同学。
　 (2) a. 我们班的同学都说他们最喜欢<u>游泳</u>。
　　　 b. 我们班的同学都说<u>游泳</u>有益于健康。
　 (3) a. 一系列的社区活动<u>丰富</u>了他的知识。
　　　 b. 他关于社区活动的知识真的很<u>丰富</u>。
　 (4) a. 我们班的女同学把团徽<u>别</u>在衣服上。
　　　 b. 千万<u>别</u>把我们班的女同学不当回事。
　 (5) a. 他刚刚跟我说水瓶里的水已经<u>凉</u>了。
　　　 b. 他刚刚跟我说小王给我<u>凉</u>了一杯水。

10. 谈谈词的兼类与活用有什么区别。

(二) 巩固练习

1. 下面的短语为什么是名词性的？
   a. 我的书包　　喝酒的客人　　漂亮的姑娘
   b. 我的爸爸　　客人的到来　　姑娘的漂亮
   c. 张三的　　　吃饭的　　　　漂亮的

   ➤ 答题提示：
   　　从分布上看，这些短语通常做主宾语，很少能做谓语，为名词性；从核心上看，这些短语的核心是"的"，"的"是名词性核心，它决定着整个结构的名词性。

2. 请采用层次切分法分析"我昨天跟朋友一起送了张三一只大白鸡"，并谈谈切分的理由。

   ➤ 答题提示：
   　　先判定依存关系确定切分点，然后采用由远至近、自左至右的方式逐层切分。

3. 用层次分析法分析下列短语，并指出依存关系。
   （1）重要的是加强文学与群众的联系
   （2）新来的汉语教师的教学经验非常丰富
   （3）在任何情况下都应该站在人民的立场上
   （4）父亲希望儿子能从他们身上学到一些有用的东西
   （5）他上个星期曾邀请我到他家玩儿过一次
   （6）这位老科学家心甘情愿地为国家奉献出自己的一生

   ➤ 答题提示：
   　　（1）的依存关系和组合关系分别是：

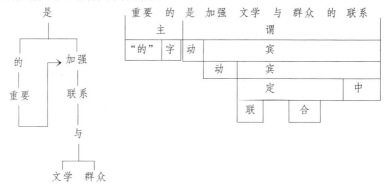

4. 有人从结构关系的角度认为"短语的结构跟句子的结构以及词的结构基本一致"是汉语语法的一个特点。请先从结构关系的角度论述汉语

"短语的结构跟句子的结构以及词的结构基本一致"的情况,然后选择英语进行考察,看看英语短语的结构跟句子的结构以及词的结构是不是也存在基本一致的情况。

5. 你认为"汉语句子的构造原则跟词组的构造原则基本上是一致的"中的"构造原则"指的是什么?

6. 核心有哪些属性?请举例说明。

第一章　合并式构词法

> **学习要点：**
> 1. 根据偏正结构与动宾结构复合词进一步了解核心决定母亲节点的类别以及核心具有方向性，并能将此观点推广到派生词。
> 2. 掌握词与短语的区分，词只能由词或低于词的语言单位——语素构成，短语只能由短语或低于短语的语言单位——词构成。
> 3. 掌握识别黏附形式语法身份的手段，黏附于词的为语素或词，黏附于短语的为词。
> 4. 了解语言单位可以采用零形式。

一　词法规则

构词规则，粗略地分有三种：屈折法、派生法与复合法。屈折法是词干跟词尾的合并规则，派生法是词根跟词缀的合并规则，复合法是词根跟词根的合并规则。屈折法与派生法有时很难区分，可以合二为一地谈谈。本节只谈复合词与派生词。

（一）复合词

1. 偏正结构

英语研究发现"houseboat, boathouse, penknife, breadknife, blackbird"这些复合词的最右边语素不仅体现着整个复合词的上位义，如"houseboat"是一种"boat"，"boathouse"是一种"house"等，也决定着整个词的类别，如"boat"为名词，"houseboat"也为名词。学界将这个体现整个复合词上位义并决定整个复合词语法类别的语素称为核心（head），其他语素为修饰成分。这种结构在汉语中被称为偏正结构，如：

(1)　火车　　壁画　　宣纸　　苏绣　　草图　　（N＋N）
　　 黑板　　广场　　晚会　　新闻　　白菜　　（A＋N）

第一章 合并式构词法

	烤鸭	唱腔	插座	卧铺	动车	（V+N）
（2）	密植	热爱	狂欢	朗读	傻笑	（A+V）
	游击	腾飞	倾销	掐算	捐助	（V+V）
	筛选	空投	笔谈	水磨	风行	（N+V）
（3）	鲜红	狂热	小康	早熟	响晴	（A+A）
	飞快	垂直	豁亮	赶快	滚热	（V+A）
	火红	葱绿	蜡黄	雪亮	笔直	（N+A）

（1）为定中式偏正结构，（2）为动词性状中式偏正结构，（3）为形容词性状中式偏正结构。

如果标记语素的类别的话，我们不难发现整个词的类别跟核心的类别相同，并且偏正结构的核心在结构的右侧。比如说定中型复合词，我们可以指派如下结构：

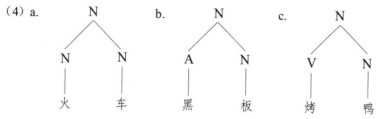

（4）表示的是偏正关系，"火车"是一种"车"，"黑板"是一种"板"，"烤鸭"是一种"鸭"，"火、黑、烤"分别为修饰成分，"车、板、鸭"为核心成分。"车、板、鸭"也决定着所在结构的语法类别，"火、黑、烤"虽然分别为名词、形容词、动词，但因为核心为名词或名词性成分，所以整个结构为名词性的结构。（4）中的语法类别分别有 N、A、V 等，其中 N 表示事物，可称之为名词；A 表示性质状态，可称之为形容词；V 表示动作行为，可称之为动词。

这些组合体由修饰成分和核心成分合并（merge）而成。两个成分由一个与核心成分相同类别的节点支配（dominate）。那个支配核心与非核心成分的节点叫母亲节点，母亲节点支配的节点叫女儿节点，由同一个母亲支配的节点具有姐妹关系。以下是一些跟树形图相关的概念：

（5）a. 节点：树形图中用范畴符号进行标记的位置，如（4）中出现 N、A、V 的位置。

b. 母亲节点与女儿节点：在构型 $\overset{\alpha}{\underset{\beta\ \gamma}{\wedge}}$ 中，α 为 β 与 γ 的母亲节

点，β 与 γ 为 α 的女儿节点。
c. 姐妹节点：母亲节点相同的节点互为姐妹节点。
d. 支配：支配是母亲节点与其女儿节点及女儿节点的女儿节点之间的关系。
e. 直接支配：直接支配特指母亲节点与其女儿节点的关系。
f. 成分统制：如果 β 之上的第一个分支节点支配 γ，而 β 与 γ 又不互相支配，则 β 成分统制 γ。
g. 叶：范畴符号下的各种语言符号，如（4）中的"火、车、黑、板、烤、鸭"。

直接支配说的是母亲节点与女儿节点之间的关系，成分统制说的是姐妹节点之间的关系或阿姨节点与外甥女节点之间的关系。比如说：

（6）
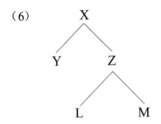

X 是 Y 与 Z 的母亲节点，X 直接支配 Y 和 Z；Z 是 L 与 M 的母亲节点，Z 直接支配 L 与 M。Y 与 Z 有姐妹关系，Y 成分统制 Z，Z 也成分统制 Y。L 与 M 有姐妹关系，L 成分统制 M，M 也成分统制 L。Y 是 L 与 M 的母亲节点的姐妹节点，即 Y 是 L 与 M 的阿姨，L 与 M 是 Y 的外甥女，Y 成分统制 L，也成分统制 M。姐妹关系具有对称性，阿姨与外甥女具有不对称性，所以 Y 与 Z 相互成分统制，L 与 M 相互成分统制，而 Y 只能不对称地成分统制 L 或 M，L 与 M 都不能成分统制 Y。

在复合词中，修饰成分与核心成分都是词或者是比词更低一级的单位——语素。由此我们不妨假定：词的内部只能包含词与低于词的语素，其中一个成分为核心，核心决定着母亲节点的类别（母亲节点的范畴标记）。也就是说，名词修饰名词，得到的仍然是名词（4a）；形容词修饰名词，得到的也是名词（4b）；动词修饰名词，得到的仍然是名词（4c）①。结构体的核心是决定结构体属性的那个成分。

---

① Chomsky（1995）也认为当两个成分合并的时候，其中一个成分决定结构体的范畴标记，决定结构体标记的成分就是核心。

英语中偏正型复合名词，也以最右侧的成分为核心，非核心成分除了形容词、名词、动词以外，还有介词（P）。如：

(7) NN 型　a. housewife, penknife, dressing gown
　　　　　　b. salad dressing, party frock, shopping list
　　AN 型　a. blackbird, bighead, well-wisher
　　　　　　b. postal order, nervous system, medical officer
　　VN 型　swearwood, rattlesnake
　　PN 型　a. overcoat, outhouse, inroad
　　　　　　b. downtrend, underpass

如果我们分析状中型复合词也不难得出：词是由词或低于词的语素构成，核心决定着母亲节点的类别。如：

(8)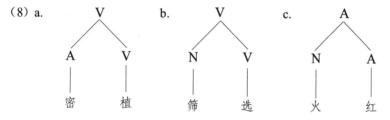

状中型复合词跟定中型复合词一样，核心都在结构的最右端。

2. 动宾结构

动宾型复合词中也存在决定整个复合词类别的语素，那个语素我们也称为核心，动宾型复合词的核心在结构的最左端。如：

(1) 出席　得罪　革命　带头　放心　毕业　注意　挂钩　动员
　　示威　播音

(2)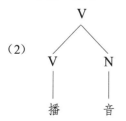

为了尽可能地限制结构，我们暂规定复合名词的核心在最右侧，动宾复合词的核心在最左侧。这可以禁止如下的复合词：

(3) a. *

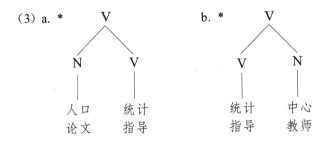

(3a)试图生成动宾复合词①,但其核心 V 在结构的最右侧;(3b)试图生成复合名词,而其核心 N 没能决定母亲节点的类别②,其母亲节点为 V。根据核心的方向性,"人口统计中心"与"论文指导教师"可指派如下结构:

(4)

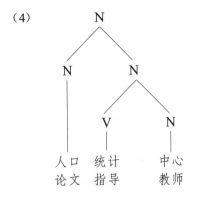

(二)派生词

1. 子、儿、头

复合法理论认为核心决定着所在结构的语法类别。该假设可推广到派生法与屈折法中去。比如说"子、儿、头",不管所附着的词根是哪种类别,它们所在结构都是名词。如:

(1) a. X 是名词性的语素,如"刀子、梯子、胡子"与"档子、阵子、伙子"。

b. X 是形容词性的语素,如"胖子、瘦子、长子、矮子"。

---

① 这里的动宾关系是从结构角度确定的,跟语序无关;也可以从概念上理解,"人口"是"统计"的对象,"论文"是"指导"的对象,所以"人口"与"统计"合并后产生的是动宾关系,"论文"与"指导"合并后产生的也是动宾关系。

② Packard(2000)提出如下原则:(双音节)名词有名词性成分在其右侧,(双音节)动词有动词性成分在左侧。

第一章　合并式构词法

　　c. X 是动词性的语素，如"瞎子、聋子、贩子、骗子"。
（2）a. X 可以是名词性的语素，如"桃儿、棍儿、刀儿、嘴儿"与"口儿、根儿、朵儿、串儿"。
　　b. X 可以是形容词性的，如"尖儿、干儿、黄儿、零碎儿"。
　　c. X 可以是动词性的，如"画儿、盖儿"。
（3）a. X 为名词性语素，如"石头、舌头、馒头、木头、骨头、芋头、楦头"。
　　b. X 为方位词（名词性）语素，如"前头、后头、里头、外头、上头、下头"。
　　c. X 为形容词性语素，如"甜头、苦头"。
　　d. X 为动词性语素，如"扣头、找头、饶头、折头、想头、盼头"。

虽然"子、儿、头"的宿主的类别多种多样，但整个结构是名词性的。如果假定"子、儿、头"为名词性语素，则它所在派生词的词类也是可以推导的，如：

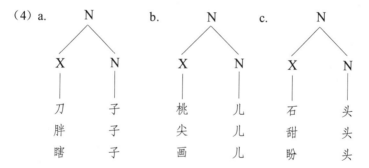

为什么各种词根或词根组合体带上"子、儿、头"之后就变成了名词性呢？从核心理论来看，这是非常简单的，我们可以假定这些后缀是词法核心，具有名词性，核心可以将其范畴特征渗透到合成词上，使得整个合成词具有名词性。黄伯荣、廖序东（2007）也指出：词缀"子、儿、头"是名词的标志（带"儿"的词有少数例外，如"玩儿、颠儿"等是动词），其他一般动词或形容词加上它们便转为名词。黄伯荣、廖序东的看法可以解释作汉语中的后缀为合成词的核心，是它们决定了合成词的类。这些后附式合成词的核心具有定向性，都在结构的右向。

2. 的$_1$、的$_2$、的$_3$

朱德熙（1961）分出三个"的"，分别为副词性单位的后附成分，形容词性单位的后附成分与名词性单位的后附成分。他是根据"X-的"构式在功能上的异同来确定"的"的异同的。这种研究发表以后，受到很大的质疑，朱德熙（1966）对其研究方法作了进一步的说明，他指出这种方法是传统语言学的方法，在英语中要把-ly区分开，可有两种方法：或是根据X的功能来分，或是根据X-ly的功能来分。如：

(1) X　　　　　　　　　　X-ly
　　part　　　　　N　　　　partly　　　　Adv
　　coward　　　　N　　　　cowardly　　　A
　　rough　　　　A　　　　roughly　　　　Adv
　　low　　　　　A　　　　lowly　　　　　A
　　determined　　V　　　　determinedly　　Adv

采取前一种办法，可以分出三个不同的-ly：一个只在名词后头出现，一个只在形容词后头出现，一个只在动词的分词后头出现。采取后一种办法，可以分出两个-ly：一个造成形容词，一个造成副词。前一个在名词、形容词后头出现，后一个在名词、形容词和动词的分词形式后头出现。朱德熙指出：传统语法学家采用后一种办法，不采用前一种办法，因为前者没有把-ly的功能反映出来；后一种办法的实质是把带-ly的词的功能的异同归结为-ly的异或同。传统语言学的这种做法，从当代语言学来说，实际上就是核心理论的不自觉运用。如：

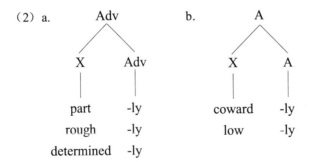

假定整个结构体的属性已经知道，如果采用自顶向下的方式，则核心会继承母亲节点的特征，所以（2a）与（2b）中的"-ly"分别是副词性（Adv）与形容词性（A）。如果采用自底向上的方式，可认为"-ly"有两个，一个是副词性的，一个是形容词性的，它们通过特征渗透使得各自所在的合成词具有不同的语法功能。传统语言学的方法在当代语言学中是可以接受的,当代语言学认为核心向其母亲节点渗透特征。

对于"X-的"而言,如果其中的"的"是核心,则也会向"X-的"渗透范畴特征,所以"X-的"在功能上的异同完全可以归结为"的"的异同(朱德熙,1961、1966)。根据朱德熙(1961)的研究,我们可以假定"的₁"为副词性词缀,"的₂"为形容词性词缀,"的₃"为名词性词缀或名词性虚词。如:

(3) a.　　Adv　　　　b.　　A　　　　c.　　N

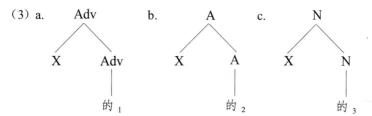

在这些结构中,每个"的"都会向母亲节点渗透自身的范畴特征。正因为如此,(3a)中的"X-的"具有副词的功能,即只能做状语;(3b)中的"X-的"具有形容词的功能,即不仅能做谓语与定语,还能做状语与补语;(3c)中的"X-的"具有名词的功能,即只能做主语、宾语、谓语与定语,不能做状语与补语。

在"X-的"中,决定整体词性的是三个不同的"的","X"对整体的词性没有贡献。"X"对整体的词性没有贡献的证据如下:

证据一:在副词性的"X-的"中,X可以是副词,也可以是拟声词、形容词等,如"忽然的"、"哗啦的"与"细心的"等;

证据二:在形容词性"X-的"中,X可以是形容词的各种形式,也可以是拟声词,如"红红的、轻轻的、干干净净的、红通通的、很好的、挺便宜的"与"稀里哗啦的"等。

证据三:在名词性"X-的"中,X可以是名词、动词、形容词等,如"木头的"、"吃的"与"红的"等。

二　词与短语

(一) 内部构成

1. 词与短语的同形

通常认为,语法研究的对象包括两个部分:词法和句法。词法研究的是词的内部结构,以语素为基本单位,即研究语素是如何构成词的。

句法研究的是句子的内部结构,以词为基本单位,即词是如何构成句子的。由此可见,语素、词、句子是语法的三级基本单位。现代语言学将短语也当作一级语法单位。在这四级单位中,词是很关键的一级,词是词法与句法的联接点,词法研究最大到词,句法研究最小到词。词这一级单位如果无法确定,就会影响到语法研究的诸多方面。比如说:

(1) a. 煎饼、炒菜　　　　　b. 出租汽车、学习文件

这两组都有歧义,一般认为(1a)是词与短语同形造成的歧义,(1b)是结构关系不同造成的歧义。其实(1a)与(1b)的歧义原因相同,都是词与短语同形造成的歧义,也都是结构关系不同造成的歧义。如:

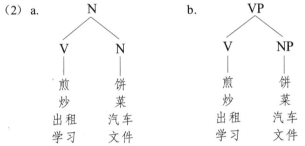

(2a)是说"煎饼、炒菜、出租汽车、学习文件"是名词,且为偏正结构的复合名词;(2b)是说"煎饼、炒菜、出租汽车、学习文件"是动词短语,且为动宾结构的动词短语①。下面的歧义可以归结为词与短语的不同,也可以归结为结构关系的不同。如:

(3) 学习标兵　　　表演节目　　　复印材料
　　预约日期　　　出土文物　　　研究方法

如果只有一种结构关系或一种语法身份,就不会有歧义。如:

(4) a. 学习法语　　　生产彩电　　　表演舞蹈

---

① 汉语学界一般认为"汉语光凭词类和层次不能控制结构关系","讲汉语语法不能不讲结构关系",而印欧语"抓住了词类和层次,就可以在一定的程度上讨论句法","词类和层次在一定程度上可以控制结构关系"(朱德熙,1985)。在生成语法中,结构关系具有可推导性。本书认为汉语跟印欧语相同,其结构关系也具有可推导性。汉语学界之所以认为"讲汉语语法不能不讲结构关系",是因为学界并没有严格地区分词与短语,如将两种意义状况下的"出租汽车"都识别为短语,其实它在表示事物时为词,如(2a),在表示行为时为短语,如(2b)。

b. 学习园地　　　生产周期　　　表演舞台

（4a）是动宾关系的（动词）短语，（4b）是定中关系的复合名词。

2. 短语

在生成语法中，词的内部只能包含词与低于词的语素，短语内部只能包含短语与低于短语的词，两者以词为界。可表达如下：

	构成单位			单位组合		
词的构成	语素	词	—	语素+语素	词+词	词+语素
短语的构成	—	词	短语	短语+短语	—	词+短语

这里大概有两个难点：一是"词+词"为词，一是词为短语。"词+词"为词指的是"学习园地、生产周期、表演舞台"这种情况；词为短语指的是词在句法上充当主语、谓语、宾语、定语、状语、补语以及定语中心语与状语中心语等句法成分的情况，如"猴子喜欢香蕉"中的"猴子""香蕉"这两个词也是短语。

（1）　猴子　喜欢　香蕉
　　　|主语|　谓语　　　|
　　　　　　　|　宾语　　|

从（1）来看，"猴子"与"香蕉"分别充当了主语与宾语，所以它们也都是短语，只不过是以词的身份充当的短语而已。"喜欢"只是词，在（1）中没有充当短语，因为它没有充当主语、谓语、宾语、定语、状语、补语以及定语中心语与状语中心语等句法成分。也就是说只有当"喜欢"做主语、谓语、宾语、定语、状语、补语以及定语中心语与状语中心语等句法成分才可以以词的身份充当短语。如：

（2）　猴子　　喜欢
　　　|主语|　谓语|

（2）中的"猴子"与"喜欢"既是词，又是短语。

句法结构也可以采用树形图来表达。在树形图中，每个节点都可以用相应的范畴标记。S 是句子的标记，NP 是名词短语的标记，N 是名词的标记，VP 是动词短语的标记，V 是动词的标记，P 是短语标记。如：

(3)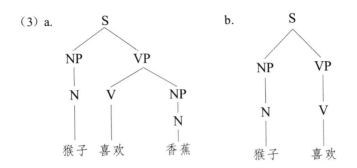

由（3a）可见，句子是由"（名词）短语＋（动词）短语"构成的；理论上，"短语＋短语"为短语，所以句子也是短语，在后面的章节我们将换用短语标记。第一个名词短语是由"猴子"这个名词构成，第二个名词短语是由"香蕉"这个名词构成。"喜欢"是动词，不是动词短语，它跟"香蕉"一起构成动词短语。"喜欢香蕉"这个动词短语是由"词＋短语"构成的。由（3b）可见，"喜欢"这个动词也可以充当动词短语。

"短语＋短语"为短语的情形还包括句法上的定中结构与状中结构，相应的定语位置与状语位置的成分也可以认为是短语。如：

(4) a. 一斤　香蕉　　　b. 很　漂亮
　　　 定语 中心语　　　　 状语 中心语

"一斤"与"很"在这里可以认为是以数量词与副词的身份充当的短语。

3. 词与短语的识别

词是参加词法计算还是参加句法计算，可以根据它能否跟短语组合进行判断，词能跟短语组合则表明它参与的是句法计算，不能跟短语组合则表明它参与的是词法计算。我们可以通过插入法或扩展法识别词与短语，即看能否插入短语。一个成分做短语时，可以实现作为词时不能实现的附加成分或并列成分；做词时，就只是一个词，没有任何附加成分或并列成分。

复合词的内部包含词与低于词的语素，这使得它禁止短语成为它的内部成分。汉语中的性质形容词、动词、名词都可以成为复合词的内部成分，它们在复合词内部都不能被短语扩展。如：

(1) a. 白纸　　　　　大树　　　　　发达国家

b. * 很白纸	* 很大树	* 很发达国家
c. * 白一张纸	* 大一棵树	* 发达一个国家
(2) a. 合作项目	巡逻地区	调查工作
b. * 曾经合作项目	* 已经巡逻地区	* 正在调查工作
c. # 合作那个项目	# 巡逻那个地区	# 调查那项工作
(3) a. 木头房子	塑料拖鞋	粮食产量
b. * 一根木头房子	* 一块塑料拖鞋	* 一囤粮食产量
c. * 木头一间房子	* 塑料那双拖鞋	* 粮食很高产量

经测试可认为（1—3）中 a 组为复合词，不管前面的成分还是后边的成分，都不能受短语扩展。(1b) 中的"白、大、发达"不能受状语"很"扩展，(1c) 中的"纸、树、国家"不能受定语"数量短语"扩展；(2b) 中的"合作、巡逻、调查"不能受状语"副词"扩展，(2c) 中的"项目、地区、工作"不能受定语"指量短语"扩展，扩展后整个结构如"合作那个项目"实为动宾关系而非定中关系；(3b) 与 (3c) 中前一个成分与后一个成分都不能受定语扩展。

张伯江（1994）认为：做定语的名词要丧失一部分名词的特征，例如不能再受名量词修饰，如"* 一根木头房子"，不能再受形容词修饰，如"* 长长的木头房子"。这是因为"木头房子"是个复合词，"木头"是这个复合名词的词内成分，词内成分是不能受数量短语与状态形容词这样的定语修饰的。如果名词参加的是句法计算，在做定语时是可以受数量短语与状态形容词修饰的，如"木头的房子"与"一百二十根木头的房子"①。

吕叔湘（1979）指出："一个语素是词不是词的问题，要考虑的只有一个因素：能不能单用。"我们接着说：一个词是短语不是短语的问题，也要考虑一个因素，即能不能被扩展。能被扩展的是短语，不能被扩展的多半是词，也有可能是短语。比如说"汽车"，它是一个词，也有可能是以词的身份充当的短语，比如说：

(4) a. 汽车上　　　　　b. 木头汽车

---

① 吕叔湘（1979）指出："'木头房子'里的木头丧失了名词的部分功能，不能说'一百二十根木头房子'，必须说'一百二十根木头 de 房子'。（这是有 de 和无 de 是两种结构的又一个例证）。"实际上就是因为"木头房子"为复合词，其中的"木头"为词内成分。

（4a）中的"汽车"是以词的身份充当的短语，跟"上"构成方位短语；（4b）中的"汽车"是词，跟"木头"构成复合名词。如：

(5)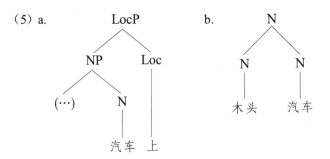

（5a）中的"汽车"在 N 之下，表明它是个词；在 NP 之下，表明它还是个短语，只不过没有实现附加成分或并列成分而已，如：

(6) a.［（张三的）汽车］上
    b.［（卡车和）汽车］上

（6a）中实现的是附加成分，（6b）中实现的是并列成分。

（5b）中的"木头汽车"是复合名词，其中的"木头"与"汽车"都只能是词，都不能实现相应的附加成分或并列成分。如：

(7) a. 一块木头   *［一块木头］汽车
    b. 一辆汽车   * 木头［一辆汽车］
(8) a. 木头和玻璃   *［木头和玻璃］汽车
    b. 卡车和汽车   * 木头［卡车和汽车］

（8a）中"［木头和玻璃］汽车"不合法，是指"木头和玻璃"修饰"汽车"的状况；（8b）中"木头［卡车和汽车］"不合法，是指"木头"修饰"卡车和汽车"的状况。

这样的测试也会将"铁门"、"大树"等处理作词。一般教材会将"铁门"、"大树"识别为短语，因为其中可以插入"的"。需注意的是"的"既不是附加成分也不是并列成分，用"的"测试在本书中是无效的。"铁门"、"大树"中的成分都不能实现附加成分或并列成分，如：

(9) a. 门和窗子   * 铁［门和窗子］
    b. 坚硬的铁   *［坚硬的铁］门
    c. 很大   *［很大］树

d. 一棵树　　　　　　　＊大［一棵树］

（9a）在"铁"修饰"门和窗子"时不合法，（9b）在"坚硬的铁"修饰"门"时也不合法，这说明"铁门"是个复合词，其中的"门"不能用并列成分扩展，"铁"也不能受定语扩展。（9c）与（9d）表明"大树"是个复合词，其中"大"不能受状语扩展，"树"也不能受定语扩展。

在句法计算中，词是核心，其补足成分（补足语①）与修饰成分（附加语②）都是短语。短语在核心词的补足语或附加语没有实现的情况下，也可以由单个词直接组成，如：

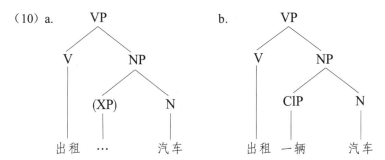

在（10）中，"出租"参与的是句法计算，做结构核心，其补足语是个短语，所以"汽车"只能是以词的身份充当的短语，这意味着"汽车"可以被扩展。确实如此，如（10b）。

对短语而言，做核心的女儿节点决定母亲节点的语法类别，另一个可能的成分决定母亲节点为短语，如（10）。V 决定其母亲为 V（动词性），NP 中的 P 决定其母亲为 P（短语），两者共同决定其母亲为 VP（动词短语）。N 决定其母亲为 N（名词性），量词短语 ClP 中的 P 决定其母亲为 P，两者共同决定其母亲为 NP（名词短语）。

（二）复杂合成词

1. 结构

按照内部层次的多少，我们可以将合成词分为简单合成词与复杂合成词，前者只有一个层次，后者有多个层次。这里只谈复杂合成词。如：

---

① 汉语中的宾语与补语可以合称为补足语，它为核心的姐妹成分。
② 附加语是附加到某个语言表达式上并且不改变其类型的句法成分，如状语与定语。

(1) 纸张粉碎机　　　　论文指导老师　　　汽车修理工
　　留校学生慰问会　　儿童游乐区　　　　教师休息室
　　笔记本散热器　　　水果削皮刀　　　　出租车乘降站
　　浓缩铀离心机　　　网页浏览器　　　　矿产资源开发管理办

从逻辑上讲，复杂合成词的结构层次至少存在两种可能性：

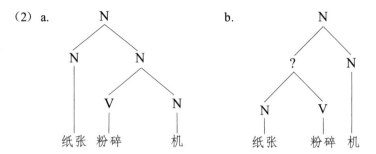

核心具有方向性。从核心的位置来看，只有（2a）是正确的，因为它遵守核心方向性假设，即复合名词的核心在结构的最右端，在该结构中，"粉碎机"是复合名词，其核心"机"在结构的最右端；"纸张粉碎机"是复合名词，其核心"粉碎机"在结构的最右端。在（2b）中，"纸张"与"粉碎"构成动宾关系，如果"纸张"与"粉碎"组成的是复合词，则为动宾复合词。动宾型复合动词的核心在结构的最左端，且为动词，"纸张粉碎"的左侧不是动词，不符合核心方向性要求。再如：

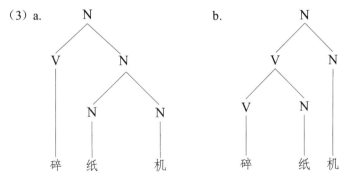

（3a）不合法，不是因为它违反核心方向性假设，而是因为"纸机"在这儿不是合成词。（3b）合法，因为（3b）不仅遵守核心方向性假设，也存在"碎纸"这样的复合动词。"纸张粉碎机"与"碎纸机"的结构

用框式图解法可表示如下:

(4) a.

2. 零形式

下面的词既可以是动词也可以是名词。做动词很好理解,因为(1a)是并列式复合词,(1b)是动宾式复合词。如:

(1) a. 裁判　　指挥　　协理　　指导
　　b. 司号　　司令　　领航　　包工

(2)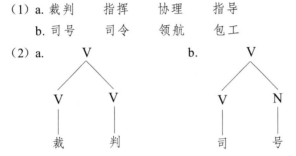

(2) 遵守了核心决定母亲节点范畴的假设。(1)也可以表示人,为名词。为了处理假设和事实的矛盾,我们可以假定它们为名词时存在一个零形式的核心,如:

(3)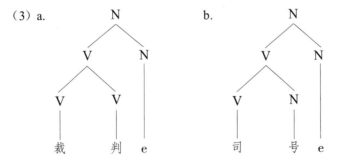

没有和零形式的语素合并时,为动词,如(2);和名词性零形式的语素合并时,为名词,如(3)。这个零形式的语素,不仅决定着其母亲节点的范畴标记,也体现着合成词的上位语义。有趣的是,这些零形式可以有语音形式,如:

(4) a. 裁判员　指挥员　协理员　指导员
　　b. 司号员　司令员　领航员　包工头

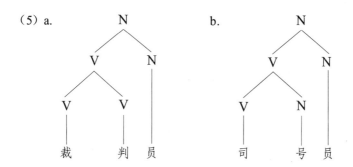

"裁判"是个动词性语素并列的语素组,跟"员"组合,构成合成词"裁判员"。核心决定所在结构的类别,所以"裁判"为动词性的,"裁判员"为名词性的。"司号"是个动词性的动宾型语素组,跟"员"组合,构成合成词"司号员"。核心决定所在结构的类别,所以"司号"为动词性的,"司号员"为名词性的。

在一个既定的语法里,有些范畴可以有零形式与非零形式,有些范畴只有零形式。这种理论可以帮助我们处理一些语言现象,如:

(6) 红着脸　　　　红了脸　　　　红过脸
　　空着手　　　　空过手　　　　斜着身子
　　粗着脖子　　　粗过脖子　　　扁着嘴巴
　　聋了耳朵　　　瞎了眼睛　　　坏了事了
　　一下子黄了脸　不要脏了我的手　高你一头
　　大他三岁　　　忙了你一天

在绪论中我们讲过根据词有定类观,兼类现象是很少的,甚或没有。(6)中带宾语的词兼属动词与形容词,我们也可以认为这些词本身还是形容词,或者说在词库中标注的仍为形容词,其动词用法是通过零形式转类而来的。如:

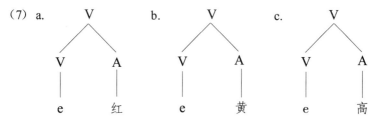

这个零形式的V是结构的核心,决定着整个结构体的动词性。

有了零形式之后，一些语法单位的概念就需要重新思考，比如说"语素"，国内学界一般将之定义为"语言中最小的音义结合体"，国外学界一般将之定义为"最小的可识别的语法单位"（the smallest identifiable grammatical unit）。后者不要求语素为最小的音义结合体，这意味着有些语素可以没有声音，或者没有意义。没有意义的语素可能不多，就我们所知，布龙菲尔德的"独一无二的成分"，即"cran-berry"中的"cran"可能属于这种语素，此外，汉语中"菠菜"的"菠"、"鳜鱼"的"鳜"等也属于这种现象①。没有声音的语素很多，如零形式的复数语素、零形式的过去时语素等。如：

(8) a. sheep　deer　moose　fish
　　b. bet　　let　　set　　split

(8a) 中的名词在表达复数时，没有任何的形态变化，可以认为它的复数语素采用了零形式；(8b) 中的动词在表达过去时，也没有任何的形态变化，也可以认为它的过去时语素采用了零形式。

"最小的可识别的语法单位"，不仅可以使只有意义没有语音的成分成为语素，还可以使同一种语素具有多种语音形式：

(9) a. land：landed　　　[-id]
　　b. live：lived　　　　[-d]
　　c. dance：danced　　 [-t]

表达过去时的语素有 [-id]、[-d]、[-t] 等语音形式，这些不同的语音形式属于同一个语素，为同一个语素的不同变体，可称为语素变体。

零形式是形式标记之一，它表明相关语法范畴的存在，只是该范畴缺乏语音表现而已。汉语学者不倾向采用零形式，可能是认为汉语缺乏形态变化，抑或是认为汉语没有形态变化。不倾向设置零形式的语素，也就自然地要求语素必须是音义结合体。汉语中有没有零形式（只有意义没有声音）的语素，是值得探讨的课题。本书认为既有零形式的语素，也有零形式的词，还有零形式的短语。

---

① 朱德熙（2010）称之为剩余语素，认为这种语素有意义，其理由是"'鳜鱼'和'鱼'的意思不一样"。布龙菲尔德将之称为"独一无二的成分"，即"只出现于某个组合中的语言形式"，他的例子是"cran-berry"中的"cran"，其解释是"cranberry 既然是某种特定的 berry，跟所有其他浆果不同，我们也就认为 cran-是一个语言形式了"。

3. 语义

人们在句法描写时，通常用语义角色描写动名间的语义关系，词法也可以仿此进行描写。如：

(1) 核心表示"主体"：
  中立国　　　　反潜舰　　　　自来水　　　　致癌物质
  肠道寄生虫　　装甲穿透弹　　水体自洁力　　外表保护色
  疾病遗传基因

(2) 核心表示"工具"：
  录像机　　　　提款卡　　　　洒水车　　　　注音符号
  电视遥控器　　交通指挥灯　　石油勘探仪　　登月飞船
  过山缆车　　　血压测量计　　指纹识别系统

(3) 核心表示"材料"：
  除虫菊　　　　上光蜡　　　　保暖棉　　　　反光涂料
  成节辅音　　　变质食品　　　避震弹簧　　　防弹玻璃
  皮肤滋润霜　　空气清新剂　　心脏保护膜　　营养补充液

(4) 核心表示"手段方法"：
  健身拳　　　　擒拿技　　　　组合式　　　　欺骗手法
  入境手续　　　药检方式　　　汉字输入法　　眼睛保健操
  服装设计图　　星象占卜术　　语料检索程序

(5) 核心表示"（事件）场所"：
  按摩中心　　　摄影棚　　　　试衣间　　　　卸货码头
  食品加工厂　　电影放映厅　　家禽饲养场　　收费窗口
  装配车间　　　电器修理部　　文物拍卖网站

(6) 核心表示"（物体）处所"：
  存钱罐　　　　晾衣架　　　　蓄水池　　　　停车泊位
  食品包装袋　　标本陈列室　　布告粘贴板　　冷藏仓库
  记事手册　　　文件存放柜　　垃圾填埋场地

(7) 核心表示"受事/客体"：
  红烧肉　　　　精装本　　　　复印件　　　　托运行李
  非法出版物　　随身携带品　　日本进口货　　出租汽车
  下载软件　　　人力驱动船　　无人驾驶飞机

三 黏附形式

现代汉语教材一般将"着、了、过、得"等处理作助词,而赵元任(1979)、朱德熙(1982)等认为它们是动词的后缀。赵元任这样处理的理由是因为"着、了、过、得"等黏附于词后,朱德熙没有特别讲明理由。

(一)语言形式

布龙菲尔德认为语言形式有固定的音位组合,有固定的和明确的意义,并根据能不能单独出现将语言形式分为自由形式和黏附形式,即能够单独出现的语言形式为自由形式,不能单说的语言形式为黏附形式。比如"John、Bill、Dan"能够单独出现,为自由形式;"Johnny、Billy、Danny"中的"-y"虽然不能单独出现,但由于是带有稳固意义的语音形式,为黏附形式。

布龙菲尔德还根据"跟别的语言形式在语音—语义上有无部分相似"将语言形式分为复杂形式与简单形式,即凡是跟别的语言形式在语音—语义上有部分相似的语言形式为复杂形式,凡是跟别的语言形式在语音—语义上没有任何部分相似的语言形式为简单形式。比如"John ran"跟"John fell"在John上部分相似,所以"John ran"为复杂形式;"Johnny"跟"John"部分相似,所以Johnny为复杂形式。比如"John",它跟别的语言形式在语音—语义上没有任何部分相似,只能为简单形式。此外,像Johnny中的-y也是简单形式。

布龙菲尔德用自由形式与简单形式对语言单位进行定义。如"一个自由形式全部由两个或两个以上的较小的自由形式所组成,就是短语","词是一个自由形式,但不是全部由(两个或两个以上的)较小的自由形式所组成的;扼要地说,词就是一个最小的自由形式","跟别的任何一个形式在语音—语义上没有任何部分相似的语言形式是一个简单形式或者叫做语素"。简单地说,语素是简单形式,词是最小的自由形式,短语是非最小的自由形式。

语素是简单形式,所以一般将之定义为"最小的可识别的语法单位"。语素没有内部结构,可以独立成词,也可组合成词,如"人"与"民"等。词不是最小的语法单位,如"人民"可以切分成"人"与"民"这样两个语素,英语中的"unhappyness"可以切分成前缀"un-"、词根

"happy"与后缀"-ness"这样三个语素。如：

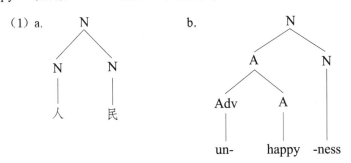

（1a）表示"人民"切分的结果，（1b）表示"unhappyness"的切分结果，它们都已经切到了不能再切的地步。

词是最小的自由形式，这有两种情形比较难判定，一是由两个自由形式构成的合成词如何处理的问题，一是自由形式跟黏附形式组合的问题。前者，布龙菲尔德根据可能的停顿进行判断，如"blackbird"；后者，布龙菲尔德一概处理为词。比如说"John's hat"，其中"John's"是自由形式，而不是由两个自由形式构成的，只能整体被处理成词；此外，诸如"the boy's"、"the king of England's"、"the man I saw yesterday's"也都只能处理成词。

(二) 词与词缀

汉语的句子可以以黏附的语气词结尾，这意味着汉语的句子与"呢、吗、吧、啊"等组成的只能是词。日语情况类同，所以 Bloch 在讲日语的语法时指出："如果一个形式的直接成分是以一个短语或几个词为一方，以一个不能单独作为一个停顿群的成分为另一方，那么后者是一个词。"简言之，附着于短语的黏附形式为词（word），反之，附着于词（成词语素）或语素的黏附形式为词缀（affix）。如：

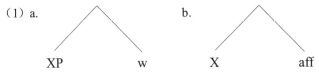

（1a）标示的黏附形式为词，（1b）标示的黏附形式为词缀。从本书的观点看，（1a）中的黏附形式只能是词，因为只有词才能跟短语组合，语素不能跟短语组合；（1b）中的黏附形式可以是词，也可以是语素，因为词要么跟词组合，要么跟语素组合。如：

(2) a.

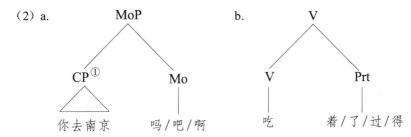

b.

汉语的"呢、吗、吧、啊"等黏附形式附着于句子形式之后,只能处理为词,如(2a);语气词 Mo 是核心,其姐妹节点是短语,所以其母亲节点是 Mo 类的短语,即 MoP。"着、了、过、得"等黏附形式附着于动词之后,可以处理为词缀,也可以处理为虚词,如(2b)。

赵元任(1979)没有考虑词直接做短语的现象,所以他认为"的"有跨类现象,即"的"在"他的书"中为词缀,在"他看的书"中为助词。朱德熙(1982)将这两种"的"都处理为助词,他认为助词"的"的作用是"附加在名词、人称代词、形容词、动词以及各类词组之后组成名词性结构。例如:'铁的、公社的、他的、咱们的、新的、红的、买的、借的、开会的、看电影的、洗干净的、从南方带来的、站在队伍前头喊口令的'"。其实"他的书"中的"他"也是可以被扩展的,即"他"是以词身份充当的短语。证明"他"是短语的方式很简单,只要它有可选的短语即可,如:

(3) a. 小院宽敞,装满了阳光,<u>他一个老人</u>舍不下这么多阳光。
b. 在乡党政干部会上,赵大虎书记宣布,为了全乡人民的利益,为了更好地带动全乡人民致富奔小康,为了全乡工作的更顺利开展,北京吉普只能由书记亲自驾驶。没有<u>他书记</u>的许可批准,谁也不能擅自开车,谁也不能去摸那方向盘,否则就给予党纪政纪的处分。
c. <u>他这个人</u>就知道吃。
d. <u>他们这些</u>捏笔杆子的也会种庄稼。
e. <u>他张三</u>的书不知放哪儿去了。

---

① CP 是一种子句(clause),C 是标句词,P 是短语,所以 CP 也可称为标句词短语。

☞ 推荐阅读

邓思颖 2010《形式汉语句法学》，上海：上海教育出版社。
陆志韦 1957《汉语的构词法》，北京：科学出版社。
石定栩 2003 汉语定中关系动—名复合词，《中国语文》，第 6 期。
熊仲儒 2010 汉语中词与短语的转类，《华文教学与研究》，第 3 期。
张伯江 1994 词类活用的功能解释，《中国语文》，第 5 期。
赵元任 1979《汉语口语语法》，北京：商务印书馆。
朱德熙 1980 说"的"，《现代汉语语法研究》，北京：商务印书馆。
朱德熙 1980 关于《说"的"》，《现代汉语语法研究》，北京：商务印书馆。
朱德熙 1982《语法讲义》，北京：商务印书馆。
朱德熙 1985《语法答问》，北京：商务印书馆。
朱德熙 2010《语法分析讲稿》，北京：商务印书馆。

📖 练习二

（一）热身练习

1. 请将下列词中性质相同的语素分别归纳出来并说明理由。

   人民　年龄　盖儿　老师　美化　革命　土地　语言　勺子　摔跤

2. 有人认为"羊毛"是词，"驼毛"不是词，"鸡蛋"是词，"鸭蛋"不是词，为什么？

   ➤ 答题提示：
   　　一般用扩展法区分词与短语，能被扩展的是短语，反之为词。"羊毛"与"鸡蛋"可以被扩展，为短语；"驼毛"与"鸭蛋"不能被扩展，为词。如：
   　　a. 羊的毛　　　　　鸡的蛋
   　　b. *驼的毛　　　　 *鸭的蛋
   　　"鸡"是成词语素，"鸭"是不成词语素，后者需要跟"子"等构成词，如"鸭子"。

3. 下列语言单位有何特点？它们是词还是短语？你是根据什么来确定的？

   洗澡　改口　画图　打仗　评奖　审题　鞠躬　压价　增光
   招生　吃亏　革命　还债　见面　结婚　看上　打垮　想开

4. 分析下列词的构成方式。

   戳穿　雪崩　粉饰　功用　用功　绑腿　天蓝　纸张　面熟
   讨论　烤鸭　悄悄　遇见　银两　合乎　狂欢　神往　依靠
   宪法　痛快　凌乱　典故　体验　词组　烟雨　稽查　兵变

5. 辨别"学习时间、学习文件、学习英语"在结构上的异同。

6. 下列复合词都是由"名词性语素＋动词性语素"合成的，它们的结构有什么不同？请谈谈你判断的理由。
   （1）地震　海啸　耳背　气喘　人为　日食　山崩　水流
   （2）瓦解　蚕食　席卷　囊括　笔谈　鸟瞰　泉涌　声控

（二）巩固练习

1. 为下列语法单位指派结构。
   （1）衣服架子　　　　冷水澡
   （2）红衣服　　　　　白布
   （3）洗脸盆　　　　　开口饭
   （4）烤馒头　　　　　炒饭

➢ 答题提示：

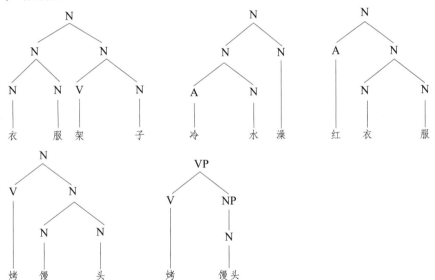

2. 辨别"学习时间、学习文件、学习英语"结构的异同。

➢ 答题提示：

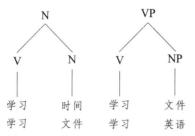

请提供证据支持该结构分析，该题在"热身练习"中根据结构关系回答。

3. 请根据本书的观点识别"羊毛、驼毛、鸡蛋、鸭蛋"的语法身份。
➢ 答题提示：

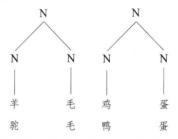

请提供证据支持该结构分析，该题在"热身练习"中根据扩展法，如插入"的"来回答。

4. 一般认为"代表"在"代表广大人民的利益"中是动词，在"三位代表"中是名词。这两种词类的"代表"有无关联？如何表达这种关联？
➢ 答题提示：

"代表₁"表示"代替个人或集体办事或表达意见"，表示一种行为动作；"代表₂"表示"受委托或指派代替个人、团体、政府办事或表达意见的人"，是指人。在本书中，可以认为"代表"是动词，在和名词性零后缀合并后可以转类为名词，如：

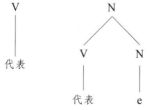

从图示来看，"代表"本质上是个动词，所谓的名词是由零形式的名词后缀转类而来。

5. 将"了"论证为词缀,有一些积极证据,即附着于词之后;也有一些消极证据,即在某些格式中不能附着于词,对此该如何处理?如:
   (1) 积极证据
      A. "了"附着于单个动词之后。如:
         他睡了三个钟头。   我已经忍了这么多年,我会再忍下去。
      B. "了"附着于形容词之后。如:
         短了一寸。   稍微大了一点儿。
   (2) 消极证据
      A. "了"只能附着于述补结构之后,不能附着于动词之后。如:
         把草拔干净了再上肥。   * 把草拔了干净再上肥。
         天不亮就套上了大车。   * 天不亮就套了上大车。
      B. "了"不能附着于动宾离合词之后,却能附着于动词之后。如:
         他睡了觉。   * 他睡觉了$_1$。
         他散了步。   * 他散步了$_1$。

▶ 答题提示:

这些消极证据表明:动补结构需要处理为复合词,"了"为后缀,构成更复杂的派生词;动宾复合词要处理为短语。如:

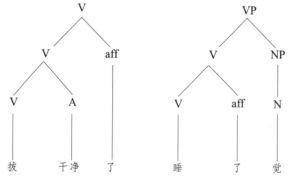

一般认为消极证据不具有说服力,因为它可能是由别的原因造成的。关于动补结构我们将在第三章再谈,关于离合词我们将在第十三章再谈。

6. 请讨论以下现象,说明它们为什么有的合法,有的不合法。
   (1)   吃了饭   吃着饭   吃过饭
   (2) * 看了完   * 看着完   * 看过完
   (3) * 放了在   * 送了到   * 走了向
   (4)   看了三回   吃过三回   走了半天

7. "动—名"式复合词可以是动词、名词、形容词，甚至副词，为什么？
   (1) 动词：眨眼、执笔、变卦、出土
   (2) 名词：司机、裹腿
   (3) 形容词：吃力、刻板、合理
   (4) 副词：任意

8. 有人说"子"和"者"都是词缀。你认为它们一样吗？为什么？

9. 下面的"状"有什么不同？为什么？
   (1) 形状　　　　　　　状态
   (2) 做一本正经状　　　做欠他八百辈子债状

10. 下面的"法"有什么不同？为什么？
    (1) 方法　　　　　　　法力
    (2) 怎么一个快活法　　怎么一个不快活法

11. 本书和其他书一样都是采用扩展法鉴别词与短语，两者有什么差别？请举例说明。

   ➤ 答题提示：
   在扩展法应用时，本书要求插入的成分必须是短语（或者说是能够充当句法成分的词），而不能是个（不能充当任何句法成分的）词，而其他书允许插入的成分为（不能充当任何句法成分的）词，比如说"铁门"按照本书的观点它是词，而按照其他书的观点可能是个短语。本书说它是词，是因为修饰"铁"或"门"的短语不能进入该结构，如不能说"一块铁门"与"铁一扇门"，尽管"一块铁"与"一扇门"都能说；其他书说它是短语，是因为其中可以插入"的"，如"铁的门"。再如"吃饱"，按本书的观点，它也只能是词，因为"吃很饱"也不能说；其他书认为它是短语的理由是中间可以插入"得"，如"吃得饱"。"的""得"等都不能充当句法成分，而"很""一块""一扇"等都能充当句法成分。

第二章 句法假设

> **学习要点：**
> 1. 了解嫁接与移位同向假设及其后果，为满足嫁接与移位同向假设，句法结构只能假设为词汇核心在后，所有扩展它的功能核心都必须在前。
> 2. 了解功能范畴假设与功能范畴在句法中的作用，如决定合并与激发移位等。
> 3. 初步了解汉语中扩展动词的功能范畴，如达成范畴、致使范畴。

一 嫁接与移位同向假设

（一）动介式与核心移位

黄伯荣、廖序东（2007）认为介词短语的功能主要是做状语与补语，分布在动词之后的介词短语为补语，如时地补语：

（1）这事就出〈在1949年〉。
  人们都知道自己生〈在何处〉，却不知道死〈在何方〉。
  两个小伙子走〈向海边〉。
  有一条标志赤道方位的白线，一直延伸〈到碑底的石阶上〉。
  以这个跨越为基础，冷冻技术可以推广〈至细胞组织和器官移植上〉。

时地补语概括的只是那些表示动作发生的时间和处所，包括表示动作的终止地点的介词短语的功能。实际上，介词短语还可以指示其他的事件参与者，如目标与来源等：

（2）你带〈给政委〉，积少成多，对党还有点用处。
  此时，她打开了那封寄〈自本市〉的长信。

丁声树等（1961）认为这种结构还可以采用另一种分析法，即将

"带给政委"的"政委"分析为"带给"的宾语,"生在一八一八年"的"一八一八年"分析作"生在"的宾语,"坐在拜厅上"的"拜厅上"分析作"坐在"的宾语。这两种分析法可刻画为(3):

(3) a. 坐　在拜厅上　　　　b. 坐在　拜厅上
　　　 动｜补　　　　　　　　 动｜宾

(3) 常常被称为框式图解法,我们也可以表示成树形图,如:

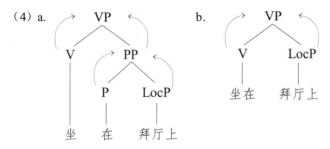

(4a) 表示动词与介词短语为动补关系,其中"坐"与"在"是两个词,"坐"是"坐在拜厅上"的核心,它决定着所在结构体的范畴为动词性(V),其姐妹成分"在拜厅上"决定着结构体为短语(P),所以整个结构体的标记为"VP";"在"是"在拜厅上"的核心,它决定着所在结构体的范畴为介词性(P),其姐妹成分"拜厅上"决定着结构体为短语(P),所以整个结构体的标记为"PP"。(4b) 表示动介合成词与处所成分为动宾关系,其中"坐在"为一个词,"坐在"是"坐在拜厅上"的核心,它决定着所在结构体的范畴为动词性(V),其姐妹成分"拜厅上"决定着结构体为短语(P),所以整个结构体的标记为"VP"。

朱德熙(1982)根据语音进行分析,他指出:"'坐在椅子上'固然可以分析为'坐/在椅子上',不过我们也同样有理由把它分析为'坐在/椅子上'。可是'坐·de椅子上'却只能分析为'坐·de/椅子上',不能分析为'坐/de椅子上'。因为'·de'很可能是'在'的弱化形式,所以最好把'坐在椅子上'分析为'坐在/椅子上'。"

胡裕树(1995)也认为可以把这种动(形)介结构看作一个整体,它的作用相当于一个动词,后边的成分是它的宾语。其理由更多,如:

第一,从语音上看,介词附属于前边的动词。停顿在介词之后,而不在介词之前。

第二,如果加上时态助词,不加在动词之后而加在介词之后。如

"走到了目的地"、"交给了他"。

第三,在并列的格式里,出现的是整个动介结构而不只是其中的动词。也就是说,动词后边的介词一定要重复出现。如"不是躺在而是坐在床上"。

第四,有些结构分析为介词结构做补语,意义上讲不通。例如"好在他不知道"、"输给了他"、"习惯于这种生活"、"见笑于大方之家"。

第五,有些介词用与不用,意思一样。如"忠诚于党的事业"与"忠诚党的事业"。不宜把前者看作动补结构,而把后者看作动宾结构。

有的学者则采取具体情形具体分析的思路。丁声树等(1961)认为在出现"了"的时候,动宾分析会方便些,因为"了"出现于介词之后,而介词后头平常是不能加"了"的,如我们不说"在了炕上,在了城外"。据此,丁声树等指出:"这种例句,我们说'炕上'是'躺在了'的宾语,'城外'是'埋在了'的宾语妥帖些。"如:

(5) a. 吃完了饭,他躺在了炕上。
　　 b. 她本人可是埋在了城外。

丁声树等不完全采用动宾分析,是因为他们觉得"'埋在了、放在了'和'埋好了、放平了'还是不同。'埋好了'、'放平了'后头不要再跟什么就站得住,'埋在了、放在了'后头没有宾语就站不住"。

在我们看来,动宾分析与动补分析都是正确的,它们反映了计算的不同阶段。动补分析是合并的结果,反映着成分间的选择性;动宾分析是移位的结果,反映着句法的调整。假定"坐"选择处所成分,则"坐"需要跟"在拜厅上"进行合并,如(6a);假定"坐"吸引"在",则"在"向"坐"移位,如(6b)。

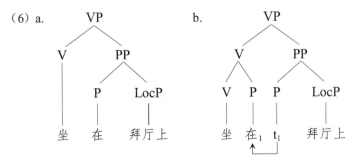

(6b)中的 t 为"在"移走之后留下的语迹(trace),后边的索引"1"表

示该语迹是哪个成分的语迹,移位的成分与留下的语迹同索引。

"在"与"坐"都是所在结构体的核心,"在"向"坐"的移位可以称为核心移位(head movement)。核心移位常常发生在核心与其姐妹的核心之间——这也叫核心移位限制(Head Movement Constraint)①。在(6a)中,"在拜厅上"的范畴标记是"坐"的范畴标记的姐妹,其中"在"是"在拜厅上"的核心,"坐"吸引"在"进行核心移位。核心移位得到动介合成词,如(6b)所示。(4b)与(6b)都显示"坐在"是个合成词,不同在于,在(4b)中"坐在"是词法生成的合成词,(6b)中"坐在"是句法生成的合成词。

(二)嫁接与移位同向假设

"在"向"坐"核心移位,理论上有两种结果,一是"坐在",一是"在坐"。现在的问题是如何排除"在坐"。为此,我们提出"嫁接与移位同向假设"。"嫁接与移位同向假设"要求:移位成分向左侧移位就嫁接于目标成分的左侧,移位成分向右侧移位就嫁接于目标成分的右侧。为达到嫁接与移位同向假设,我们可以规定所有的词汇范畴核心在后,所有扩展词汇范畴的功能范畴都是核心在前。根据词汇范畴核心在后的要求,我们可以为"坐在拜厅上"指派如下结构(1a):

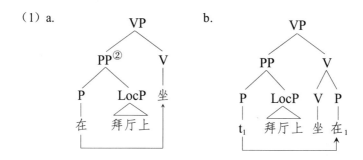

---

① 核心移位限制也可用成分统制进行表述:核心移位只能发生在某个核心及与之最近的不对称地成分统制它的核心之间(Movement from one head position to another is only possible between a given head and the closest head which asymmetrically c-commands it)。

② 如果介词也是词汇范畴,则也会受到功能范畴的扩展。假定这个功能范畴为轻介词,则"在拜厅上"的结构如下:

[$_{pP}$ [$_{p'}$ [$_p$] [$_{PP}$ [$_{LocP}$ 拜厅上] [$_p$ 在]]]]

该图示满足词汇范畴核心在后,功能范畴核心在前的规定。轻介词吸引"在"核心移位,推导出"在拜厅上"。相应的,(1a)中 V 的姐妹节点为 pP,V 吸引其姐妹节点 pP 的核心进行移位,所以移位到 p 位置的"在"向"坐"核心移位。

在（1a）中，V与PP互为姐妹，其中V为核心，如果"坐"有跟"在"融合的要求，则"坐"可以激发PP的核心"在"向其核心移位。因为"坐"在结构的右侧，"在"向"坐"移位，就是向右移位，所以"在"嫁接于"坐"的右侧，如（1b）。

现在的问题是：（1b）中的"坐在"是如何前置于"拜厅上"的。我们假定轻动词v为"坐"选择了"在拜厅上"以及"坐的人"，如：

（2）
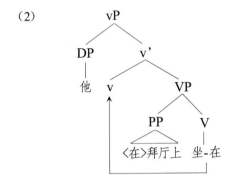

v吸引其姐妹节点的核心"坐在"核心移位，生成"他坐在拜厅上"。

动词V吸引介词P进行移位，可以通过"了"进行测试。因为介词之后是不能出现"了"，如果介词之后有"了"，就只能将动词与介词序列分析为动介复合词。动介复合词为动词，是可以附加"了"的。动介复合词可看作是动词吸引介词移位生成的。"坐在了"的生成过程可演示如下：

（3）
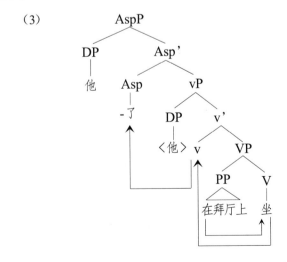

核心移位限制只要求移位成分向成分统制它的最近核心移位,至于嫁接在目标成分的左侧还是右侧,它是管不了的。为了限制嫁接的方向,我们提出"嫁接与移位同向假设",即向左移位则嫁接于目标成分的左侧,向右移位则嫁接于目标成分的右侧。(3)能做到这一点。首先是"在"向右边的成分统制它的核心"坐"移位,嫁接于"坐"的右侧,生成"坐在"。接着"坐在"向左边的成分统制它的核心 v 移位,生成"坐在-v"。最后"坐在-v"向左边的成分统制它的核心 Asp 移位,生成"坐在-v-了",忽略其中不可见的 v,就是"坐在了"。

"坐在了"是句法生成的复合词,如(3),跟词法生成的复合词"坐在了"不同,差别在于范畴标记,前者是 Asp,后者是 V。"V-P-了"是通过词法规则生成的词还是通过句法规则生成的词,目前还没有确定的说法,本书取句法生成说法。需要指出的是,采用不同的说法,其要求是不同的,如:

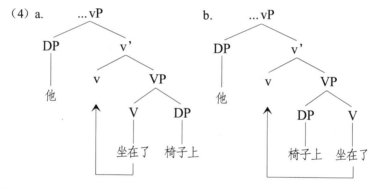

(4)将"坐在了"处理作词法合成词,被扩展的词汇范畴可以是核心在前,也可以是核心在后。但如果将"坐在了"处理作句法词,而且为保持嫁接的方向与移位的方向一致,则只能让被扩展的词汇范畴核心在后。

(三)自然语言的语序

自然语言的语序,学界有不同的说法,早先将语言分成两种类型:核心在前的语言与核心在后的语言,这叫核心参数假说。如:

(1) a. John wrote a book.　　　　…[_vP [John] [_v' [_v] [_VP [_v wrote] [a book]]]]

　　　b. John-ga hon-o kaita.　　　…[_vP [John-ga] [_v' [_VP [hon-o] [_v kaita]] [_v]]]

（1a）是核心在前的英语，（1b）是核心在后的日语。从汉语动介式来看，不妨假设词汇范畴核心在后，功能范畴核心在前。如：

(2)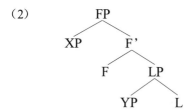

L 是词汇范畴（lexical category），F 是扩展 L 的功能范畴（functional category）。词汇范畴有动词、名词、形容词、介词等。功能范畴是扩展词汇范畴的范畴，像 v、Asp 等就是功能范畴。当 L 吸引其姐妹节点 YP 的核心 Y 移位时，由于 L 在 YP 的右向，Y 只能向右侧移位，自然嫁接于 L 的右侧；当 F 吸引其姐妹节点 LP 的核心 L 移位时，由于 F 在 LP 的左侧，L 只能向左侧移位，自然嫁接于 F 的左侧。如：

(3) a. b.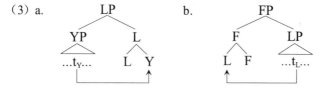

右向嫁接比较少，只发生在词汇范畴及其姐妹节点的核心之间，主要是左向嫁接。

二 功能范畴假设

（一）功能范畴

1. 达成范畴

朱德熙（1982）认为表示状态的述补结构里的"得"是一个动词后缀，表示状态的述补结构应该二分（看得/多，长得/漂亮）。将"得"处理为动词后缀，这意味着"V-得"是个合成词，如：

(1) a. b.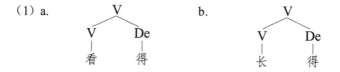

现在的问题是:"V-得"是通过词法规则生成的还是通过句法规则生成的? 此外,"得"到底是词缀还是词,也值得探讨。我们暂假定"得"是个词,在词类上属于轻动词 v,"V-得"是通过句法规则生成的。如:

(2) a. 他走得气喘吁吁。

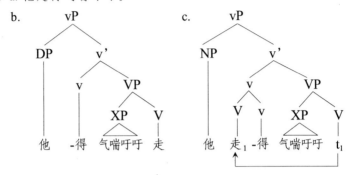

在(2b)中"得"为 v 的语音实现。"得"具有粘着性,它需要附着于某个非粘着性的成分上。为了解决"得"的粘着要求,v 激发它姐妹节点的核心向它移位,所以"走"向"得"移位,如(2c)。"走"是 VP 的核心,"得"是 vP 的核心,所以"走"向"得"的移位也是核心移位。"走"核心移位之后,会留下一个语迹(trace),标记作"t",索引为"1"。"得"吸引动词移位是因为"得"具有粘着性,移位的方向是左向,根据"嫁接与移位同向假设",只能生成"走得",而不会生成"得走"。

"得"具有"达成"义,为达成范畴,是轻动词的一种。王力(1980: 304)将"得"分为三种:递系句的动词词尾、紧缩句的动词词尾与能愿式中的动词词尾,他指出:"这三种性质的动词词尾'得'字是同一来源的,就是由原来的'获得'意义转化为'达成',由'达成'的意义更进一步的虚化,而成为动词的词尾。"这个"达成"对应于语义学中的 BECOME,相应的,达成范畴可记作 Bec。达成范畴会为动词选择两个成分,这两个成分跟 BECOME 构成述谓结构,表示某物达成某种状态。所选择的两个成分可以称之为论元。如:

(3) 得: [范　畴: Bec
　　　　语义选择: {theme, state}
　　　　语　义: [(theme: X) BECOME (state: Y)]]

(3)是说"得"这个语素的范畴是 Bec,轻动词的一种,它有两个论元:theme 与 state,它的语义是某物(作 theme 的 X)达成某种状态(作 state 的 Y)。"他走得气喘吁吁"的句法结构(2b)可重新标记为:

(4) a. 他走得气喘吁吁。

b.
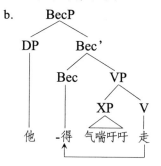

"得"为达成范畴 Bec 的语音实现,句义表示"他通过走达成气喘吁吁的状态"。

2. 致使范畴

"他走得气喘吁吁"还可以扩展为"这段山路走得他气喘吁吁"与"这段山路把他走得气喘吁吁",后者是在前者的基础上扩展而来的,所以两者的 BecP 部分相同。如:

(1)
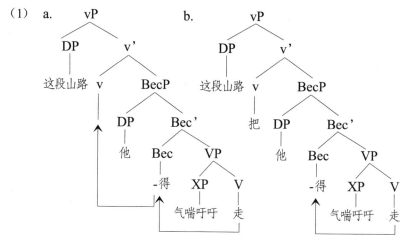

在(1a)中,"走"首先向"得"核心移位,得到"走得";"走得"接着核心移位到 v,最后推导出"这段山路走得他气喘吁吁"。在(1b)中,由于 v 实现为"把",所以只能推导出"这段山路把他走得气喘吁吁"。

"这段山路走得他气喘吁吁"表示"这段山路致使他达成气喘吁吁

的状态,通过走",所以可以假定(1)中的v为致使范畴Caus(e)。我们将实现作"把"的v看作表示"致使"(CAUSE)义的致使范畴。达成范畴通常跟致使范畴配合,因为一种状态的达成常常是有原因的,是某物某人或某事致使的。如:

(2)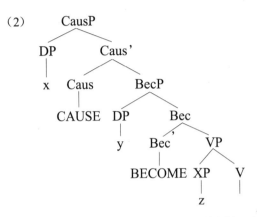

根据语义的组合性,我们不妨将(2)指派如下的语义表达式:

(3) a.〔x CAUSE〔y BECOME z〕〕/BY V
    b.〔(致事:x) CAUSE〔(役事:y) BECOME (状态:z)〕〕/BY (动作:V)

(3a)是说"x通过V致使y变成z",(3b)是对"x、y、z、V"的具体标注。这些题元角色可以由不同的参与者充当。

"得"是达成范畴的专门语音形式,"把"是致使范畴的专门语音形式。致使范畴常常扩展达成范畴,所以"把"字句有"致使+达成"义,或简称使成义。需要注意的是,非把字句也可以有使成义,只要它包含致使范畴。

(二)功能范畴假设

功能范畴激发移位与选择论元,我们称为功能范畴假设。该假设的完整内容是"功能范畴不仅激发移位,而且决定合并,包括论元的选择与题元的指派"。

1. 激发移位

我们首先来看功能范畴激发移位。不仅实现为"-得"的功能范畴会激发核心移位,没有语音实现的功能范畴也会激发核心移位,比如说致使范畴 Caus：

（1）a. 这段山路走得他气喘吁吁。

b.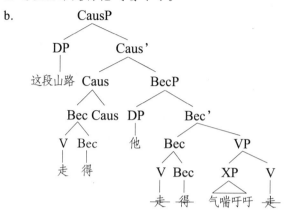

在（1a）中 Caus 激发"走得"进行核心移位。

移位遵守局域性限制，它只能一步一步地移，也就是说，每个核心只能接受其姐妹节点的核心进行移位，如（1b）中，Bec 只能接受 VP 的核心 V 进行核心移位，Caus 只能接受 BecP 的核心 Bec 核心移位。在 Caus 到 V 之间还有一个核心 Bec，V 不能跨过 Bec 直接移到 Caus，而必须通过 Bec 才能到达 Caus。如：

（2）*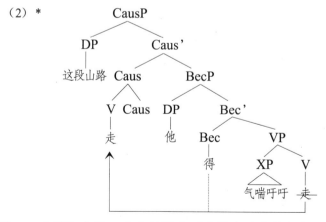

V 跨越 Bec "-得"之后，产生的语序"这段山路走他得气喘吁吁"不合法，此外"-得"的粘着要求也没有得到满足。当某个核心没有粘着要求时，就会阻止核心移位。Caus 为零形式时会激发核心移位，Caus 为"把"时会阻止核心移位，如：

(3) a. 这段山路 [Caus 把] 他走得气喘吁吁
　　 b. 这段山路 [Caus 走得] 他气喘吁吁

2. 选择论元

功能范畴选择论元的例子很多，如"这段山路走得他气喘吁吁"中的"这段山路"虽然跟"走"没有选择关系，但因为扩展"走"的功能范畴选择了它，而成为"走"的论元。再如：

(1) a. 这孩子吃得西瓜直淌水。
　　　这孩子把西瓜吃得直淌水。
　　b. 这辣菜吃得嘴唇都肿起来了。
　　　这辣菜把嘴唇吃得都肿起来了。
　　c. 他吃得大碗啪啪响个不停。
　　　他把大碗吃得啪啪响个不停。
　　d. 那些政客吃得这家饭店名声鹊起。
　　　那些政客把这家饭店吃得名声鹊起。

(1a) 中的"这孩子"与"西瓜"大概可以说是"吃"选择的，而 (1b—d) 中的"嘴唇、大碗、这家饭店"等就很难说是"吃"选择的。从功能范畴假设的角度看，这里所有的论元其实都是扩展动词的功能范畴选择的，包括"这孩子"与"西瓜"。如：

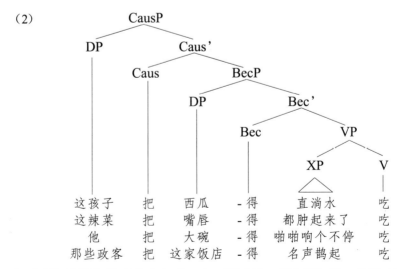

Caus 为"吃"选择各种事件参与者，如"施事"、"受事"等，作致事；

Bec 为"吃"选择各种参与者,如"受事"、"伴随物"、"工具"、"处所"等,作役事,此外还选择了结果。

由功能范畴选择论元,实际上就是说"实词无价"、"实词无向"。"价"这一概念借自化学。化学中提出"价"的概念为的是说明在分子结构中各元素原子数目间的比例关系。取氢原子为一价,某种元素的一个原子能和多少个氢原子相化合,或者能置换多少个氢原子,那么该元素就是多少价。最早把化学中的"价"明确引入语法研究中的是法国语言学家特思尼耶尔。语法学中引进"价"这个概念,为的是说明一个动词跟其他成分特别是名词性成分的依存关系,主要考察动词能支配多少个属于不同语义角色的名词词组。这种依存关系,朱德熙(1978)采用的是"向"概念,本书采用论元结构概念。论元结构理论中有两个重要概念,一个是谓词,一个是论元。

论元是语言学家从数理逻辑中借用的概念,它描述特定类型的语义表达式在句子语义结构中所负载的语义角色。比如说"张三打李四",整个句子被称为命题,"打"是谓词,"张三"与"李四"是其论元。谓词描述事件图景,论元是该事件图景中的参与者,如"张三"是"打"事件中的"打者"(施事),"李四"是"被打者"(受事)。在"王五说张三打李四"中,主句的谓词是"说",其论元分别是"王五"与"张三打李四"。在句法学中,谓词由词汇范畴充当,论元由扩展词汇范畴的功能范畴选择,置于词汇范畴的姐妹节点或功能范畴最大投射的女儿节点,如(3a)与(3b)。非论元性成分就作为附加语附加在 F' 上,它不改变范畴标记,如(3c)。

(3) 可组合成如下图示:

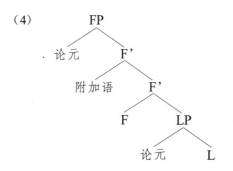

谓词的论元结构描述的是跟谓词相关的论元集合以及这些论元所承担的题元角色，如：

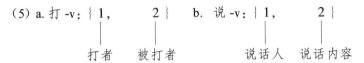

(5a) 是说"v"为"打"选择了两个论元，分别是"打者"与"被打者"；(5b) 是说"v"为"说"选择了两个论元，分别是"说话人"与"说话内容"。论元由功能范畴选择，意味着词汇范畴本身并无论元结构。按袁毓林（1998）的看法，朱德熙也是持此论者。袁毓林指出："至于到底怎样来确定动词的向，朱先生并没有交代具体的原则和标准；并且，在行文中也颇有一些不一致的地方。"他的例子是：

(6) a. 他来了。　　　　　　b. 他来客人了。
(7) a. 这把刀切肉。　　　　b. 这把刀我切肉。

朱德熙先生认为"来"在（6a）中为单向动词，在（6b）中为双向动词；"切"在（7a）中为双向动词，在（7b）中为三向动词。袁毓林先生认为："这就很有一点'依句辨向，离句无向'的味道，动词的向这一概念也就变得有点儿不可捉摸了。而事实上，这里的两个'来'和'切'在前后两个句子中的意思是一样的，其向似乎也应该是一致的。"从目前的研究来看，动词也确实没有价（向），Chomsky（2008）认为"E(xternal) M(erge) yields generalized argument structure"，即（外部）合并产生广义的论元结构。

☞ **推荐阅读**

丁声树等 1961《现代汉语语法讲话》，北京：商务印书馆。
胡裕树 1995《〈现代汉语〉使用说明》，上海：上海教育出版社。
黄伯荣、廖序东 2007《现代汉语》（下），北京：高等教育出版社。
王　力 1980《汉语史稿》，北京：中华书局。
熊仲儒 2004《现代汉语中的致使句式》，合肥：安徽大学出版社。
袁毓林 1998《汉语动词的配价研究》，南昌：江西教育出版社。
朱德熙 1982《语法讲义》，北京：商务印书馆。

练习三

（一）热身练习

1. "（把书）放在桌子上"应该分析作"V+PP"还是"V+NP"？请说明理由。

> 答题提示：

两种分析都存在。分析作"V+PP"是从选择性上考虑的，分析作"V+NP"是从语法行为上考虑的。

一般认为动词可以选择介词短语做补语，该补语可以直接位于动词之后，也可以在宾语之后，如：

  a. 把书放在桌子上　　　　b. 放了一本书在桌子上

从选择性上考虑，可以将"放在桌子上"分析作"V+PP"。

一般认为介词之后不能出现"了"，"了"只能出现于动词或形容词之后。"放在桌子上"如果用"了"测试，其结果如下：

  c. *放了在桌子上　　　　d. 放在了桌子上

（c）与（d）的对比表明，"放在"宜分析为动词，其后的"桌子上"宜分析为宾语，如"V+NP"。

层次分析法是结构主义语言学的分析方法，结构主义语言学推崇语法形式。变换是一种语法形式，变换即添加"了"表明"（把书）放在桌子上"应该分析作"V+NP"。这种分析结果也能预测停顿位置与并列方式，停顿发生在"在"之后，而不是"放"之后；"放在"可以跟类似形式并列。如：

  e. 把书放在而不是扔在桌子上

2. "坐在椅子上""生于1990年""飞向蓝天"这一类结构该怎样分析？请说明理由。

3. 主语和动词的语义关系很复杂，大致可以分为几种类型？请举例说明。

（二）巩固练习

1. 试着为下列短语指派结构。

 （1）张三蹲在地上

 （2）箱子递给张三

 （3）李四奔向大海

 （4）王五来自潜山

2. 解释下列语料。
   （1）a. *他坐了在椅子上。　　b. 他坐在了椅子上。
   （2）a. *从胜利走了向胜利。　b. 从胜利走向了胜利。
   （3）a. *把书送了给他。　　　b. 把书送给了他。

3. 请根据论元与谓词的语义关系对下面的语料进行分组描述，并试着指派句法结构。
   （1）孩子哭得我睡不着觉。
   （2）他解释得大家都笑了。
   （3）这声响惊得狗大叫。
   （4）他推得她摔下楼梯。
   （5）老师骂得学生哭了。
   （6）他惹得叔叔恼怒了。
   （7）他哭得眼睛都红了。
   （8）他忙得满头是汗。
   （9）他慌得腿都软了。
   （10）他惊骇得睁大了眼睛。
   （11）观众感动得眼泪直流淌。
   （12）我兴奋得一夜睡不着觉。
   （13）这瓶酒喝得我晕晕乎乎。
   （14）这顿饭吃得我直想哭。
   （15）这首歌唱得我都烦了。
   （16）这段话写得我看不懂。

4. 为什么"'吃、唱、喝'本身没有使动用法，而下面这些句子却都表达'使吃、使唱、使喝'等意思"？
   （1）（你老让我吃）你都吃腻了我了。
   （2）（你老让我唱）你都唱烦了我了。
   （3）（你老让我喝）你都喝醉了我了。

5. "这批图书送师大图书馆"有无歧义？为什么？
   ▷ 答题提示：
   　　这是一个有歧义的句子，既可以表示"这批图书送到师大图书馆"，又可以表示"这批图书送给师大图书馆"。对前者而言，"师大图书馆"是终点；对后者而言，"师大图书馆"是目标。可以认为这种歧义是由语义关系不同造成的。语义关系之所以不同，可能是因为论元是由功能范畴选择的，功能范畴可以选择各种事件参与者来充当论元。

6. 用树形图为下列短语指派结构。

 （1）a. 农活累病了爷爷　　　b. 爷爷累病了

 （2）a. 枪声惊醒了孩子　　　b. 孩子惊醒了

 （3）a. 这件事气坏了李四　　　b. 李四气坏了

7. 讨论下列句子的推导与偏误原因。

 （1）张三喜欢李四。　　　　＊张三把李四喜欢。

 （2）张三笑了李四。　　　　＊张三把李四笑了。

 （3）张三砍坏了斧头。　　　张三把斧头砍坏了。

8. 讨论下列句子的推导与偏误原因。

 （1）＊ 风把我的自行车倒了。

 （2）＊ 他把我的新被子破了。

 （3）＊ 我把他的衣服干净了。

▶ 答题提示：

 （1）用的是"把"字句，能够表达风致使自行车发生由"没倒"到"倒"的变化，但没有活动，即缺乏主动词。如：

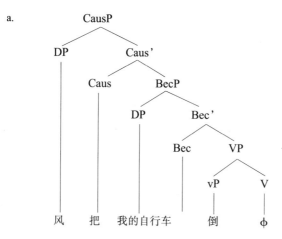

 只有实现了主动词，句子才能合法，如"风把我的自行车刮/吹倒了"。

9. 讨论下列句子的推导与偏误原因。

 （1）＊ 请你把这封信寄。

 （2）＊ 我恨不得把他杀。

(3) * 你把这辆自行车买吧。

➢ 答题提示：

(1) 的推导方式是用一个轻动词扩展动词"寄"，并由该轻动词为"寄"选择两个论元："你"与"这封信"。如：

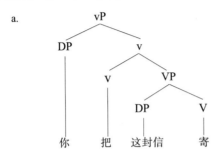

a.

(1) 的偏误在于误将 v 识别为致使范畴 Caus。致使范畴要扩展达成范畴 Bec，这意味着"把"字句必须达成某种结果，这种结果可以出现，也可以隐含，但（1）没有隐含任何结果，所以扩展动词的 v 不是致使范畴。这时，该轻动词不能实现为"把"，只能采用动词的核心移位，如：

b. 请你寄这封信。

如果要表达为"把"字句，则需要用达成范畴扩展动词，并实现达成范畴所选择的结果论元，如：

c. 你把这封信寄给他。

这种偏误跟误解"把"的作用有关，一般认为"把"有提宾的作用。这种看法误导了学生。要告诉学生"把"有致使义，用"把"的句子表达的是：通过某种活动，致使某人某事某物发生位置、状态等变化。

10. "那孩子的脸气得鼓鼓的"，可以说成"气得那孩子的脸鼓鼓的"；而跟这个句子极为类似的"那孩子的眼睛瞪得大大的"，却不能说成"瞪得那孩子的眼睛大大的"，这是为什么？怎么解释？

➢ 答题提示：

这里的差别在于主动词能否受 Caus 扩展，"气"可以，而"瞪"不可以。"气"受 Caus 扩展，核心移位之后，Bec 所选择的役事置于动词之后；"瞪"不受 Caus 扩展，也就不能通过核心移位而置役事于后。如：

a. 气-Bec：（役事，结果）

b. 气-Bec-Caus：（致事，（役事，结果））

c. 瞪-Bec：（役事，结果）

第三章 动词短语

> **学习要点：**
> 1. 进一步掌握嫁接与移位同向假设在句法建构中的作用，它决定了补语的句法位置，补语优先跟动词合并。
> 2. 继续了解汉语中扩展动词的一些功能范畴，如时体范畴、被动范畴"给"与"被"、能性范畴"得"。
> 3. 了解功能范畴的拟测方法。

一 补语的位置

黄伯荣、廖序东（2007）将补语分为结果补语、程度补语、趋向补语、状态补语、时地补语、数量补语、可能补语。朱德熙（1982）剔除了数量补语与时地补语，如：

(1) a. 洗了一次
    b. 敲了一下
    c. 住了一天

(2) a. 住在芜湖
    b. 出生在 1971 年

黄伯荣、廖序东（2007）认为（1）是数量补语，朱德熙通过变换分析认为（1）中数量成分是准宾语。如：

(3) a. 一次也没洗
    b. 一下也没敲
    c. 一天也没住

黄伯荣、廖序东（2007）认为（2）是时地补语，朱德熙认为（2）中介词短语跟前面的动词构成连谓结构。

从句法合并的角度看，黄廖的补语更有价值，最先跟动词合并的是黄廖的补语。程度补语,它实际上是结果补语、趋向补语或状态补语等补语,只不过表达程度语义而已,不需要细致辨认。时地补语,所指范围比较狭隘,跟动词合并的除了时地补语外,还有其他的介词短语。补语最先跟动词合并,如:

(4) 动词后面是动词性补语。如:

我们把敌人打〈败〉了。
大风把大楼刮〈倒〉了。
他把我的书借〈光〉了。
程心雯把叶小蓁从人堆里拉了〈出来〉。
他把江太太请了〈进来〉。
风把灰沙扬了〈起来〉,简直使人无法睁〈开〉眼睛。

(5) 动词后面是形容词性补语。如:

我们把野菜洗〈干净〉了。
她要亲手把孩子养〈大〉。
自行车把我的衣服挂〈破〉了。
雨都把我浇〈迷糊〉了,也不知往哪儿走了。

(6) 动词后面是介词短语充当的补语。如:

把田鸡卖〈给我〉吧!
她把那个水淋淋的纸袋扔〈在江麟的脸上〉。
他把空的可乐杯踢〈到天天的腿上〉。
他把船划〈向湖心〉。

(7) 动词后面是状态补语。如:

我把表姐吓得〈昏过去〉了。
你坐下来嘛,我一定把你画得〈很漂亮〉!
她只得把头俯得〈低低的〉。
月光把这小花园照射得〈如同白昼〉。
中药汤把他苦得〈直想呕吐〉。
繁重的工作把他累得〈筋疲力尽〉。
他把你恨得〈要命〉。
公主把王子想得〈神魂颠倒〉。

(8) 动词后面是数量补语。如：

她又把诗解释了〈一遍〉。
那个人把我吓了〈一跳〉。
这件事把我忙了〈一阵子〉。
他把我打量了〈一番〉。

根据"把"，我们可以确认这里的动词都受到 Caus 的扩展，也能推测它们会受到 Bec 的扩展，所以可以指派如下结构：

(9)

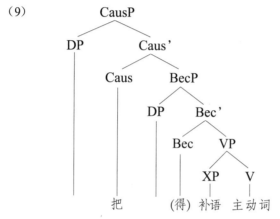

第一，该结构符合"嫁接与移位同向假设"，汉语不仅有动介式复合词，还有动结式、动趋式复合词，这也要求介词短语、结果补语、趋向补语首先跟动词合并。如：

(10)

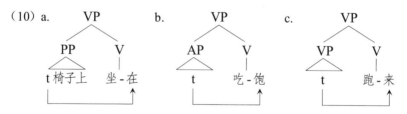

第二，该结构可以解释朱德熙（1982）关于数量成分的平行性论断。它们的平行性在于它们的句法位置相同，即都在主动词的姐妹节点参与合并，如：

(11) a. 看了三本　　我已经把《红楼梦》看了三本。
　　　b. 看了三遍　　我已经把《红楼梦》看了三遍。

  c. 看了三天　　　　我已经把《红楼梦》看了三天。

  第三，该结构也符合语义表达式"[（致事：x）CAUSE [（役事：y）BECOME（状态：z）]] / BY（动作：V）"。将状态补语、数量补语跟动词合并，除了符合语义表达式之外，现在还说不出更多的理由。状态补语的位置，我们将会从控制理论进行论证，见第六章。

  下面的句子有相应的"把"字句，虽然动词之后的成分很难称为补语或根本没有补语，但从一致性的角度出发，下面的句子也可作类似于（9）的结构指派。如：

  （12）动词后面的成分是名词性词语。如：

    她把衣服拉了<u>一个口子</u>。
    他们把这块地种了<u>棉花</u>。
    他把木桌子刷了<u>一层漆</u>。

  （13）动词后面没有补语成分。如：

    我们一定能把这股敌人歼灭。
    立刻把危房拆除，以免造成不必要的伤亡。

二　时体范畴

（一）句法位置

  "了、过"等时体成分不仅可以出现于动词或动结复合词之后，而且可以出现于"把"字句之中。如：

  （1）他把江太太请了进来。　　我们把希望寄托在了孩子身上。
    她把衣服拉了一个口子。　　她又把诗解释了一遍。
  （2）他没把饭做糊过。　　　　我把这种菜吃过很多次。

  "了、过"在"把"更后的位置，这意味着它们在句法结构中低于Caus。补语由Bec选择，按照局域性原则，役事也只能在Bec的投射内实现，这就要求时体成分Asp处于Bec之上。如（无关细节忽略不计）：

（3）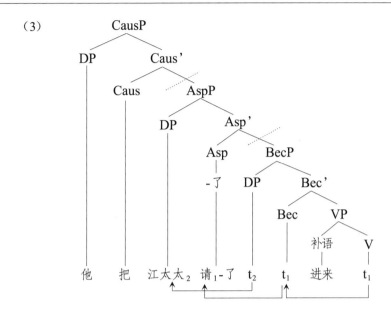

这个图示显示 Asp 位于 Caus 与 Bec 之间。

有时体义的"了"与"过"可以出现在把字句中，但有时体义的"着"不能出现于把字句中。处于把字句中的"着"不是时体范畴，处于把字句中的"了、过"也不全是时体范畴。如：

(4) 他把书烧了。　　　　　　他把坑填了。
　　你下午把信写了！　　　　我建议今儿就把那本书买了。
(5) 我把这件事跟他商量过了。　我把这篇文章研究过了。
　　我把衣服搓过了。　　　　我把面揉过了。
　　他把稿子看过了。　　　　我把这个问题跟他商量过了。
(6) 他把身子用力地搓着。
　　我半醒半睡地把头在墙上擦着。
　　他一直把画儿挂着。
　　胥老师将粉笔头在讲台上轻轻地戳着。
　　他把门开着。
　　他把球扣着。

这里的"着、了、过"是补语，可称为动相补语，如：

(7)
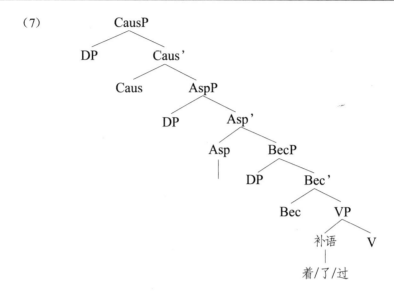

第一,动相补语"了"念"lou",有"消除"、"了结"等义。

第二,时体"着"不能扩展 BecP,也就是说时体"着"不能出现于"把"字句。出现于"把"字句中的"着"只能是别的成分,在结构上最适宜的成分是 Bec 为动词选择的结果论元,即动相补语。叶向阳(2004)认为"举着哑铃"这个述宾结构有两个含义,一个表示不停地上下举哑铃,这时"着"是表进行的"着";还有一个含义是将哑铃擎在空中不放下来,这时"着"是表静态的"着",只有后者才能转换为"把"字句"把哑铃举着"。

第三,"过"可以表示曾经经历,也可以表示动作完毕,两者都能在"把"字句中出现,前者如(2),后者如(5)。有人认为表示曾经经历的"过"不是"把"字句必需成分,而表示动作完毕的"过"则本身就是构成"把"字句的要素。必需与否,很难讲。但从功能范畴假设来讲就很简单了,表示动作完毕的"过"是 Bec 选择的动相补语,而表示曾经经历的"过"不是 Bec 选择的论元成分,后者只是扩展 BecP 的时体范畴。

动词除了可以受达成范畴、致使范畴扩展以外,还可以受其他的功能范畴扩展,如表示活动的 Do,表示状态的 Be 等。这些功能范畴扩展动词后接受时体范畴扩展,如:

(8)

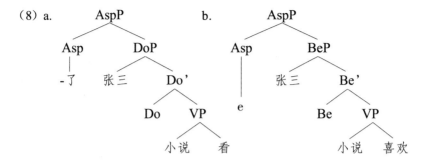

动词受 Do 扩展后，表示一种活动情状，没有终点。动词受 Be 扩展，表示状态情状。状态情状也是无界的，即没有终点。动词受 Bec 扩展后，表示完结情状；在受 Caus 扩展后，表示完成情状。完结情状或完成情状，都有终点。如：

(9) a. 张三看了小说，可是还没有看完。
　　b. *张三把小说看了，可是还没有看完。
(10) a. 张三喝了汤了，可是还没喝完。
　　b. *张三把汤喝了，可是还没喝完。

(9a) 与 (10a) 表示的是活动情状，(9b) 与 (10b) 中的"把"字句，表示的是完成情状，不能经受转折测试。情状与轻动词大致对应，如：

(11) a. 状态：Be － V　　　　　无终点
　　 b. 活动：Do － V　　　　　无终点
　　 c. 完结：Bec － V　　　　　有终点
　　 d. 完成：Caus － Bec － V　有终点

Be 表示持续的状态，Do 表示进行的活动，Bec 表示达成的状态，Caus 表示状态的起因。Bec 可以独用，但 Caus 必须跟 Bec 配合着用。

(二)"了"

"了"表示事件发生的时间（ET）先于参照时间（RT）①。句子中如果没有特别地标明参照时间，则参照时间就默认是说话时间（ST）。

---

① 事件时间与参照时间的关系，按理是次级时制（secondary tense），它可分为先时（anterior：E_R）、同时（simple：E, R）与后时（posterior：R_E）三种。英语中的完成式尽管表示的是次级时制中的先时，但大多学者亦称之为完成体，仿此，我们也将"着、了、过"看作时体范畴。

这里借戴耀晶（1997）的分析进行说明：

(1) a. 现在的现实。相对于现在这个参照时间（通常也就是说话时间），句子所表示的事件是已然的现实。如：

半个月以前，母羊下了一只羔，虎犊似的，老是"腾腾"乱蹦，满院撒欢。

b. 过去的现实。相对于过去某个参照时间（说话时间为现在），句子所表示的事件是已然的现实。如：

人们呼隆一下围上来，不知出了什么事。

c. 未来的现实。所谓未来的现实，指的是从说话时间看去是未来的时间，相对于某个参照时间而言，已经是一个已然的现实。如：

下个星期二晚上十点钟，李教授肯定已经到了哈尔滨。

```
        ST      ET                    RT
        ┼───────┼─────────────────────┼────────►
             李教授到哈尔滨     下个星期二晚上十点钟
```

朱德熙（1982）认为"了"只表示动作处于完成状态，跟动作发生的时间无关。其实"了"跟动作发生的时间还是有关系的，只不过它是指示事件时间与参照时间的关系罢了。如：

(2) a. 他下了课就上图书馆去了。   ET(下课)＿＿＿ RT(上图书馆)
    b. 下了课再去。   ET(下课)＿＿＿ RT(去)
    c. 关了灯就什么也看不见了。   ET(关灯)＿＿＿ RT(看不见)

"了"的意义不在于完成，如"这本书我看了三天了，可是还没看完"，而在于表达事件时间前于参考时间。如果事件时间跟参考时间同时，就不能用"了"，如：

(3) * 我正在吃了饭。　　　　　　　我正在吃饭。
　　 * 他在留了胡子。　　　　　　　他在留胡子。

第一，对于有始点的事件，只要其始点前于参考时间，即可受"了"扩展。参考时间如果不明示，则为说话时间。有始点的事件或为活动动词＋补语/复杂宾语，或为完结动词，如：

A. 活动动词＋补语。如：

他睡了三个钟头。　　　　　　　我在那儿住了两个月。
我已经忍了这么多年，我会再忍下去。　电灯亮了很多。
我把狗打了一顿。　　　　　　　我把门踢了三脚。
敌人撤退了二十里。　　　　　　你高了一点儿。
我碰到了张三。　　　　　　　　他跳在了椅子上。
他想出来了那个字。　　　　　　我吃完了饭。

B. 活动动词＋复杂宾语。如：

他饶了他的敌人。　　　　　　　我看了新买的书。
他吃了两碗饭。　　　　　　　　他喝了三瓶酒。

C. 完结动词。如：

他去年死了。　　　　　　　　　我忘了地址。
火灭了。　　　　　　　　　　　盖子掉了。

第二，无始无终的事件（无界事件），会在说话时间仍然持续，如果拿说话时间作参考时间，则事件时间不能前于参考时间。"了"不能扩展表示无界事件的短语，无界事件包含无界动词，活动动词构成的短语如果受反复性、经常性状语修饰，也会表示无界事件。

A. 无界动词。如：

* 他喜欢了木瓜。
* 现在他想念了陆地上的生活。
* 我去年就盼望了来北京。
* 刚开始在北京生活，我感觉了很难。
* 我姓了熊。
* 我是了语言学教师。

B. 受反复性、经常性状语修饰的动词短语。如：

* 他从上大学开始，一直学了汉语。
他从上大学开始，一直学汉语。
* 我每年都在上海过了很长时间。
我每年都在上海过很长时间。
* 他天天回了家。
他天天回家。
* 他经常买了一些礼品。
他经常买一些礼品。

第三，参考时间可用后续句标注，早于参考时间的事件可以受"了"扩展。如：

A. 加后续句指明参考时间。如：

他下了课就上图书馆去了。　下了课再去。
关了灯就什么也看不见了。　我吃完了你吃。
我看完了报，就睡。　　　　他说得很巧妙，让人听了不会生气。
怎么碰了杯子也不喝？　　　出了这个检查室，外面就有银行柜台。

B. 事件时间后于说话时间，一定要加注参考时间。如：

* 明天我吃了饭。　　　明天我吃了饭就去找你。
* 明天他下了课。　　　明天他下了课就上图书馆去。

(三) "过"

"过"跟"了"相同，也是表示事件发生的时间（ET）先于参照时间（RT）。句子中如果没有特别地标明参照时间，则参照时间就默认是说话时间。这里可用孔令达（1986）的分析进行说明：

(1) a. 事情发生在说话时刻之前，确已成为过去。如：

从前我在舞场的时候，他很追过我一阵子。

ET(追我) ──── RT(说话时间)

b. 从将来的某一时刻来看事情成为过去。如：

黑三：……回头，潘四爷，八爷醒了之后您可千万别说我们到这儿来过。

ET(我们来这儿) ──── RT(八爷醒)

c. 假设事情成为过去。如：

如果他学过动物学，他一定知道鲸鱼不是鱼。
ET(学动物学) ———— RT(知道鲸鱼不是鱼)

（1a）以说话时间为参照时间，事件时间是"从前我在舞场的时候"；（1b）中的参照时间是"八爷醒了之后"，事件时间是事件"我们到这儿来"所发生的时间；（1c）中的参照时间是"他一定知道鲸鱼不是鱼"所发生的时间，事件时间是"他学动物学"的时间。在这里，事件时间都在参照时间之前。

"过"跟"了"都表示事件发生的时间（ET）先于参照时间（RT）。区别在于"了"表示结果状态的延续，"过"表示结果状态的不可延续（discontinuity）。如：

（2）a. 他们上个月去了香港。　（> 他们现在还在那儿）
　　　他们上个月去过香港。　（> 他们不在那儿了）
　　b. 我摔断了腿。　　　　　（> 腿还没好）
　　　我摔断过腿。　　　　　（> 腿已经好了）

结果状态可延续，就不能用"过"。如：

（3）a. * 昨天我去过北大看朋友。
　　b. * 他下过课就上图书馆去了。

一些无界动词构成的短语也能受"过"扩展，表示该状态在参考时间之前就已经结束。如：

（4）他喜欢过木瓜。
　　他想念过自己的老朋友。
　　我去年就盼望过来北京。
　　刚开始在北京生活，我感觉过很难。

受反复性、经常性状语修饰的动词短语，不能受"过"扩展。如：

（5）* 小时候我很喜欢看书，所以常常去过书店。
　　 * 来北京以前，我有时候看过中国的京剧。

三 被动范畴"给"

赵元任(1979)认为"给""动作方向朝外"时,"给"就同"把";"动作方向朝里"时,"给"就同"被"。如:

(1) a. 信写完了,请你给(~把)(他)抄了寄走吧。
    b. 这裂缝儿不要紧,我给(~把)(他)补起来就好了。
(2) a. 你眼睛怎么了?——给(~被)(人)打了一拳头。
    b. 我那支钢笔给(~被)孩子们玩儿了好久,后来给(~被)(他们)玩儿丢了。

朱德熙(1982:179)认为:"'给'的作用是引出与事,'把'的作用是引出受事。有的时候我们可以把受事当作与事来看待。"我们将把"给"看作被动范畴,它类似于"把"的用法是由于它移进了致使范畴而被误解的。"给"不管移到哪里,它始终是被动范畴,具有被动义;句子或短语也不会因为它的功能范畴没有语音实现而将该范畴的意义转移给别的词项,(1)中的致使义仍旧来自致使范畴 Caus。

功能范畴的位置可以通过有语音的功能范畴来确定,比如说"了、过",它们都可以实现于"把"字句,且位于"把"右侧的动词后边,这说明它低于 Caus。"给"的位置也应该通过类似的方式确定。如:

(3) 我们把敌人给打败了。
    他把江太太给请了进来。
    我们把野菜给洗干净了。
    她把那个水淋淋的纸袋给扔在江麟的脸上。
    繁重的工作把他给累得筋疲力尽。
    她又把诗给解释了一遍。
    她把衣服给拉了一个口子。
    他已经把酒给戒了。

"给"分布在"把"的右侧,这意味着它在句法位置上低于 Caus;它分布在"了"的左侧,这意味着它在句法位置上高于 Asp。"给"常常表达被动义,我们可以将"给"定为被动范畴 Pass。根据"给"的位置特点,我们可以指派如下的句法结构(无关细节忽略不计):

(4)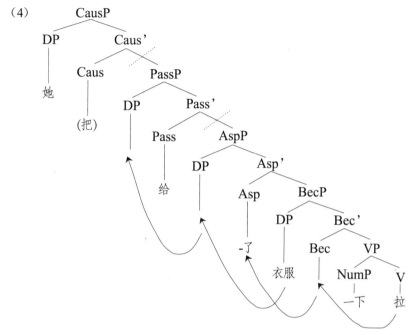

这个图示表明"给"位于 Asp 与 Caus 之间。如果"给"不受致使范畴扩展，就可以直接得到达成句式的被动句。如：

(5) 敌人打败了。　　　　　　敌人给打败了。
　　江太太请了进来。　　　　江太太给请了进来。
　　野菜洗干净了。　　　　　野菜给洗干净了。
　　它扔在江麟的脸上。　　　它给扔在江麟的脸上。
　　他累得筋疲力尽。　　　　他给累得筋疲力尽。
　　诗又解释了一遍。　　　　诗又给解释了一遍。
　　衣服拉了一个口子。　　　衣服给拉了一个口子。
　　酒戒了。　　　　　　　　酒给戒了。

(5) 左侧是达成句式，右侧是其被动句式。

如果扩展"给"的 Caus 没有语音实现作"把"，"给"会核心移位到该位置，得到相应的致使句式。如：

(6) 我们把敌人给打败了。　　　我们给敌人打败了。
　　他把江太太给请了进来。　　他给江太太请了进来。
　　我们把野菜给洗干净了。　　我们给野菜洗干净了。

她把那个纸袋给扔在江麟的脸上。
她给那个纸袋扔在江麟的脸上。
繁重的工作把他给累得筋疲力尽。
繁重的工作给他累得筋疲力尽。
她又把诗给解释了一遍。　　她又给诗解释了一遍。
她把衣服给拉了一个口子。　她给衣服拉了一个口子。
他已经把酒给戒了。　　　　他已经给酒戒了。

(7)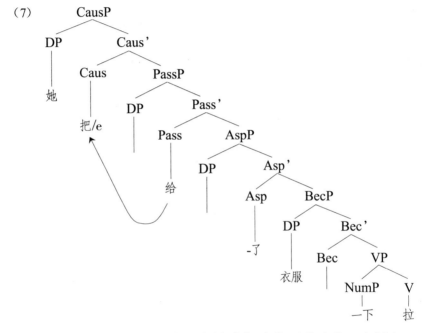

正因为如此，人们通常认为"给"有被动与致使两种功能。实际上，"给"只有被动功能，致使功能是没有语音实现的 Caus 的功能，如(7)。

四　被动范畴"被"

汉语被动句除了"给"字句之外，还有"被"字句、"叫"字句、"让"字句等。"被"的位置的考察，也需要通过其他功能范畴的语音实现来拟测。我们已经拟测的功能范畴其语音实现有"得、了、给、把"等。"被"可以跟"把"共现，而且总在"把"的左侧，如：

(1) 胡统领生怕路上听来的信息不确，到了严州，被土匪把他宰了。

牲口被套绳把腿绊住了。

这调皮鬼被我把他赶走了。

他们想起来威尔斯的预言，而深怕被传染病把他们拖进坟墓里去。

那对青年也不晓得犯了什么罪，而被日本人从电车上把他们捉下来。

阿牛的父亲被沸腾的盐水把生命吞食了。

莫大年问："听说你被军阀把天灵盖掀了？"

由于"把"在句法位置上比"给"高，"被"自然就在"给"的左侧，如：

(2) 敌人被我们把他给打败了。

江太太被他不失冷静的给请了进来。

野菜被我们给洗干净了。

那个水淋淋的纸袋被她给扔在江麟的脸上。

他被繁重的工作给累得筋疲力尽。

那首诗又被她给解释了一遍。

衣服被她把它给拉了一个口子。

酒已经被他给戒了。

这表明"被"是高于 Caus 的功能范畴。考虑到"被"的语义特点，我们也将"被"标记为被动范畴 Pass。如：

(3)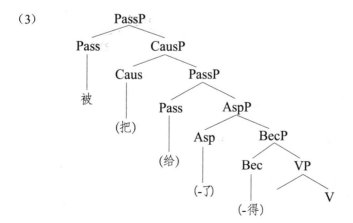

"被"与"给"都是被动范畴,但其特征不同,"给"扩展的是扩展 BecP 的 AspP,而"被"扩展的是 CausP。在被动句中,接应代词"他/它"等是对役事这个母本的替换,母本也可以被删除。如:

(4) a. 张三被李四把<u>他</u>打了一顿。
　　b. 张三被李四打了<u>他</u>一顿。
　　c. 张三被李四打了一顿。

(4c) 与 (4a—b) 的结构相同,为满足 Pass 的(主语)要求,都复制了"张三"。不同在于 (4a—b) 采用了对母本的替换,(4c) 采用了对母本的删除。

一般认为"被"是介词,介引施动者。实际上,"被"扩展的是 CausP。Caus 作为功能范畴,可以引进各种参与者作致事。也就是说"被"后的成分除了施事之外,还可以是狭义致事、感事、工具、受事等。如:

(5) 字据被他烧了!(施事)
　　书被老鼠咬破了!(施事)
　　你回到房间,突然被疲倦攫住了。(狭义致事)
　　带着钱想买草帽的客人老远地就被那四台哒哒作响的机子吸过来了。(狭义致事)
　　林黛玉被贾宝玉爱上了。(感事)
　　春梅被我恨得咬牙切齿。(感事)
　　东西被卡车运回来了。(工具)
　　身体的中段被毛巾被裹得严严实实。(工具)
　　爸爸被一连串的问题问烦了。(受事)
　　不上一个月,小运华被牛奶喂胖了,体重增加了一公斤。(受事)

将"被"处理为被动范畴,可弥补介词说与助词说的局限性。介词说会碰上介词悬空的难题,因为汉语介词禁止悬空,而"被"可以悬空,如:

(6) 字据被烧了。
　　书被咬破了。

作为前置定位助词，"被"应该紧附在动词之前，可是实际情况是这个"被"并不一定附着在动词前边，可以跟动词离得很远。如：

(7) 他被<u>一丝不挂地</u>脱了个精光。
    奋战整整三天，那飞蝗终于被<u>干净、彻底地从七里村到杨家滩都</u>杀死了。
    他被<u>狠狠地</u>揍了一顿。

"叫、让"与"被"是同一种被动范畴，但前者不允许致事的删略。如：

(8) a. 我的自行车被小偷偷走了。　　我的自行车被偷走了。
    b. 我的自行车叫小偷偷走了。　＊我的自行车叫偷走了。
    c. 姐姐的铅笔盒让他朋友弄坏了。＊姐姐的铅笔盒让弄坏了。

五　能性范畴"得"

表示可能，在动词前面加助动词"能、会、可以"等；表示不可能，再在这些助动词前面加"不"，这个办法适用于单个动词，也适用于动补结构。例如"能拿、不能拿"，"能拿出去、不能拿出去"。但是动补结构表示可能性的更常见的格式是在中间加"得、不"。汉语中的可能补语不能出现于"把"字句与"被"字句。这种语法特点可能是因为"把、被"阻止了动词的核心移位。如：

(1) a.　他能把那个箱子洗干净。
　　b.　他洗得干净那个箱子。
　　c.＊他把那个箱子洗得干净。

(2) a.　那个椅子能被他弄破。
　　b.　他弄得破那个椅子。
　　c.＊那个椅子被他弄得破。

（3）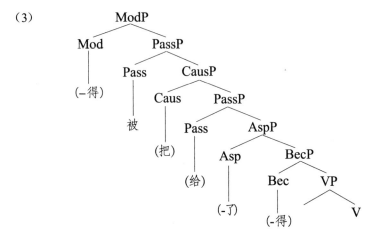

　　Mod"得"具有附着性，它吸引主动词V核心移位，但由于"被"、"把"介于"得"与V之间，"被"与"把"会阻碍"V"向"得"的核心移位。如果介于Mod与V之间的功能范畴没有语音实现，即没有"被"、"把"时，V就会持续移位跟"-得"融合。顺便说一下，普通话中首先生成动结式V-R，大概在Caus位置"V-R"进行了分解操作，最后是V上移跟"-得"融合，请参见第八章的"可能补语"小节。

　　朱德熙（1982）认为：表示可能性的述补结构里的"得"是一个独立的助词，它出现在述语和补语之间，既不属前，也不属后，如"看/得/见，听/得/出来"；表示状态的述补结构里的"得"则是一个动词后缀，如"看得/多、长得/漂亮。两个"得"的差别不在于助词与词缀，而在于范畴，一个为能性（情态）范畴，一个为达成范畴。

☞ 推荐阅读

戴耀晶 1997《现代汉语时体系统研究》，杭州：浙江教育出版社。
黄伯荣、廖序东 2007《现代汉语》（下），北京：高等教育出版社。
孔令达 1986 关于动态助词"过₁"和"过₂"，《中国语文》，第4期。
熊仲儒 2003 汉语被动句的句法结构分析，《当代语言学》，第3期。
熊仲儒 2004《现代汉语中的致使句式》，合肥：安徽大学出版社。
熊仲儒 2006 汉语的被动范畴"给"，《外语学刊》，第2期。
熊仲儒 2010 现代汉语中的"由"字被动句，《现代外语》，第1期。
叶向阳 2004 "把"字句的致使性解释，《世界汉语教学》，第2期。
朱德熙 1982《语法讲义》，北京：商务印书馆。

练习四

（一）热身练习

1. 画出各句的补语，并分析补语的语义类型。
   （1）你们跑进去吧。
   （2）老师讲的语法我听不懂。
   （3）今天的气温比昨天又高了一两度。
   （4）我一开门小狗就跑走了。

2. "看了三天"和"看了三次"这样的结构，有人归纳为述宾结构，有人归纳为述补结构，你怎样看这个问题？

3. 下列各句中的量词短语是做宾语还是做补语？请说说你的依据。
   （1）a. 这种牌子的酒我喝过一杯。　　b. 这种牌子的酒我喝过一回。
   （2）a. 他们说话时他插了一嘴。　　　b. 他们说话时他插了一句。

4. 动态助词"着、了、过"分别表达什么样的语法意义？

5. 下面的句子有无歧义？为什么？
   （1）弟弟给杯子打碎了。
   （2）孩子们给大人捆起来了。
   （3）他给人送走了。
   （4）衣服给弟弟洗干净了。

6. 用层次分析法分析下列短语。
   （1）衣服给洗干净了
   （2）弟弟把衣服给洗干净了
   （3）衣服给弟弟洗干净了
   （4）弟弟给衣服洗干净了

7. 用层次分析法分析下列短语。
   （1）衣服被洗干净了
   （2）衣服被弟弟洗干净了

（二）巩固练习

1. 试用变换分析说明三种数量短语具有平行性，并解释为什么。
   （1）洗了一次
   （2）敲了一下

（3）住了一天

➤ 答题提示：

　　这道题主要是说这三种数量短语不仅范畴标记相同，而且处于相同的句法位置。至于这三种数量短语是补语还是宾语，并不重要。

2. 讨论下列短语的推导，注意接应代词。
　　（1）你把门关严它（安徽巢县话）
　　（2）我把钱用了它（湖北英山话）
　　（3）阿拉拿旧书侪卖脱伊（上海话）
　　（4）把事情办好了它（湖北鄂南话）

➤ 答题提示：

　　这道题主要是说 Asp 有存在的必要，它激发役事移位，这使得役事在原始位置可以留下接应代词。

3. 讨论下列句子，指出偏误原因。
　　（1）把房子烧了。　　　　＊把房子盖了。
　　（2）把画卖了。　　　　　＊把画买了。
　　（3）把手绢丢了。　　　　＊把手绢捡了。
　　（4）把衣服拆了。　　　　＊把衣服缝了。

➤ 答题提示：

　　有人认为差别在于动词的语义特征，有"把"字句的动词，其语义特征是[＋消除]。可能不全是如此，比如说"盖"，如果后接补语是可以有"把"字句的，如"把房子盖好了、把房子盖到别人家去了、把房子盖得富丽堂皇"。所以问题的关键可能在于有无补语，即差别在于"了"的不同，左边的"了"是动相补语，右边的"了"不是。"把"是致使范畴的语音实现，致使范畴会跟达成范畴配合使用。动词受达成范畴扩展，后者会为动词选择结果论元，动相补语可以做结果论元。右侧句子中的动词如果选择了结果论元也可以有相应的"把"字句，如"把房子盖好了、把画买下来了"等。

4. 赵元任（1979）认为"吃过了饭了"中的"过"为补语而非后缀，他说："过，不定过去态。动词'过'也用作趋向补语，如'走过了桥'，'说过了就算了'。在'吃过了饭了'里边，'过'还是补语，可以带完成态后缀'了'。可是轻声的'过'是纯粹后缀，意思是'过去至少有过一次'。"在本书中"吃过了饭了"中的"过"是什么？为什么？

5. 朱德熙（1982）认为："'爬过山没有'中的'过'本身是后缀，后头不能再加后缀'了'，'爬过山没有'的'爬过'是述补结构，后头还能加后缀'了'。"为什么？

6. 有人将被动句分成两类，一类是有标记的被动句，如被字句、给字句等；一类是无标记的被动句，如"饭小王吃完了""饭吃完了""那衣服洗得干干净净"等。请对此作出评价。

➤ 答题提示：

　　如果被动句要有被动标记，则"饭小王吃完了""饭吃完了""那衣服洗得干干净净"因为没有被动标记而只能是非被动句。

　　"饭吃完了""那衣服洗得干干净净"因为没有被动标记但表达被动义，其中施事又没有出现，不妨称之为中动句，即介于主动与被动之间的一种句式，也可根据扩展的功能范畴（Bec），称之为达成句式。

　　"饭小王吃完了"虽然受事在前，但施事没有被贬抑，此外也没有被动标记，所以还是主动句。其中"饭"已经话题化，可称之为话题句。

7. 用树形图为下列短语指派结构。
　　（1）a. 米饭煮糊了　　　b. 米饭给煮糊了　　　c. 妈妈把米饭给煮糊了
　　（2）a. 小S唱哭了　　　b. 小S给唱哭了　　　c. 这首歌把小S给唱哭了
　　（3）a. 那犯人跑了　　　b. 那犯人给跑了　　　c. 看守不小心把犯人给跑了
　　（4）a. 小树长歪了　　　b. 小树给长歪了　　　c. 这鬼地方把小树给长歪了

➤ 答题提示：

（1）a.

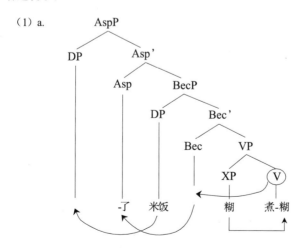

b.
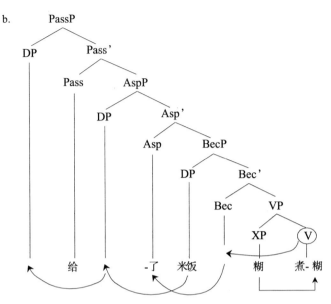

c. [CausP［妈妈］[Caus [Caus 把] [PassP［米饭］[Pass' [Pass 给] [AspP［〈米饭〉] [Asp' [Asp 煮-糊-了…

8. 讨论下列句子,指出偏误原因。
   (1) a. 这个孩子被他的父母宠坏了。   b. * 这个孩子被他的父母坏了。
   (2) a. 那些面包让他吃完了。   b. * 那些面包让他完了。
   (3) a. 玻璃窗被暴风刮裂了。   b. * 玻璃窗被暴风裂了。
   (4) a. 地图被他弄皱了。   b. * 地图被他皱了。

9. 讨论下列句子,指出偏误原因。
   (1) a.   那间房子被我租给别人了。   b. * 一间房子被我租给别人了。
   (2) a.   他被骂得满脸通红。   b. * 一个人被骂得满脸通红。
   (3) a. * 房子被工人们拆。   b.   房子被工人们拆了。
   (4) a. ?? 世贸大厦被炸塌。   b.   世贸大厦被炸塌了。
   (5) a. * 房子被他们造了。   b.   房子被他们造好了。
   (6) a. * 球被他踢了。   b.   球被他踢出去了。

10. 讨论下列句子,指出偏误原因。
    (1) 我的房间能被收拾干净吗?   * 我的房间被她收拾得干净。
    (2) 我不能被他打倒。   * 我被他打不倒。
    (3) 你应该被妈妈批评。   * 你被妈妈应该批评。

(4) 我没被经理看见。　　　　　　＊我被经理没看见。
(5) 我的书刚才被小王借走了。　　＊我的书被小王刚才借走了。

11. 讨论下列句子，指出偏误原因。
(1) ＊你把这件事不应该告诉妈妈。　　你不应该把这件事告诉妈妈。
(2) ＊我把今天的作业没带来。　　　　我没把今天的作业带来。
(3) ＊我把书明天还给图书馆。　　　　我明天把书还给图书馆。

第四章 制图理论

> **学习要点:**
> 1. 了解时制范畴、话题范畴、焦点范畴与语气范畴的语法特征。
> 2. 了解话题、焦点与主语一样都是句法关系,主语应和话题分离。
> 3. 进一步了解嫁接与移位同向假设在时制范畴与语气范畴判断上的作用。

制图理论探讨的是短语的结构构型,其目的就是找出扩展词汇范畴的功能范畴有哪些,并按照什么样的次序进行扩展①。确定功能范畴的位置有助于句法探讨的深入。

一 时制短语

在英语里,每个句子都有时制②,或是现在时,或是过去时。为表达时制,就设置了时制范畴(T)。如:

(1)
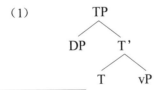

---

① Pollock(1989)首先将 I 分解为 T 与 Agr 等范畴,后来 Rizzi(1997)接着将 C 分解为"Force、Top、Foc、Fin"等功能范畴,顶上是 Force,标记句子的类型;最底下是 Finiteness,标记句子的限定性与非限定性;中间的 Top 与 Foc 分别标记话题与焦点,数目可以有多个。
② 时制表达的是参照时间(R)与说话时间(S)之间的关系,如:
过去时制:参照时间先于说话时间(R-S)
现在时制:参照时间同于说话时间(R, S)
将来时制:参照时间后于说话时间(S-R)
英语中只有两种形态上的时制:过去时制与现在时制。一般认为情态词表示将来时制,但在形态上这些词却带着现在时制与过去时制的形态,如:
　　a. She will watch the whale.　　b. She would watch the whale.

以时制为核心的短语，我们可以称之为时制短语。在英语中，时制范畴跟动词的形态有关，也跟句子的主语有关，还会跟名词短语的句法分布有关。

一个短语只有受时制范畴扩展，才能称得上句子。(2a) 不是个句子，在动词核心移位之后还只是个动词性短语。如果要想成为句子，(2a) 还需要受 T 扩展，如（2b）：

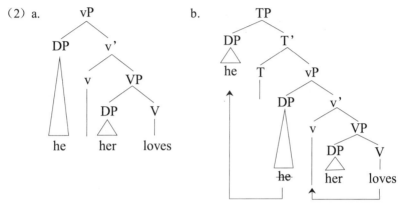

在 (2b) 中，"he" 移位到 T 的指示语位置，loves 核心移位到 v 位置。

叶蜚声、徐通锵的《语言学纲要》将常见的语法范畴分为性、数、格、时、体、态、人称等，其中性、数、人称、格是名词的语法范畴，时、体、态是动词的语法范畴。时（制）、（时）体、（语）态是扩展动词的功能范畴，如：

(3) a.

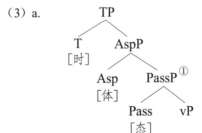

b. A toy has been given to the baby (by somebody).

c. [a toy]$_i$ [[$_T$-es] have [[$_{Asp}$-en] be [[$_{Pass}$-en] [$_{vP}$t$_i$ give to the baby...]]]]②.
               has   been   given

---

① 汉语的被动范畴跟时体范畴的次序跟英语相应次序正好相反。

② 英语中的 be-被动句类似于汉语中的"给-被动句"，其中的被动范畴都是扩展带不完整论元结构的动词短语。不同在于英语中的被动范畴-en 会激发动词移位并与之融合，如 given；汉语中的被动范畴"给"会阻止动词的核心移位，所以"给"在动词之前。还有其他差别。

(3c) 展现了英语中时制、时体、语态的层级关系，如（3a）。（3c）中 give 向-en 移位得到 given，be 向-en 移位得到 been，have 向-es 移位得到 has，如（3b）。

格，对名词短语来说是不可解释的特征；性、数、人称，对名词短语来说是可解释的特征，统称为 phi-特征集。一个名词短语拥有性、数、人称三项特征，可认为它的 phi-特征集完整；一个名词短语拥有性、数、人称三项特征中的某一项或两项，可认为它的 phi-特征集不完整。一般情况下，名词短语的 phi-特征集都是完整的，如"he"为阳性、单数、第三人称，"乔姆斯基"为阳性、单数、第三人称。文献上，英语中 phi-特征集不完整的主要有 there 与介词短语。介词短语的地位很特别，有时往动词短语上类比，有时往名词短语上类比。往名词短语上类比，主要是因为它跟名词短语一样可以做主语。如：

(4) a. Into the meadow seemed to stroll Rosebud.
    b. Into the meadow strolled Rosebud and ran Milo.

(4a) 中介词短语发生了所谓的主语提升，(4b) 中介词短语发生了等同删略。

性、数、人称这样的 phi-特征集，时制范畴也有。对时制范畴而言，性、数、人称是不可解释的特征。在有些语言中，时制范畴会将 phi-特征集外化于动词之上。如：

(5) John reads the book.

(5) 中的 reads 就体现了"第三人称、单数、一般现在时"等特征。时制范畴的 phi-特征集也有完整与不完整之分，限定句中时制范畴的 phi-特征集完整，非限定句中时制范畴的 phi-特征集不完整。

名词短语有可解释的 phi-特征集，有不可解释的格特征；时制范畴有不可解释的 phi-特征集与不可解释的主语特征。时制范畴的不可解释的主语特征（也叫 EPP 特征）会要求其主语位置出现成分。phi-特征集让名词短语与时制范畴匹配，匹配之后这两个成分进行协约操作（Agree），有完整 phi-特征集的时制范畴为名词短语的格特征定值，有完整 phi-特征集的名词短语为时制范畴消除不可解释的 phi-特征集，并有可能消除其不可解释的主语特征，即移到 T 的主语位置。时制范畴或名词短语的 phi-特征集要是不完整的话，与之匹配的 phi-特征集完整的另一个成分就会保持活跃，直到它重新跟完整phi-特征集的成分协约为止。活跃是指具有不可解释的特征。在（2b）中，T与"he"的phi-特征集都完整，在协约操作中，各自完成规定动作。

如果T的phi-特征集不完整，则不能为名词短语的格特征定值，不能消除该名词短语的不可解释的格特征。这时候名词短语还需要跟别的phi-特征集完整的功能范畴进行协约操作，如（动词的移位暂不考虑）：

（6）a. The shit seems to hit the fan.
　　b.

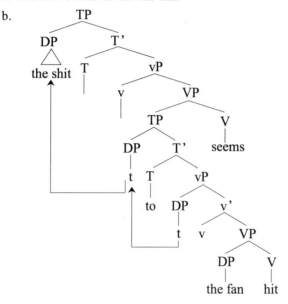

"hit"受v扩展，v为其选择了两个论元"the shit"与"the fan"。"seems"的补足语是个非限定子句①，其中T跟"the shit"因具有phi-特征集而匹配，"the shit"为消去补足语中T的主语特征而移到T的主语位置。因补足语中的T的phi-特征集不完整，不能为"the shit"的格特征定值，"the shit"为消除不可解释的格特征而跟主句T发生协约操作，并移向主句T的主语位置，为主句T消除了不可解释的phi-特征集与不可解释的主语特征。

---

① 子句（Clause）是包含主语与谓词的语言形式。在大多情况下，子句中的谓词是普通动词，一个句子中有不同的普通动词就会有许多不同的子句，如"She may think that you are cheating on her"有两个子句，其中"cheating"子句是"think"的补足语。谓词为非动词的子句也称小句（small clause），如"John considers [Mary intelligent]"中的括号部分。

如果名词短语的phi-特征集不完整，则不能消除T的不可解释的phi-特征集，T还需要跟另一phi-特征集完整的名词短语协约操作。如：

（7）a. There is a man in the classroom.
　　b. [$_{TP}$ there [$_{T'}$ [T] [$_{vP}$ [$_v$ is] [$_{pP}$ [a man] [$_{p'}$ [$_p$] [$_{PP}$ [the classroom] [in]]]]]]]

"there"的phi-特征集不完整，不能消除T的不可解释的phi-特征集，只能消除T的不可解释的主语特征。T为消除不可解释的phi-特征集，只能向下搜索，离它最近的"a man"有完整的phi-特征集，两者可以建立协约关系，"a man"消除T的不可解释的phi-特征集，T消除"a man"不可解释的格特征。

在（7）中有两个成分（"there"与"a man"）跟T建立协约关系，这两个成分都负载了主语的部分功能，"there"消除T的主语特征，"a man"消除T的phi-特征集。主语与助动词的颠倒可证明"there"为主语，主谓一致可证明"a man"是主语，如：

（8）a. Is there a man in the classroom?
　　b. There is/* are a man in the classroom.
　　c. There are/* is three men in the classroom.

我们将主语定义为跟T发生协约操作的成分。跟T建立协约关系的名词短语为主语，如果有多个名词短语跟T建立协约关系，就会有多个主语。

在没有强烈反面证据的情况下，我们将假定汉语也有时制范畴，因为汉语也有主语问题，也有名词短语的抽象格问题。在20世纪50年代的主宾语大讨论中，"台上坐着主席团"是个经典例句，有人认为"主席团"是主语，有人认为"台上"是主语。沈家煊（1999）将"台上"与"主席团"都处理成不典型的主语，他说："'台上'是话题，但不是施事，如果要把它定为主语，它只能是不典型的主语；'主席团'是施事，但不是话题，如果要把它定为主语，它只能是不典型的主语。"这种情况实际上就是由T分别跟"台上"与"主席团"协约所造成的，"台上"是个处所短语，phi-特征集不完整，而主句T的phi-特征集完整，所以它会接着跟另一phi-特征集完整的"主席团"协约。如：

(9)

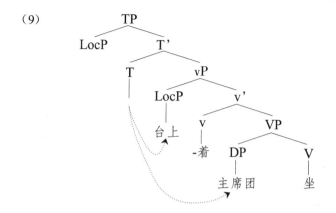

"坐"受表示"存在"义的 v 扩展，v 为其选择两个论元。假定这个 v 的 phi-特征集也不完整，则不能为"主席团"核查格特征。T 的 phi-特征集完整，向下先搜索到具有不完整 phi-特征集的"台上"，两者先建立协约关系，如果 T 有主语特征，则"台上"移位到 T 的指示语位置，反之留在原位。"台上"的 phi-特征集不完整，不能消掉 T 的不可解释的 phi-特征集，所以 T 继续向下搜索，与 phi-特征集完整的"主席团"建立协约关系，并为"主席团"的格特征定值。由此可见，"台上"与"主席团"都与 T 建立了协约关系，都负载着主语的功能。

汉语时制范畴有没有语音实现，学界的看法不尽相同。邓思颖（2010）将语气词"来着、了₂"等视为 T 的语音实现[1]，这是因为他采用了跟本书不同的句法设置。我们让词汇范畴核心在后，所有扩展词汇范畴的功能范畴都是核心在前，如（10a）；邓思颖（2010）让扩展动词的轻动词核心在前，而时制范畴核心在后，如（10b）：

---

[1] Chomsky（2008）指出："对 T 而言，phi-特征集与时制是推导性的，而非固有的。时制以及类时制属性（tense-like property）如非现实性等由 C 决定。在词库中，T 缺乏这些属性，当且仅当 T 被 C 选择，T 才会显示出这些基本的时制特征；反之，T 则为提升的或例外格的非限定式（raising or ECM infinitival），即缺乏 phi-特征集与基本的时制。"Chomsky 在此基础上进一步指出 T 的一致特征（Agree feature）与时制特征（Tense feature）继承自 C，C 为层阶核心（phase head）。从这段话来看，"来着、了₂"即使有时制义或类时制义，也可以不是时制范畴，但它可以将这些时制义传递给时制范畴。熊仲儒（2003）曾将"来着"选择时制短语跟"that、for"选择时制短语做过类比，既然可以不将选择时制短语的"that、for"考虑为时制范畴，当然也没有必要将间接选择时制短语的"来着"处理为时制范畴。

(10)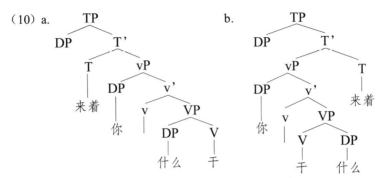

(10b) 可以很轻松地将"来着、了₂"等成分放置在 T 位置，而（10a）不可以，因为"来着、了₂"等位于句尾。（10a）为达成最后的语序，必须将 vP 整体移位到 T 的指示语位置。T 只与其中的"你"发生协约关系，要移位也只能优先将"你"移位，而不会将"你干什么"这个 vP 进行移位。所以，我们不将"来着、了₂"处理为 T 的语音实现。

功能范畴可以有语音形式，也可以没有语音形式。索绪尔在《普通语言学教程》中明确地指出，物质符号对表达观念来说并不是必不可少的；语言可以满足于有无的对立（索绪尔，1981）。语言中既然可以存在零形式，当然就没有必要去找某种语音形式来证明某种功能范畴的存在。

二 话题化

话题化就是将某个成分实现为话题①的过程。话题在国内学界常被当作主语，朱德熙（1982）说："说话的人选来作主语的是他最感兴趣的话题，谓语则是对于选定了的话题的陈述。通常说主语是话题，就是从表达的角度说的，至于说主语是施事、受事或与事，那是从语义的角度说的，二者也不能混同。"霍凯特（1986）也说："主谓结构的最一般的特点可以从它的直接成分的名称'话题'和'说明'两个术语来认识：说话人先宣布一个话题，然后就它作出说明。"并指出："汉语的说

---

① 话题是说话的起点，常常是旧信息或熟悉的信息，比如说：
Speaker a：I've been having problems with the Fantasy Syntax seminar.
Speaker b：That kind of course, very few students seem to be able to get their heads round.
b 的 that kind of course 为话题，回指 a 的 the Fantasy Syntax seminar。话题常常占据话题短语 TopP 的指示语位置。

明部分有许多本身又由话题和说明两部分构成,所以汉语的句子可以像中国的套盒那样在主谓式里包含主谓式。"他对"我今天城里有事"的分析是"'我'是话题,其余部分是说明。'今天城里有事','今天'是话题,其余部分是说明。'城里有事','城里'是话题,'有事'是说明。"在这里,他也是将主语等同于话题。不过对于英语,他认为话题跟主语并不等同,如他对"That new book by Thomas Guerbsey | I haven't read yet"的分析是"That new book by Thomas Guerbsey 之所以先说,是因为它指明说话人要先谈什么;它是句子的话题,虽然不是主语。话题同时又是 haven't read(yet)的宾语,而动词的主语是 I,属于整个句子的说明部分。"

我们认为汉语和英语一样,也有必要区分话题与主语。主语是跟时制范畴建立协约关系的成分,相应的,我们可以将话题看作跟话题范畴(Top)建立协约关系的成分。如:

(1)
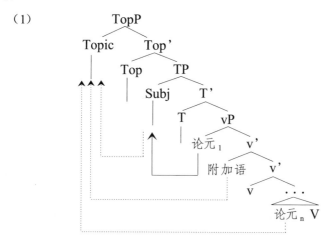

任何一个成分都有可能被指派话题特征,并有可能被激发移位到话题位置,成为显性话题,如处于句首。主语成为话题常常习焉不察,这导致人们将主语与话题等同。随着研究的深入,人们逐渐认识到不是所有的主语都能成为话题,于是加上限制条件,如认为"典型的主语是施事和话题的重合"、"典型的主语是话题"等。在本书中,话题与主语不同,前者是与话题范畴进行协约操作的成分,后者是与时制范畴进行协约操作的成分。一个成分可以先与时制范畴协约操作,后与话题范畴协约操作,这样的成分可以是施事,也可以是别的事件参与者;一个成分也可以不跟时制范畴协约操作,而直接跟话题范畴协约操作。如:

(2) a. 我们昨天开了一个会。　　b. 我给小王写了一封信。
　　c. 他把电视机弄坏了。　　　d. 我用这支笔写小楷。
　　e. 电视机让他弄坏了。　　　f. 这支笔我用来写小楷。
　　g. 小王我也给他写了一封信。　h. 昨天我们开了一个会。

朱德熙（1982）将这些画线的部分识别为主语，因为他的主语就是话题。从结构上说，它们都是话题。(2a—e) 中画线部分先跟时制范畴进行协约操作，再跟话题范畴进行协约操作，所以它们除了做主语之外还做话题。(2f—h) 中画线部分都没有跟时制范畴进行协约操作。(2f) 中画线部分除了做话题外，还做"用"的宾语；(2g) 中画线部分除了做话题之外，还做介词的宾语；(2h) 中画线部分除了做话题之外，还做附加语（状语）。

为避免移位造成句法推导的失败，有些成分在移位后还会在原位留下接应代词。如：

(3) 我跟这个人通过信。
　　这个人我跟他通过信。
　　我一共给了小王五十块钱。
　　小王我一共给了他五十块钱。
　　我曾经帮这位教授整理过稿子。
　　这位教授我曾经帮他整理过稿子。
　　我用这把刀切肉。
　　这把刀我用它切肉。

学者们之所以将汉语中的话题等同于主语，是因为汉语缺乏形态变化，没有英语中的"主谓一致"现象。从汉语的句法语义现象来看，是有必要区分话题与主语的。

第一，话题不一定能关系化，而 phi-特征集完整的主语可以关系化。如：

(4) a. 小说，我喜欢红楼梦。　　＊我喜欢红楼梦的小说
　　b. 我喜欢红楼梦。　　　　　喜欢红楼梦的人

第二，话题排斥无定成分，而主语并不排斥无定成分。如：

(5) a. ＊一个小孩儿来了。　　b. 昨天一个小孩儿来了。

第一点很重要，它表明话题化跟关系化不同。如果简单地将"小说"与"我"都看作主语，是不好解释这种对立的。（4a）与（4b）中的"我"都是"喜欢"的论元，都会为核查 T 的主语特征而移到 T 的主语位置，所以（4a）中的"小说"只能是占据话题位置，为基础生成的话题。如果关系化的操作低于话题短语（TopP），则（4a）不能关系化是不言而喻的。关于关系化的操作，请参见下一章。

第二点，表明主语与话题在指称性上有所不同。话题有个属性，那就是排斥无定成分。对此，朱德熙（1982）指出："说话的人选来作为话题的往往是他已经知道的事物。因此汉语有一种很强的倾向，即让主语表示已知的确定的事物，而让宾语去表示不确定的事物。"比如说"买书去"，"书"放在宾语的位置上，是不确定的；"书买来了"，"书"放在主语/话题位置上，指的是已知的确定的书。朱德熙还指出："我们只说'那位客人来了'，不说'一位客人来了'，但是可以说'有位客人来了'。在句首加上'有'，'一位客人'就由主语转为'有'的宾语，这就不会再跟主语表示确定的事物的要求发生抵触了。从形式上看，'有一位客人来了'是无主语的句子，可是从语义上看，它事实上的主语（逻辑主语）是'一位客人'。"这实际上都是说主语 / 话题必须有定。除有定之外，还可以类指或无指。如：

（6）a. 狗喜欢啃骨头。　　　　　b. 研究生他没考上。

（6a）中的"狗"表示类指，（6b）中的"研究生"表示无指。为概括起见，我们认为话题排斥无定成分。

主语并不排斥无定成分，因为时制范畴只跟有phi-特征集的名词短语协约，至于这个名词短语在指称上有什么属性，这是不考虑的。理论上，主语可以是有定成分，也可以是无定成分；事实上，大量的语料也表明，主语位置可以存在无定成分。如：

（7）a. 那时我正跟郭中秋说话，<u>一个光脑袋老头</u>插了进来，他就是张中发。
　　b. <u>一个手电筒</u>忽然照在他的脸上，使他闭了一会儿眼。
　　c. <u>一个日本教官</u>跳起来，手一扬，喊了声："好的。"
　　d. <u>一个兵</u>极快地跑过来，用枪把子像舂米似的砸他的脚。
　　e. <u>一个护士</u>领一对青年男女走过来，她站起来和那小护士很客气地交谈。

f. 一个五大三粗，穿着工作服的汉子走近他，低声说："我敢惹你。"

　　　g. 一个身着米黄色曳地长裙的女孩儿在唱《我一见你就笑》。

　　　h. 一个穿军裤的老头在街对面远远用手指点她。

(7) 中谓语动词是阶段谓词，表示的是临时状况，这暗含着这些句子都有不可见的时空论元。正因为如此，这样的句子都可以补出相应的时空论元来，如：

(8) a. 这时候一个戴着洁白的馄饨状修女帽的护士来找院长。

　　 b. 正在这个时候，一个人像报丧似的奔了祁家去。

　　 c. 刚刚过午，一部大卡车停在了铺子外边。

　　 d. 门一响，一个要找王眉的女孩儿呆呆站在门口，接着转身跑了。

　　 e. (她) 钻出来，一个枪弹从她的耳旁打过去。

　　 f. "少废话。" 一个小伙子说，"人这么挤，碰了你一下，你小子就出口伤人。"

　　 g. "哟，你们这味儿可不对呀！" 随着声音，一个人走进了薛家的苦棚。

(8a—c) 中的 "这时候"、"正在这个时候"、"刚刚过午" 等是直接表示时间的成分；(8d) 和 (8e) 中无定 DP 前有一个动作性很强的分句，这些分句的作用大致相当于 "这时" 等时间成分，给后面的无定主语句划出了一个明确的时间范围；(8f)、(8g) 中无定 DP 前有一段直接引语，这些成分的出现就把句子描述的事件限定在说话那一刻，因而也具有很强的时间性。

　　时空论元满足了话题范畴的要求，如果没有时空论元，就意味着无定主语要去满足话题的协约要求，这时会导致推导的崩溃。个体谓词表达的是永恒属性，它没有时空论元，在做谓语时，也就不允许无定主语，因为该无定主语需要跟话题协约，结果因为特征不匹配而导致推导崩溃，但如果能禁止它上移就可以合法了，如插入 "有"。例子如下：

(9) a. * 一个孩子很聪明。　　有一个孩子很聪明。

　　 b. * 一位女记者叫刘知微。　有位女记者叫刘知微。

话题有两个来源，一是来自于 TP 内部，它可能是论元，也可能是附加语，这些成分都是因为自身带有话题特征而移到话题位置；一是基础生成的话题，它没有经历移位，而是直接跟 Top' 合并的话题。移位生成的话题可以关系化，在 TP 中有相应的句法空位或接应代词；基础生成的话题不能关系化，在 TP 中没有相应的句法空位与接应代词。

三　焦点

焦点化就是将某个成分实现为焦点的过程，焦点是说话人最想让听话人注意的部分。所谓"最"，总是跟其他部分相对而言的。跟焦点相对的内容在语言学上叫预设。汉语的焦点常常通过逻辑重音表达，也可以通过"是"等标记词表达，有时也可以采用语序表达。

(1) a. <u>她</u>昨天在火车上生了小孩儿。
 b. 她<u>昨天</u>在火车上生了小孩儿。
 c. 她昨天在<u>火车上</u>生了小孩儿。
 d. 她昨天在火车上<u>生</u>了小孩儿。
 e. 她昨天在火车上生了<u>小孩儿</u>。
(2) a. 是<u>她</u>昨天在火车上生了小孩儿。
 b. 她是<u>昨天</u>在火车上生了小孩儿。
 c. 她昨天是<u>在火车上</u>生了小孩儿。
 d. 她昨天在火车上是<u>生</u>了小孩儿。
 e. 她昨天在火车上是生了<u>小孩儿</u>。
(3) a. 他<u>饭</u>吃了，茶还没喝。
 b. 我今天的<u>报</u>还没有看呢。
 c. 我<u>羊肉</u>不吃，吃牛肉。
 d. 他<u>酒</u>早不喝了，<u>烟</u>还抽。

(1) 采用的是逻辑重音，(2) 采用的是焦点标记词，(3) 采用的是语序。这些焦点成分可作如下标注：

(4) a. 他吃了 [$_{Focus}$ 饭]。
 b. 他是 [$_{Focus}$ 饭] 吃了，茶还没喝。
 c. 他 [$_{Focus}$ 饭] 吃了，茶还没喝。

焦点标记词"是"只能位于动词或动词短语之前,而不能位于介词的宾语或动词的宾语之前。如:

(5) a. 是她昨天在火车上生小孩儿(的)。
　　b. 她是昨天在火车上生小孩儿(的)。
　　c. 她昨天是在火车上生小孩儿(的)。
　　d. 她昨天在火车上是生小孩儿(的)。
　　e.＊她昨天在<u>是</u>火车上<u>生</u>小孩儿(的)。
　　f.＊她昨天在火车上<u>生</u>是小孩儿(的)。

"是"也不能位于被动范畴、致使范畴之下。如:

(6) a. 张三是被李四批评了一顿。　　＊张三被是李四批评了一顿。
　　b. 张三是被李四批评了一顿。　　＊张三被李四是批评了一顿。
　　c. 我是把他骂了一顿。　　＊我把是他骂了一顿。
　　d. 我是把他骂了一顿。　　＊我把他是骂了一顿。

在其他语法条件得到满足的前提下,焦点标记词"是"尽可能靠近焦点成分。如:

(7) a. 小王是昨天用钳子把那张桌子修好了。
　　b. 小王昨天是用钳子把那张桌子修好了。

(7a)中的"是"强调的只能是最紧靠它的"昨天",(7b)中的"是"强调的则只能是紧靠它的"用钳子",不可能是别的成分。总之,焦点标记词"是"有如下一些特点:

(8) a. "是"只出现于动词或动词短语之前。
　　b. "是"高于"把"、"被"之上。
　　c. 焦点成分常常紧邻于"是",且在"是"之后。
　　d. "是"所标记的成分为"是"后的某个成分;直接在动词之前时,"是"所标记的成分可以是动词后的成分。
　　e. 一个句子只有一个"是"。

这些特点跟"是"所在的位置有关。如:

(9)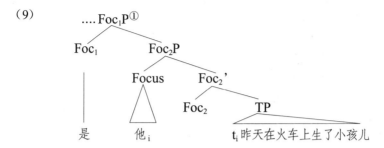

(10) a. "是"扩展由 Foc_2 扩展的 TP,所以"是"只出现于动词或动词短语之前。

b. "是"高于 TP,自然高于致使范畴"把"、被动范畴"被"。

c. Foc_2 会激发一些焦点成分移到它的指示语位置,这使得焦点成分常常紧邻于"是",且在"是"之后。

d. 与 Foc_2 匹配的焦点如果不移位,则"是"所标记的成分为"是"后的某个成分,特别当直接在动词之前时,焦点只能为动词后成分。

e. 一个句子只有一个 Foc 可以语音实现为"是"。

在汉语中,话题范畴高于焦点范畴,所以焦点标记词"是",即 Foc_1,不能出现于话题之前。如:

(11) a. * 是鱼,我没吃鲜鱼。

b. * 是小说,小王读了红楼梦。

c. * 是水果,小王只吃香蕉。

一般来说,汉语的焦点不倾向于移位,但并非不能移位。让焦点成分在原位跟焦点范畴进行协约,理论上是许可的,更重要的是,汉语也存在尾焦点。如:

---

① Dikken(2006)描述过"Imogen eats only biscuits"的推导过程,如:

$[_{TP}$ Imogen eats biscuits$]$

→merger of Foc=only; attraction of 'biscuits' to Spec FocP

→ $[_{FocP}$ biscuits$_i$ $[$only $[_{TP}$ Imogen eats $t_i]]]$

→merger of W; raising of 'only' to W and attraction of remnant TP to Spec WP

→ $[_{WP}$ $[_{TP}$ Imogen eats $t_i]_k$ $[$only$_j$ $[_{FocP}$ biscuits$_i$ $[t_j$ $t_k]]]]$

该过程类似于(9),其中 W 对应于 Foc_1,Foc 对应于 Foc_2,如:

$[_{Foc1P}$ $[_{TP}$ Imogen eats $t_i]_k$ $[_{Foc1'}$ $[_{Foc1}$ only$_j$ $[_{Foc2p}$ $[$biscuits$_i]$ $[_{Foc2'}$ $[_{Foc2}t_j]$ $[_{TP}t_k]]]]]$

(12) a. 他三十年来一直住在［Focus 芜湖］。
　　　他在芜湖一直住了［Focus 三十年］。
　　b. 经济在缓慢地［Focus 增长］。
　　　经济增长得［Focus 缓慢］。

话题与焦点可通过省略法进行测试（刘丹青，2008）。一个带焦点的句子在语境清晰的前提下可以省去焦点以外的成分，只剩下焦点。如：

(13) A：谁打碎了窗户？
　　 B：小明（打碎了窗户）。

答句中焦点"小明"以外的成分都可以省去，即使出现也不带通常的语法重音。话题是说话的起点，是述题（句中除话题之外的部分）的关涉对象，它总是需要述题对其进行陈述，意义才完整，因此不能只剩下话题。如：

(14) A：那条鱼在哪儿？
　　 B：那条鱼，＊（猫吃了）。

括号中的述题不能删除。

四　语气词

朱德熙（1982）将语气词分成三组，第一组表示时态，包括"了$_2$"、"呢$_1$"、"来着"；第二组表示疑问或祈使，包括"呢$_2$"、"吗"、"吧$_1$"、"吧$_2$"；第三组表示说话人的态度或情感，包括"啊"、"呕"、"欸"、"嚘"和"呢$_3$"、"罢了"。朱先生的分类是根据这三类词的分布，即共现时遵守严格的次序。第一组在最前边，第二组次之，第三组在最后。如：

(1) 1＋2　　下雨了吗？｜你把它吃了吧$_2$！
　　1＋3　　不早啦（＝了＋啊）！｜还小呢$_1$嚘！
　　2＋3　　走啵（＝吧$_2$＋呕）！｜好好说呗（＝吧$_1$＋欸）！
　　1＋2＋3　已经有了婆家了呗（＝吧$_1$＋欸)！

黄伯荣、廖序东（2007）也将常用的六个语气词"的、了、呢、

吧、吗、啊"分成三组:"的"、"了"、"呢、吧、吗、啊"。与朱德熙不同的是,他们将"的"也归为语气词,如:

(2) 唉! 这一家人真够痛苦的了。
我不是说一会儿就来陪您的吗?
嗨,我的旧衣裳拆拆改改大概还够穿二十年的呢!
你来看我,要让学校知道了,对你会有影响的啊!

胡裕树(1995)也将语气词分成三层,第一层是"的"、"了",第二层是"么"、"呢"、"吧",第三层是"啊"。

语气词可以分布在句中,也可以分布在句末。句末位置,对语气词的判定最为把稳,但句末本身却是模糊的,所以对内层的语气词如"的、来着、了"等存在争议,如有人将"的、来着、了"看作时制范畴 T。"的、来着、了"不会是时制范畴,理由如下:

第一,T 只对有 phi-特征集的成分进行协约操作,不会对整个 vP 进行协约操作。如:

(3)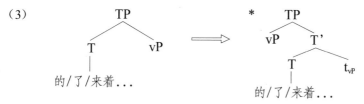
的/了/来着…   的/了/来着…

(3)虽然能推导出相应的语序,但不符合 T 的协约要求,所以我们不取该操作。也就是说,"的/了/来着"不会是时制范畴。

第二,功能范畴核心在前。如果将 T 放置在后,虽然也能得到相应的语序,但违反了功能范畴核心在前的假定,也不为我们所取。如:

(4)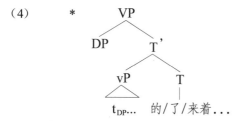
t_{DP}… 的/了/来着…

第三,语气词的判定还可以根据关系化进行测试。由于关系化是 n 扩展 TP 的结果(参见下一章),语气词扩展的是 TopP,而 TopP 是比 TP 还高的短语,所以理论上,含语气词的子句不能关系化。如:

(5) a. 他吃了饭了。　　　　　＊吃了饭了的人
　　 b. 他昨天去南京的。　　 ＊昨天去南京的的人
　　 c. 我移花儿来着。　　　 ＊移花儿来着的人
(6) a. 他吃了饭。　　　　　　吃了的饭/吃了的人
　　 b. 他吃过饭。　　　　　　吃过的饭/吃过的人
　　 c. 他做完了。　　　　　　做完了的人可以先走
　　 d. 苹果红了。　　　　　　红了的苹果才好吃

（5）中的"了、的、来着"不能出现于关系子句中，而（6）中的"了、过"等时体范畴可以出现于关系子句中，其差别在于前者为语气词，后者为 TP 内部的功能范畴。

从"功能范畴核心在前"、"T 只对有 phi-特征集的成分进行操作"以及"关系化"测试来看，"的、来着、了"是语气词。从层级性来看，汉语的语气词应分为四层。如：

(7) a. Mo_1：啊、呕、欸、噯、呢$_3$、罢了
　　 b. Mo_2：吗、呢$_2$、吧$_1$、吧$_2$
　　 c. Mo_3：了$_2$、呢$_1$、来着
　　 d. Mo_4：的

(8)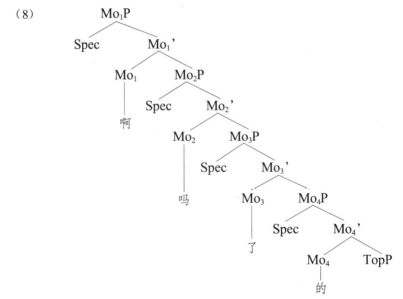

第四章 制图理论

用 Mo 扩展 TopP 的经验证据是：

(9) a. [$_{TopP}$ 那本书，他是昨天看____]
　　b. [$_{TopP}$ 那本书，他是昨天看____] 的
　　c. [$_{Mo_4P}$ [$_{TopP}$ 那本书，他是昨天看____] 的] 吗？

首先是"那本书"向 TopP 的指示语位置移位，如（9a）；用"的"扩展后，其补足语 TopP 整体移位到"的"的指示语，如（9b）；如果继续用"吗"扩展的话，其补足语 Mo$_4$P 整体移位到"吗"的指示语，如（9c）。

"的"表示情况本来如此，"了"表示变化已经实现，含着一个由不是到是、由没有到有、由不做到做或者相反方向的转化过程。说话人用"了"时，主观上是要向听话人传递一种全然未知的信息，或者是虽然听话人知道，但说话人当作听话人全然不知的信息。说话人用"的"时，主观上认定所谈的信息已为事实。如：

(10) A：我昨天去沃尔玛了。
　　　B：什么时候去的？　　A：上午去的。
　　　B：和谁一起去的？　　A：和我同屋一起去的。
　　　B：买什么了？　　　　A：买衣服了。
　　　B：给谁买的？　　　　A：给孩子买的。

(10) 中"我昨天去沃尔玛了"报告的是全新的未知信息，跟"去"相关的就成了已知信息，所以以下跟"去"相关的信息都是用"的"。"买什么"是全新的未知信息，相应的回答也是未知信息，所以都用"了"煞尾；此后"买衣服"就成了已知信息，所以以下跟"买"相关的信息就用"的"煞尾。"了"预报新信息，"的"断言旧信息。需要注意的是："的"句中也有新信息，由可语音实现为"是"的 Foc 标记。如：

(11) A：我昨天去沃尔玛了。
　　　B：是什么时候去的？　　A：是上午去的。
　　　B：是和谁一起去的？　　A：是和我同屋一起去的。
　　　B：买什么了？　　　　　A：买衣服了。
　　　B：是给谁买的？　　　　A：是给孩子买的。

☞ 推荐阅读

邓思颖 2010《形式汉语句法学》，上海：上海教育出版社。
胡裕树 1995《〈现代汉语〉使用说明》，上海：上海教育出版社。
黄伯荣、廖序东 2007《现代汉语》（下），北京：高等教育出版社。
霍凯特 1986《现代语言学教程》（索振羽、叶蜚声译），北京：北京大学出版社。
刘丹青 2008《语法调查研究手册》，上海：上海教育出版社。
沈家煊 1999《不对称与标记论》，南昌：江西教育出版社。
石毓智 2001 汉语的主语与话题之辨，《语言研究》，第 2 期。
索绪尔 1981《普通语言学教程》（高名凯译），北京：商务印书馆。
熊仲儒 2003 "来着"的词汇特征，《语言科学》，第 4 期。
熊仲儒 2004 生成句法学中的时制，《外语学刊》，第 1 期。
熊仲儒 2005 时制、时体与完成式，《外国语言文学》，第 4 期。
熊仲儒 2006 主语语法功能的分配，《外国语》，第 1 期。
熊仲儒 2007 汉语式话题句的结构分析，《安徽师范大学学报》，第 2 期。
熊仲儒 2007 "是……的"的构件分析，《中国语文》，第 4 期。
熊仲儒 2008 汉语中无定主语的允准条件，《安徽师范大学学报》，第 5 期。
熊仲儒 2011《现代汉语中的功能范畴》，芜湖：安徽师范大学出版社。
朱德熙 1982《语法讲义》，北京：商务印书馆。

📖 练习五

（一）热身练习

1. 指出下列各词组中宾语的语义类型。

翻抽屉	避雨	烤火	挂地图	砌空心砖
逛商场	祝贺胜利	扇扇子	建工厂	站着一群人
吃面条	吃火锅	吃食堂	吃快餐	吃回扣

2. 写出下列句子中主语的语义类型，并说明汉语的主语在语义上有什么特点。

（1）小王吃了三个苹果。
（2）这本书我看了三遍了。
（3）斧头是用来劈柴的。
（4）桌子上放着支铅笔。

3. 下面两个句子意义相同而结构不同，请从形式上予以证明。

（1）他身体很好。　　　　　　他的身体很好。

(2) 小王心肠很好。　　　　　　小王的心肠很好。

4. 用变换分析法说明下列两个句子在语义上的差别。
   (1) 这位领导连我也不认识。
   (2) 这种植物连我也不认识。

5. 汉语中的语气词可以连用，并且连用是有层次的。请按层次举例说明连用情形。

（二）巩固练习

1. 沈家煊（1999）认为："'台上坐着主席团'中'台上'是话题，但不是施事，如果要把它定为主语，它只能是不典型的主语；'主席团'是施事，但不是话题，如果要把它定为主语，它只能是不典型的主语。"按本书的观点应该如何分析"台上坐着主席团"？

2. 话题与主语分离有哪些理论优势？请举例说明。

3. 观察下面的语料，并作出解释。
   (1) a. 小王看完了书。　　　　这就是小王看完书的地方
       b. 书小王看完了。　　　　*这就是书小王看完的地方
   (2) a. 她叠好了被子。　　　　就是在她叠好被子的时候
       b. 被子她叠好了。　　　　*就是在被子她叠好的时候
   (3) a. 我写好了信。　　　　　我写好信的时候她已经睡着了
       b. 信我写好了。　　　　　*信我写好的时候她已经睡着了

4. 判断下列句子中的焦点，并指出各句中焦点的表现手段。
   (1) 我今天不在家，明天在家。
   (2) 他北京到过，天津到过，上海没到过。
   (3) 我是昨天在街上见到他的。
   (4) 我昨天是在街上见到他的。
   (5) 我昨天在街上是见到他的。
   (6) 王冕死了父亲。
   (7) 王冕父亲死了。
   (8) 我没有把这件事情办好。
   (9) 我没有办好这件事情。

5. 请观察下列语料，并作出解释。
    （1）a. 小王看完了书。　　　　　是小王看完了书。
        b. 书小王看完了。　　　　　*是书小王看完了。
    （2）a. 她叠好了被子。　　　　　是她叠好了被子。
        b. 被子她叠好了。　　　　　*是被子她叠好了。
    （3）a. 我写好了信。　　　　　　是我写好了信。
        b. 信我写好了。　　　　　　*是信我写好了。

6. 请观察下列语料，并作出解释。
    （1）小王看书。　　　　　　小王啊，看书。
    （2）小王看书的地方　　　　昨晚，小王认真地、不知疲倦地看书的地方
    （3）小王看书的地方　　　*小王啊，看书的地方

7. 讨论下列句子的推导。
    （1）　春天了。　　大学生了。　　老夫老妻了。　　大姑娘了。
    （2）*桌子了。　　*饭碗了。　　*足球了。　　*苹果了。

> 答题提示：

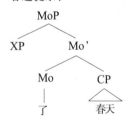

"了"是语气词，表示情况出现了新的变化，相应的，它要求其补足语能够发生变化。（1）中的名词语具有［＋系列推移］特征，（2）中的名词语具有［－系列推移］特征。前者符合"了"的特征要求，后者不符合"了"的特征要求。

8. 讨论下列句子的推导。
    （1）　虚心点儿！　积极点儿！　（2）　粗一点儿！　近一点儿！
    （3）*骄傲点儿！　*悲观点儿！　（4）*可爱点儿！　*健康点儿！

> 答题提示：

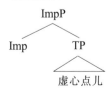

这是个祈使句。祈使句是要求对方去执行某种活动,这种活动是对方能做到的,即"可控"的;这种活动一般不是坏事,常采用中性或褒义的词。也就是说,只有〔+可控,-贬义〕特征值的形容词才能进入"A 点儿"句式。从所进入的句式的角度进行语义特征的提取,可得到如下的语义特征,如:

形$_A$:〔+褒义,-贬义,+可控〕

形$_B$:〔-褒义,-贬义,+可控〕

形$_C$:〔-褒义,+贬义,±可控〕

形$_D$:〔+褒义,-贬义,-可控〕

9. 讨论下列句子的推导。

(1)　　别骄傲!　　　　别懈怠!　　　　别虚伪!　　　　别悲观!

(2)?　别虚心!　　?　别努力!　　?　别主动!　　?　别诚实!

(3)　　别吃!　　　　别喝!　　　　别了解!　　　　别休息!

(4)*　别病!　　　*　别呛!　　　*　别感染!　　　*　别发抖!

10. 用变换的方法分析下列句子,说明其语义结构的不同,并作句法推导。

(1) 这位经理我也不认识。

(2) 这种植物我也不认识。

11. 请为"张三,是昨天被李四把他给打了一顿"指派结构。

12. "我已经到了半天了"中的两个"了"是一样的吗?为什么?

13. 如何识别语气词?

14. 为下列句子指派结构,并描述它们的不同。

(1) 这种人炸弹也不怕。

(2) 这种声音狼也不怕。

(3) 这种恶狗狼也不怕。

15. 为什么"鸡不吃了"有歧义,而"我不吃了"没歧义?

16. 如果下面的"的"也是语气词,请推导下面的句子。

(1) 他是在西单看的电影。

(2) 他是为我受的伤。

(3) 她是从北京地区推荐上的大学。

第五章 名词短语

> **学习要点：**
> 1. 了解的系名词短语的结构及其句法行为。
> 2. 了解量系名词短语的句法结构及其语义属性，特别是DP的指称属性。
> 3. 进一步了解嫁接与移位同向假设在"的"范畴判定上的作用。

一 的系名词短语

（一）关系子句

"的"常常被处理为定语的标记，含定语标记"的"的名词短语我们称之为"的系名词短语"。有些"的系名词短语"是由关系化造成。关系化是子句中名词短语提升为"的系名词短语"中心语的过程，原来的子句就成了关系子句。如：

(1) a. 他开车　　　　　　　　［t_1开车］的人$_1$
　　 b. 他开车　　　　　　　　［他开t_1］的车$_1$
　　 c. 他用某种技术开车　　　［他t_1开车］的技术$_1$
　　 d. 他在某个场地开车　　　［他t_1开车］的场地$_1$

所提升的成分可以是关系子句中动词的逻辑主语（1a），或关系子句中动词的逻辑宾语（1b），也可以是关系子句中的状语（1c—d）。关系子句中有一个空位（用"t"标记），它跟所修饰的中心语相对应，用共同的索引关联，如"1"。(1a) 中"车"与"人"跟"开"都有依存关系，根据功能范畴假设，可指派如下结构（2a）：

(2)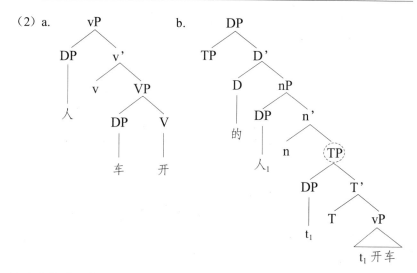

vP 还要继续受 T 扩展，构成 TP，"人"移位到 TP 的指示语位置。n 扩展 TP，构成 nP，"人"移位到 nP 的指示语位置。nP 受 D① 扩展，构成 DP，D 语音实现为"的"，TP 将整体移位到 DP 的指示语位置，最后推导出"开车的人"。证据如下：

第一，符合词汇范畴核心在后，功能范畴核心在前的句法设置。(2) 中扩展动词的 v、T、n、D 等功能范畴都是核心在前。

第二，n 起着关系化的作用，Top 起话题化的作用，两者都扩展 TP，所以两者有平行性，即能够关系化的成分也能话题化。如：

(3) 我给孩子用录音机录了一段音乐。
    a. <u>我</u>，给孩子用录音机录了一段音乐。
       给孩子用录音机录了一段音乐的<u>那个人</u>
    b. <u>那段音乐</u>我给孩子用录音机录了。
       我给孩子用录音机录的<u>那段音乐</u>
    c. <u>孩子</u>，我给他用录音机录了一段音乐。
       我给他用录音机录了一段音乐的<u>孩子</u>

---

① D 是限定范畴的标记。限定范畴是扩展名词而自身又缺乏描写内容的词，如 the/this/that 等，有些限定范畴既可以扩展名词，又可以单用，如 "I don't like that idea" 与 "I don't like that" 中的 "that"。英语中的领属标记 "'s" 与汉语中的 "的" 也可以当作限定范畴。由限定范畴投射的短语为限定短语，可标记为 DP，如 "the king (of Utopia)"。限定短语在 1980 年代中期之前常被分析为名词短语。

d. 录音机，我给孩子（用它）录了一段音乐。
　　我给孩子（用它）录了一段音乐的那个录音机

第三，n 扩展的是 TP 而不是 TopP，这意味着 TopP 中的成分不能关系化。如：

（4）a. 小说，我读红楼梦。　　*我读红楼梦的小说
　　 b. 小说，我读红楼梦。　　*小说读红楼梦的人
　　 c. 红楼梦，幸亏他读得早。　*幸亏他读得早的红楼梦

（4a—c）的话题都是基础生成的话题，这意味着其中的 TP 已经受 Top 的扩展。TopP 不能被关系化。

第四，其他扩展 TP 的范畴也不能受 n 扩展，这意味着包含语气范畴、焦点范畴的子句也不能充当"定语"。如：

（5）a. 他喜欢红楼梦吗？　　　*喜欢红楼梦吗的人
　　 b. 是他喜欢红楼梦。　　　*是他喜欢的红楼梦

（5a）中的 TP 受 Mo 扩展，因为它有 Mo 的语音实现"吗"；（5b）中的 TP 受 Foc 扩展，因为它有 Foc 的语音实现"是"。

名词短语中的子句不全是关系子句，也有同位子句。同位子句中没有空位也没有接应代词，同位子句跟中心语表达的是同一样东西。如：

（6）a. 总统辞职的消息
　　 b. 股市狂跌的新闻
　　 c. 环境被严重污染的局势
　　 d. 大家保护环境的建议

这样的名词短语中的中心语是词汇范畴，同位子句是该词汇范畴的论元，可指派以下结构：

（7）
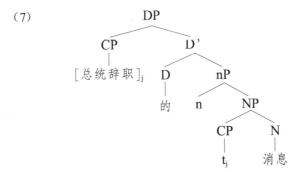

同位子句跟关系子句不同，前者是 CP①，可允许焦点标记词。如：

(8) 我不相信［DP［CP 李四是明天来］的这句话］。

(二) 接应代词

关系子句中可以有空位，也可以没有空位。没有空位，是因为移出位置填充了接应代词。留接应代词的情况很多。如：

第一，当中心语跟间接宾语有关时，留接应代词。如：

［小李送她一件礼物］的那位姑娘
［我家卖他一袋大米］的那位大爷
［政府奖他一部汽车］的那位教师

第二，当中心语跟介词宾语有关时，留接应代词。如：

［乡亲们写了一封感谢信给他］的那位县长
［老张跟他一起做生意］的那位商人
［我们常在那儿打球］的操场

第三，当中心语跟兼语有关时，留接应代词。如：

［大会请他发言］的那位老师
［村民选他当村长］的党员
［经理催她交报告］的秘书

留接应代词与留空位相同，都是"复制＋合并"，差别在于前者用代词替换母本，后者直接删除母本。留接应代词跟移位成分所在的位置有关，汉语主语、直接宾语在移位时可以不留接应代词，而间接宾语移位时需要留接应代词；此外，介词的宾语在移位后也需要留接应代词，这是因为汉语介词禁止悬空；还有一些别的原因也要求留接应代词。

"所"也是接应代词。陆俭明（1989/1993）曾指出"他所写的文章"表面看来有两种切分方式，其中之一是将"他"与"所写"都分析作定语，另一种是将"他所写"分析作定语。他取后一种分析。如：

(1)　　他　所　写　的　文　章

陆先生的分析是正确的。从计算的局域性来看，"他"与"文章"都是

---

① CP 中的 C 是个概括性的范畴，可以包括焦点范畴 Foc、话题范畴 Top、语气范畴 Mo 等。

功能范畴为"写"选择的论元，它们都应在 vP 的投射域内参与计算，除非因为某种原因发生了移位。如：

（2）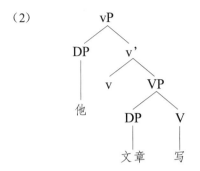

在 n 的关系化作用下，"文章"发生移位，并留下接应代词"所"；在 D 的作用下，TP 移位到 D 的指示语位置。其推导过程可以表示成：

（3）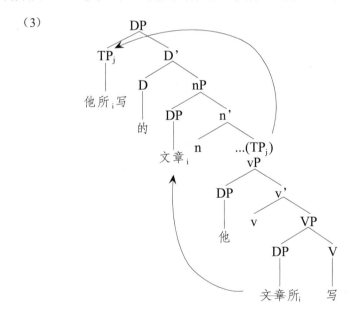

在古汉语中，"所"可以做代词，而代词在动词或介词之前，也是有过的[①]。据陆先生讲，人们之所以将"他"与"所写"分析作定语，是因

[①] "所"这样的代词可能具有附缀性，它会核心移位到某个动词性核心之上。在（3）中，"写"核心移位到 v 之后，"所"向其核心移位，生成"所写"。如果还有更高层的动词性核心，它就会向更高层的核心移位，如"他所能写的文章"。

为觉得"他"与"文章"之间有领属关系。陆先生认为这种语感不可靠,其例证是:

(4) 他所看见的外国人　　　他的外国人
　　他所听说的事儿　　　　他的事儿
　　他所批改的作文　　　　他的作文
　　他所审查的论文　　　　他的论文
　　他所报告的敌情　　　　他的敌情
　　他所参观的展览会　　　他的展览会

(4) 中的"他"都不是中心语的领有者。

(三)领属短语

我们认为:如果把"的"处理为限定范畴 D,就会有效地阻止人们从领有的角度思考问题。当中心语是个一价名词时,很难说"的"有领有义,如"张三的爸爸"。"的"只是个限定范畴 D,它有着主语特征。了解这点,也可以方便地为"由指人的名词自相组合造成的偏正结构"指派句法结构。陆俭明(1985/1993)曾指出"父亲的父亲的父亲"表面看来有两种切分方式,其中之一是将"父亲的父亲"分析作"父亲"的定语,另一种是将"父亲"分析作"父亲的父亲"的定语。他取前一种分析。如:

(1)

我们认同陆先生的分析。在这个短语中,"父亲"是词汇核心,"父亲的父亲"是其论元,其推导过程如下:

(2)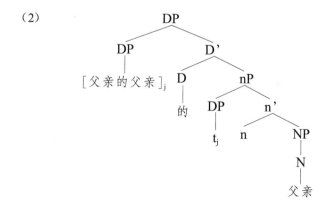

"父亲"是关系名词,可以由轻名词 n 为其选择论元。而有些名词如"书包",为绝对名词,不能由 n 为其选择论元,而只能在扩展之后被 n 选择做某一抽象谓词的论元。如:

(3)
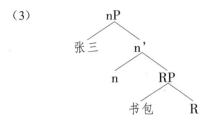

R 是个抽象的谓词,它可以指示不同的事件图景。根据功能范畴假设,该抽象谓词 R 必须由某个功能范畴如 n 选择论元。在(3)中,n 为 R 选择的论元分别为"张三"与"书包"。R 指示不同的事件图景,则"张三"与"书包"会有不同的参与者角色,以至于"张三的书包"会有不同的解读。如:

(4) a. 李四捡到了张三的书包。
  b. 张三的书包画得好。 (张三是个画工)
  c. 张三的书包制作得很精美。 (张三是个工匠)
  d. 张三的书包卖完了。 (张三是个售货员)

由此可见,"张三的书包"与"张三的父亲"不同,前者中的"书包"是某个抽象谓词的论元,而后者中的"父亲"是被扩展的词汇核心。

(四)"的"字短语的称代

下面两组名词短语在变换行为上不同,(1)删除中心语后,剩下的"的"字短语可以称代该中心语,如(3);而(2)删除中心语后,剩下的"的"字短语不能称代该中心语,如(4)。

(1) 喝啤酒的学生 看电影的孩子
  唱京戏的同学 下象棋的孩子
(2) 喝啤酒的方式 看电影的情景
  唱京戏的样子 下象棋的架势
(3) a. 把喝啤酒的学生换过来=把喝啤酒的换过来
  b. 喝啤酒的学生很多=喝啤酒的很多

（4）a. 把喝啤酒的方式换过来≠把喝啤酒的换过来

b. 喝啤酒的方式很多≠喝啤酒的很多

名词短语的中心语之所以存在句法行为上的差异，是因为它们在句法结构中的地位不同。（1）中的中心语被选作论元，（2）中的中心语被选作附加语。如：

（5）

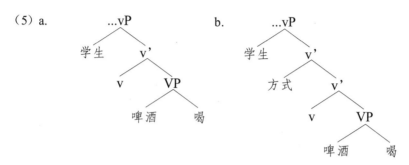

"啤酒、学生"都在论元位置，"方式"在附加语位置。被选作论元的比较容易被"的"字短语称代，被选作附加语的较难被"的"字短语称代。根据功能范畴假设，各种事件参与者都有可能被选作论元，相应的，"的"字短语也可以称代被选作论元的各种事件参与者：

（6）a. 称代施事

　　　做完了的可以走。　　　　　去上海的已经走了。

　　　会修理录音机的就他一个人。　我们这里抽雪茄烟的不多。

　b. 称代受事

　　　吃的已经准备好了。　　　　　他把没有做好的也拿来了。

　　　我买的是永久牌自行车。　　　借图书馆的都已经还了。

　c. 称代与事

　　　我送过书的请留下来。　　　　我给他书的叫张三。

　　　你送他们书的都是些什么人。　我跟他去南京的是张三。

　d. 称代工具

　　　抽的是烟斗。　　　　　　　　我洗的是凉水。

　　　他切的是那把刀。　　　　　　我切熟肉的是那把刀。

　　　这支笔是我画画的。　　　　　我自己做了个舀水的。

　　　用它来舀水的是那个瓢。　　　那花生油是用它来炸油条的。

　　　那铁锤是用它来锻炼身体的。　熬药用的搁在柜子里。

　　　　　　裁衣服用的是那把剪刀。　　　那种尺是测量地形用的。

　　在领属短语中，中心语被删略之后也会出现能否称代的问题。（7）删除中心语后，剩下的"的"字短语可以称代该中心语；而（8）删除中心语后，剩下的"的"字短语不能称代该中心语。如：

(7) 小王的书包　　小王的　　刘伟的袜子　　刘伟的
　　塑料的拖鞋　　塑料的　　爷爷的拐棍　　爷爷的
　　老张的手表　　老张的　　兔子的窝儿　　兔子的
(8) 小王的爸爸　*小王的　　刘伟的妻子　*刘伟的
　　塑料的弹性　*塑料的　　爷爷的脾气　*爷爷的
　　老张的胳膊　*老张的　　兔子的尾巴　*兔子的

这种不同也跟论元有关，（7）中的中心语是抽象谓词的论元，（8）中的中心语是被扩展的词汇核心，后者会像动词一样由功能范畴为其选择论元。如：

(9) 爸爸：一个人，他是<u>某人</u>的男性亲代。
　　妻子：一个人，她是<u>某人</u>的女性配偶。
　　弹性：一种属性，它是<u>某种物质</u>的结构性质。
　　脾气：一种属性，它是<u>一个人</u>的心理性质。
　　胳膊：一种东西，它是<u>一个人</u>的组成部分。
　　尾巴：一种东西，它是<u>一个动物</u>的组成部分。

（9）反映了（8）中中心语与定语间的依存关系，这些名词也被称为一价名词。在名词短语中，当中心语为被扩展的词汇核心（有价名词）时，不能删略；当中心语为（抽象）谓词的论元时，可以删略。如：

(10) a.　　　　　　　　　　　　　b.

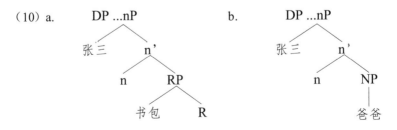

　　相对来说，一个词汇范畴的论元数目较少，最多三个；附加语的数目相对会多一些；能够被"的"扩展的词汇范畴较多。从找回的难度来

讲，词汇范畴难于附加语难于论元，所以一般来说，论元较容易被"的"字短语称代，附加语较难被称代，词汇范畴更难被称代。从句法结构的角度来说，都可以被删略。如：

(11) a. 你在技校都学会了哪些技术？<u>开车的</u>，<u>修车的</u>，多着呢。
　　 b. 墙上挂满了工具，有<u>修汽车的</u>，有制陶的，还有<u>做木工的</u>。
　　 c. 两旁都是一开间的小铺，<u>修汽车的</u>、<u>卖零件的</u>，什么都有。
　　 d. 旅客放行的时间已经公布了，但<u>列车到站的</u>还不知道。
　　 e. 去驾校报了名可老没空，只剩每星期天下午这段时间才是<u>我开车的</u>。

(12) a. 瑞宣的手碰着了<u>她的</u>，冰凉。
　　 b. 我的眼睛比<u>他的</u>大。
　　 c. 这里有许多种动物的尾巴——<u>兔子的</u>、<u>狐狸的</u>，还有……
　　 d. 我毁了他的生命，但他又毁了<u>我的</u>。
　　 e. 我知道你的弱点，你也知道<u>我的</u>。
　　 f. 老王的意见你已经知道了，<u>我的</u>你也该听听。

(11)中被删略的是附加语，(12)中被删略的是词汇范畴。

二　量系名词短语

（一）数词短语

陆俭明（2005）指出下面 a、b、c 三个"定－中"偏正结构表面看格式一样，但构造层次并不相同。如：

(1) a. 两位　大学的　教授
　　　 ___1___　___2___
　　 b. 两所　大学的　教授
　　　　　　 ___1___　___2___
　　 c. 两个　大学的　教授
　　　 ___1___　___2___　（与 a 相同）
　　　　　　 ___1___　___2___　（与 b 相同）

陆俭明认为造成差别的原因就在于做定语的数量成分的语义指向各不相同：(1a) 定语数量词"两位"指向"教授"；(1b) 定语数量词"两所"

指向"大学";(1c)定语数量词"两个"有可能指向"大学",也有可能指向"教授"。这里的语义指向反映的其实就是选择关系,即量词对名词短语的选择性,即"位"选择的是"大学的教授","所"选择的是"大学","个"有两种选择。再如:

(2) a. 一颗红心　　＊一粒红心

　　b. 一只老虎　　＊一条老虎

　　c. 一张纸　　　＊一个纸

"颗"可以选择"红心",而"粒"不能选择"红心";"只"可以选择"老虎",而"条"不能选择"老虎";"张"可以选择"纸",而"个"不能选择"纸"。

根据这种选择性,我们可以认为量词是核心,名词短语是它的补足语,或者说量词是扩展名词的功能范畴。我们进一步假定数词也是扩展名词的功能范畴,可指派如下结构:

(3)

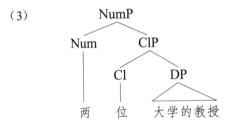

这就是将数词、量词都当作扩展名词性成分的功能范畴。

将数词处理为核心可以解释数词短语的数量义。核心向母亲节点渗透自身的特征,作为核心的数词渗透的自然是其数量特征,故整个短语有数量义,其中数词一般都要重读且不能省略,此用法在计数时最为突出。如:

(4) a. 我有两个弟弟和一个妹妹。

　　b. 我只有一间房。

　　c. 我要的是一支钢笔,不是两支钢笔。

　　d. 一个苹果加一个苹果等于几个苹果?

数词短语表示数量而非个体,自然不能由代词回指(Huang、Li & Li,2009)。如:

(5) a. ＊三个人ᵢ抬不起两架你给他们ᵢ的钢琴。

b. *两个大人ᵢ不如他们ᵢ的三个小孩儿有力量。

c. *如果两张床睡得下三个人ᵢ，我就请他们ᵢ来。

动量词、时量词也能扩展名词。朱德熙（1982）曾用移位测试证明"动量短语"和名词可合为一个结构成分，如：

(6) a. 进一次城　　　一次城也没进

　　b. 看一回电影　　一回电影也没看

　　c. 逛两趟上海　　两趟上海一逛，光旅费花了两百块钱

　　d. 住两天旅馆　　两天旅馆一住，胃口就没有了

朱先生以此证明"一次"是"城"的定语，实际上就是用移位测试证明"一次城"跟"一座城"一样是个结构成分。如：

(7) a. 　　b.

邵敬敏（1996）曾对此提出质疑，他的测试是：

(8)　　进了一次城　　　　　进了一座城

　　*有一次城没进过　　　有一座城没进过

　　一次城也没进　　　　一座城也没进

　　*一次城出现了　　　　一座城出现了

　　一次次进城　　　　*一座座进城

　　*这是一次城　　　　　这是一座城

通过测试，他认为：只有在表示周遍性意义时，"一次城"才可以作为一个语言单位出现于句首；其余情况下，它都不成为一个语言结构，这跟"一座城"在任何情况下都成为一个语言结构不同。对"一次城也没进"这种语言现象，他用"仿造"进行解释，认为它所仿造的正是"一座城也没进"。需要指出的是，邵先生的测试并不能驳倒朱先生的测试，因为邵先生采用的并非是移位测试。"一次城"之所以不能通过邵先生的测试，是量词的原因。朱德熙（1982）指出："作为实体，'城'是论'座'的，'一座城'说明'城'的数量。'一次城'不是说明'城'的数量，而是说明'进城'的次数的。"如果朱德熙的看法可以接受的话，

则可指派以下结构:

(9)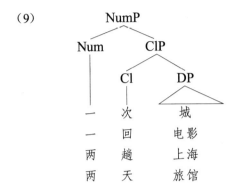

(9) 中的名词还可以接受指示代词、数词与量词的扩展。如:

(10) a. 进一次这座城　　　b. 看一回这部电影
　　　c. 逛两趟那个上海　　d. 住两天这个旅馆

这类似于以下情况:

(11) 买了一斤这种大米
　　　买了一箱这种苹果
　　　吃了一碗这种牛肉

在结构主义语法中可以通过层次分析法与语义指向表达句法与语义的错配关系,即"论结构关系,A 应该属于 B,但在意义上 A 指向 C"。如:

(12)

(12a) 是层次分析的结果,(12b) 是语义指向分析的结果。

有些量词似乎没有扩展词汇范畴,对此,可认为所扩展的 DP 短语采用零形式。如:

(13) 周震华又把下落的姿势调整了［一下］。
　　　她又把那首诗解释了［一遍］。
　　　那个人把那碗饭热了［两分钟］。

零形式的 DP 跟役事同指。如:

(14) 周震华又调整了［一下下落的姿势］。

她又解释了[一遍那首诗]。

那个人热了[两分钟那碗饭]。

对此,我们可以指派如下结构,(15a) 中 "下" 扩展的 DP 采用零形式,(15b) 中 "下" 扩展的 DP 有语音形式。如:

(15)

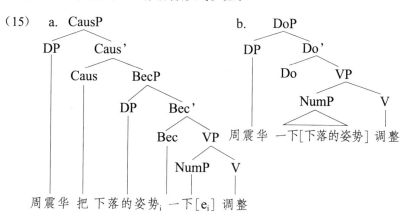

(二) 限定短语

数词短语还可以被代词扩展,代词也是一种功能范畴,国外学界称之为限定范畴。以代词为核心的短语可以称之为限定短语(DP),限定范畴也可以没有语音实现,其他的功能范畴也可以没有语音实现。如:

(1) a. 这一只老虎 b. 一只老虎 c. 只老虎 d. 老虎

(2)

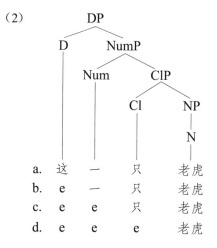

（1d）中的"老虎"有没有受零形式的量词、数词扩展，可以探讨，但一定会受限定范畴的扩展。

说数量名结构分别属于数词短语与限定短语，是因为它们在语义与句法行为上不同。限定短语 DP 指称个体，可以由代词回指，这跟不能由代词回指的数词短语不同。如：

(3) a. 我叫两个学生$_i$回去把他们$_i$的车子开来。
    b. 如果能找到两个帮手$_i$，就赶快把他们$_i$请来。
    c. 他明天会看到三个人$_i$，还会跟他们$_i$做朋友。

数词短语只有数量解，而显性语序中最前为数词的限定短语可取无定解，也可以取类指解。表示类指的限定短语不指称语境中的任何实体，它指称一类事物。如：

(4) a. 说真的，一个人多年重复一件事，哪怕这种事极富魅力，总让人悄悄产生一种逆反心理。
    b. 从法律上讲，一个中国公民从一出生就享有公民权了。
    c. 按匈牙利的有关法律规定，一个有限公司的股东最多不超过十人。
    d. 一个人有两只手。
    e. 一个禁锢科学自由的国家一定会灭亡。

表示无定解的限定短语所指的事物对说话人来说可能是熟悉的、可识别的，也可能是不熟悉的、不可识别的，但对听话人来说是不熟悉的、不可识别的，至少说话人是这么假定。如：

(5) a. 一个日本教官跳起来，手一扬，喊了声："好的。"
    b. 一个兵极快地跑过来，用枪把子像舂米似的砸他的脚。
    c. 一个五大三粗，穿着工作服的汉子走近他，低声说："我敢惹你。"
    d. 一个身着米黄色曳地长裙的女孩儿在唱《我一见你就笑》。
    e. 一个护士领一对青年男女走过来，她站起来和那小护士很客气地交谈。
    f. 一个穿军裤的老头在街对面远远用手指点她。
    g. 七斗在路上一直胡思乱想，直到已经来到姥爷家门口，一条大狗汪汪狂吠着朝她奔来，她才猛然醒悟她到了哪里。

数量名序列可以是数词短语（NumP），也可以是限定短语（DP）。陆俭明（2005）发现"只吃了一个面包"里的"一"，有时能省略，有时不能省略。如：

（6）a. 他没吃什么，只吃了一个面包。
　　　b. 他面包吃得不多，只吃了一个面包。

（6a）里的"一"在一定的上下文里可以省去不说，"面包"则绝对不能省略。如：

（7）a.　他没吃什么，只吃了一个面包。
　　　b.　他没吃什么，只吃了个面包。
　　　c.　他没吃什么，只吃了面包。
　　　d. * 他没吃什么，只吃了一个。

而（6b）里的"一"不能省略，"面包"倒可以省略。如：

（8）a.　他面包吃得不多，只吃了一个面包。
　　　b.　他面包吃得不多，只吃了一个。
　　　c.　他面包吃得不多，只一个。
　　　d. * 他面包吃得不多，只吃了个面包。

陆俭明认为这种现象跟"只"的语义指向有关。（6a）的"只"指向名词性成分"面包"，所以"面包"不能删除，别的可以删除，数词"一"当然也就可以删除了，如（7）。（6b）的"只"指向数量，所以别的成分可以省略，而"一"是绝对不能省略的，如（8）。从结构来说，就是（6）中的"一个面包"可以是限定短语，也可以是数词短语。如：

（9）a. 他没吃什么，只吃了 [$_{DP}$ 一个面包]。
　　　b. 他面包吃得不多，只吃了 [$_{NumP}$ 一个面包]。

陆俭明（2005）发现"只吃了一个面包"里的"一"，有时能省略，如（10b）；有时不能省略，如（11b）：

（10）a.　他没吃什么，只吃了一个面包。
　　　 b.　他没吃什么，只吃了个面包。
（11）a.　他面包吃得不多，只吃了一个面包。
　　　 b. * 他面包吃得不多，只吃了个面包。

陆俭明认为这种现象跟"只"的语义指向有关。副词的语义指向跟焦点有关,"只"为焦点敏感算子,它只跟焦点系联,谁是焦点,"只"就指向谁。在(10)中"面包"是焦点,所以"只"指向"面包";在(11)中"一"是焦点,所以"只"指向"一"。在(11)中强调的焦点是数量,故数词不能省略,"一个面包"为数词短语,如(9b)。

在汉语中,数词扩展量词,或者说数词范畴选择量词短语。这意味着"数名"结构可能省略或隐含了量词。如:

(12) 只当是东三省被占了,我是一你们用得着的少帅行吗?
我替我姐说吧,你还不能算一坏人。
我沿着桌子喝一对角线,你喝一中心线。
你在一小单位里工作,算上你总共才六个人。
有一朋友倒是愿意帮这个忙。

(12)是"一+名"结构,尽管"个"没有出现,我们仍然认为其结构为(2b)的形式。方梅(2002)也有类似的看法,她观察到"一+名"不遵循数词"一"的变调规律,而一概说作第二声,从这声调上的一致性,她认为这类"一"有可能是从省略第四声的量词"个"而来。方梅还观察到这类"一+名"重音总是在名词上,"一"不能重读,这类"一+名"不能用作跟其他数量成分对比。如果对比,对比项只能是名词的所指对象,而不能与相关的数量形成对比。如:

(13) a. 我就带了一个帮手儿,可是他领了仨。
b.? 我就带了一帮手儿,可是他领了仨。

这表明"一"扩展量词后受 D 继续扩展,并且核心移位到限定范畴。至于这类"一+名"多用在宾语位置,从不作为回指形式,那说明它作无定解,只引进新对象。

三　名词短语的指称性

陈平(1987)在讨论名词性成分的指称属性时将名词性成分分为七组:

(1) A 组:人称代词　　　　　　B 组:专有名词
C 组:"这/那"+(量词)+名词

第五章 名词短语

D 组：光杆名词　　　　　　E 组：数词＋（量词）＋名词
F 组："一"＋（量词）＋名词　G 组：量词＋名词

并认为 A—C 三组表示定指，F—G 两组表示不定指，D—E 两组可表示定指也可以表示不定指。按 DP 图示，可分别指派如下结构：

(2) a.

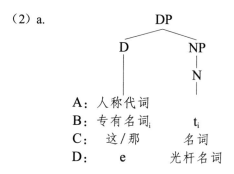

b.

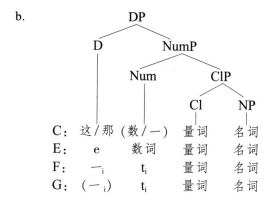

这个图示显示 A—C 三组的限定范畴由"人称代词、专有名词、'这/那'"占据，而这些成分本身就是有定的。F—G 这两组的限定范畴由"一"占据，"一"类似于英语中的"a"，是无定的。D—E 这两组中限定范畴的位置空缺，它需要通过语境来确认。如：

(3) a. 客人从前门来了。
　　b. 前门来了客人。

动词前面的"客人"为有定，动词后面的"客人"为无定。这跟话题范畴的协约操作有关，如：

(4)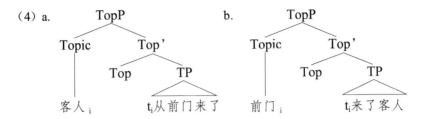

话题范畴要求非无定的成分与之匹配。(4a) 中"客人"只有[定指]特征而没有值,在与 Top 协约操作之后,Top 为之定值,如[+定指]。(4b) 中"客人"也只有[定指]特征而没有值,因为它没有与 Top 进行协约操作,不能定上[+定指],但作为存在封闭圈(existential closure)的 TP 可以为之定上[-定指]。

指称分有定与无定或定指与不定指,Chomsky(2005)认为指称跟限定范畴有关。陈平(1987)认为 D—G 这四组既可以表示有指又可以表示无指,无指实际上就是因为它们没有获得限定范畴的扩展。如:

(5)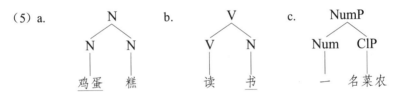

(5a) 与 (5b) 中"鸡蛋"与"书"作为合成词中的成分,没有获得限定范畴的扩展,所以无指。(5c) 也没有获得限定范畴的扩展,也就不能得到有指解。如:

(6) a. 雍士杰曾是(* 这)一名菜农,今年 50 岁。

b. 他在美国华盛顿大学任(* 这)特约教授。

一般认为名词有指称义,从生成语法的角度看,这是不对的。名词的指称义来自于扩展它的限定范畴。动词如果受限定范畴扩展,也会有指称义。沈家煊(2007)曾指出"图书和出版"或"这本书和它的出版"中的两个并列项都属于"指称语"的范畴,前者指称事物,后者指称活动。这就是因为两个并列项都是 DP(请参见第十章中"非同类结构体的并列"一节)。一个语言表达式如果没有受限定范畴的扩展,就可以认为它无指;如果受限定范畴扩展,就会有指。有指的限定短语可以有定,也可以无定。如:

(7) $\begin{cases} 无指 \\ 有指 \begin{cases} 无定 \\ 有定 \end{cases} \end{cases}$

☞ **推荐阅读**

陈　平 1987 释汉语中与名词性成分相关的四组概念,《中国语文》,第 2 期。
方　梅 2002 指示词"这"和"那"在北京话中的语法化,《中国语文》,第 4 期。
陆俭明 1993《陆俭明自选集》,郑州:河南教育出版社。
陆俭明 2005《现代汉语语法研究教程》,北京:北京大学出版社。
邵敬敏 1996 动量词的语义分析及其与动词的选择关系,《中国语文》,第 2 期。
沈家煊 2007 汉语里的名词和动词,《汉藏语学报》,第 1 期。
沈家煊 2008 "移位"还是"移情"?——析"他是去年生的孩子",《中国语文》,第 5 期。
熊仲儒 2005 以"的"为核心的 DP 结构,《当代语言学》,第 2 期。
熊仲儒 2011《现代汉语中的功能范畴》,芜湖:安徽师范大学出版社。
袁毓林 1994 一价名词的认知研究,《中国语文》,第 4 期。
袁毓林 1995 谓词隐含及其句法后果,《中国语文》,第 4 期。
朱德熙 1982《语法讲义》,北京:商务印书馆。

📖 **练习六**

(一) 热身练习

1. 用变换分析法描述以下歧义,并说说产生歧义的原因。
    (1) 通知的人还没有来
    (2) 批判的人被抓走了
    (3) 反对的是张老师
    (4) 拖走的是三轮车
    (5) 相信的是傻瓜
    (6) 扮演的是一名演员

2. 讨论下列短语的歧义原因。
    (1) 咬死了猎人的狗
    (2) 诱导小王的姐姐
    (3) 感谢刘山的师傅

（4）奖励小叶的叔叔

（5）对小张的意见

（6）对儿子的感情

（7）对这部电影的吸引力

（8）对美国的政策

（9）未经允许购买的文具和外文杂志不予报销

（10）没有人不认识的看门人

3. 用层次分析法分析下列短语。

（1）父亲的父亲的父亲

（2）张三的老师的儿子

（3）张三所修改的论文

（4）李四所阅读的作品

（5）他买的一只大白鸡

(二) 巩固练习

1. 请用变换分析法指出下面两组例子的差异，并指出造成差异的原因。

（1）修车的师傅　　教书的老师　　烧菜的厨师

（2）修车的技术　　教书的地方　　烧菜的方法

➢ 答题提示：

   a. 移位上表现不同：

     师傅修车　　　　老师教书　　　　厨师烧菜

     ＊技术修车　　　＊地方教书　　　＊方法烧菜

   b. 删略上表现不同：

     修车的　　　　　教书的　　　　　烧菜的

     ＊修车的　　　　＊教书的　　　　＊烧菜的

  这种差异是由名词短语中心语的来源不同造成的，尽管它们都通过关系化成为中心语。(1) 中的中心语被选作论元，出现于论元位置；(2) 中的中心语被选作附加语，出现于附加语位置。如：

     师傅修车　　　　　老师教书　　　　　厨师烧菜

     用某种技术修车　　在某个地方教书　　用某种方法烧菜

2. 采用变换分析，看看下列短语有什么不同，为什么？

（1）反对的是他

（2）痛哭的是她

（3）喜欢的是酒

3. 下面的"的"字短语为什么能称代中心语？

妻子厉害的（经理）　　　爱人在农村的（战士）
母亲健康的（婴儿）　　　儿子上大学的（家长）
价格便宜的（毛料）　　　体形苗条的（姑娘）
情调高雅的（乐曲）　　　性格内向的（青年）
折了腿儿的（桌子）　　　抽屉坏了的（衣柜）
碎了盖儿的（茶壶）　　　头发稀少的（老人）

➤ 答题提示：

该题一般从名词配价的角度考虑，即其中的动词或形容词虽然是一价，但其中名词有配价要求，这使得定语部分没有饱和，所以相应的"的"字短语可以称代中心语。

本书认为实词无价，所以不能简单地从配价角度考虑。证据是包含零价名词的"的"字短语也能称代中心语，如：

a. 书包丢了的（孩子）
b. 丢了书包的（孩子）

（a）类名词的领属成分可以移位到 T 的指示语位置，即可以跟 T 发生协约操作，为主语，如（c）；（b）类中心语实为功能范畴为动词所选择的论元，如（d）：

c. 孩子书包丢了　　　　经理妻子厉害
d. 孩子丢了书包　　　　桌子折了腿儿

T 的指示语位置也是论元位置。既然这些名词短语的中心语都来自于论元位置，所以相应的"的"字短语可以称代这些中心语。

4. 下列主谓谓语句中的小主语有的可以删略，有的不可以删略，为什么？

（1）王小明脑袋很大。　　＊王小明很大。
（2）王小明眼睛红了。　　＊王小明红了。
（3）王小明眼睛瞎了。　　王小明瞎了。
（4）王小明耳朵聋了。　　王小明聋了。
（5）李伟性格很开朗。　　李伟很开朗。
（6）李伟身材很高大。　　李伟很高大。
（7）李伟仪表很英俊。　　李伟很英俊。

5. 讨论下列句子的偏误原因。

（1）小王的爷爷比小李的爷爷硬朗。　＊小王的爷爷比小李的硬朗。

(2) 我的奶奶比你的奶奶起得早些。　＊我的奶奶比你的起得早些。

(3) 我的爸爸比你的爸爸矮三厘米。　＊我的爸爸比你的矮三厘米。

6. "香蕉烂的不要买"、"价钱贵的不要买"、"扣子不好看的不要买"三句话是否一样？从中能得出些什么规律性的东西？能得到一些什么样的启示？

▶ 答题提示：

"香蕉烂的不要买"是主谓谓语句，其中"香蕉"是基础生成的话题；"价钱贵的不要买"是非主谓谓语句，其中"价格贵的"是主语；"扣子不好看的不要买"有两种情况。如：

香蕉 烂的 不要买　　　价钱贵的 不要买
扣子 不好看的 不要买　扣子不好看的 不要买

根据转指优先序列，"X的"中的某个论元位置得有空位。"烂"可以被选择一个论元，这意味着"香蕉"不能占据 X 中 T 的指示语位置；"贵"虽然选择的也是一个论元，但"价钱"的论元可通过提升到达 X 中 T 的指示语位置，所以关系子句"价钱贵"中 T 的指示语为空位，如"香蕉价钱贵"或"价钱贵的香蕉"。"扣子"可以像"香蕉"一样占据基础生成的话题位置，也可以让其领属者提升到 T 的指示语位置。此外，结构也跟主动词有关。

7. "香蕉青的不买"、"皮儿青的不买"、"皮儿青的不吃"这三个结构是否一样？你从中能得到一些什么结论？能获得一些什么启示？

8. 下面的短语在表义上有什么不同，为什么？

(1) 刘芳看望被丈夫打伤的李红

(2) 群众同情被丈夫打伤的李红

(3) 刘芳修理被丈夫摔坏的闹钟

9. 讨论下列句子的推导。

(1) 她是去年生的孩子。　　　　他是昨天出的医院。

(2) 他是北外学的英语。　　　　他是国外得的学位。

(3) 他是学校付的工资。　　　　他是室友偷的电脑。

(4) 他是毒蚊叮的脑瘫。　　　　他是保安打的瘸腿。

10. 讨论下列句子的偏误原因。

(1) 买了一件很漂亮的衣服。　　＊买了一件好漂亮的衣服。

(2) 下了一场很大的雨。　　　　＊下了一场真大的雨。

(3) 我觉得这件衣服很漂亮。　　＊我觉得这件衣服好漂亮。

（4）我觉得这件衣服非常漂亮。　　＊我觉得这件衣服真漂亮。

> 答题提示：

"好"、"真"有感叹特征，需要跟感叹范畴进行协约操作，感叹范畴标记句类，这意味着它为 C 层范畴。在关系子句中，n 扩展 TP，这意味着"好"、"真"的感叹特征在关系子句中得不到协约，所以推导崩溃，如（1－2）；"觉得"的内嵌句及其所在主句都不能是感叹句，这意味着"好"、"真"的感叹特征无论在内嵌句还是主句中都得不到协约，所以推导也崩溃，如（3－4）。

11. 下列短语的差异常常归结为结构层次的不同，请描述这种差异并作出合理的解释。

　　（1）两位大学的书记

　　（2）两所大学的书记

　　（3）两个学校的书记

> 答题提示：

（1－2）没有歧义，（1）是书记的数量，（2）是大学的数量；（3）有歧义，既可以是学校的数量，又可以是书记的数量。其差异是由量词的选择性所决定的，"位"选择的是"大学的书记"，"所"选择的是"大学"，"个"既可以选择"学校"又可以选择"学校的书记"。选择性导致句法结构的差异，也导致数词的扩展对象的差异，如：

（1）[$_{NumP}$ 两位大学的书记]

（2）[$_{DP}$ [两所大学] [$_{D'}$ [$_{D}$ 的] [书记]]]

（3）[$_{NumP}$ 两个学校的书记] / [$_{DP}$ [两个大学] [$_{D'}$ [$_{D}$ 的] [书记]]]

12. "他是昨天看电影的"有无歧义，为什么？

13. 观察下列语料，并作出解释。

　　（1）他们意外发生了　　　　＊意外发生了的那些人

　　（2）他们发生了意外　　　　发生了意外的那些人

14. 为下面的语言单位指派树形图。

　　（1）这段山路走得他气喘吁吁

　　（2）开车的司机

　　（3）这本书我读过

　　（4）这本书被撕坏了

　　（5）他激动得直欢呼

　　（6）他把这篇文章批得体无完肤

(7) 这篇文章被他批得体无完肤

15. 能否将"开车的人"指派如下结构？为什么？

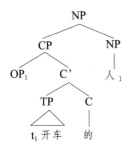

16. 观察下列句子，并作出解释。
    (1) 来了客人。　　　＊来了这位客人。　　　这位客人来了。
    (2) 沉了三艘货船。　＊沉了那三艘货船。　　那三艘货船沉了。

第六章　控制理论

> **学习要点：**
> 1. 掌握谓词的语义指向。
> 2. 了解控制理论及其作用。
> 3. 能根据控制理论为动结式、状态补语句与兼语句指派句法结构。

一　动结式

上一章谈到量词的语义指向，语义指向是指句中某个句法成分与哪一个成分之间有语义联系（陆俭明，2005）。补语可以指向名词性成分与谓词性成分，如：

(1) a. 砍光了　　　b. 砍累了　　　c. 砍钝了
　　d. 砍快了　　　e. 砍疼了　　　f. 砍坏了

(1a) 中的补语"光"在语义上指向"砍"的受事，如"树砍光了"。

(1b) 中的补语"累"在语义上指向"砍"的施事，如"我砍累了"。

(1c) 中的补语"钝"在语义上指向"砍"的工具，如"那刀砍钝了"。

(1d) 中的补语"快"在语义上指向"砍"这一动作本身，如"你砍快了，得慢点儿砍"。

(1e) 中的补语"疼"在语义上有可能指向"砍"的受事，如"你把他砍疼了"，也有可能指向"砍"的施事的隶属部分，如"砍了半天柴，把胳膊都砍疼了"。

(1f) 中的补语"坏"在语义上有时可能指向"砍"的受事，如"别把桌子砍坏了"；有时可能指向"砍"的工具，如"他砍了一上午竹子，竟砍坏了两把刀"；有时也可能指向施事的隶属部分，如"悠着点儿，别把身子骨砍坏了"。

通过分析句中某一成分的语义指向来揭示、说明、解释某种语法现象，这种分析手段就称为"语义指向分析"（陆俭明，2005）。语义指向分析法可以有效地描写句法结构与语义结构之间的错配关系。如：

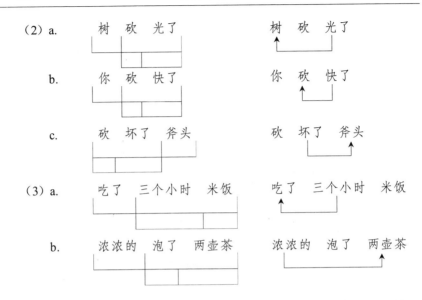

补语的语义指向跟补语谓词的扩展有关。有些词在扩展中由功能范畴选择了论元,但因为某种原因,这种被选择的论元只能采用零形式,可标记为 Pro;有些词在扩展中功能范畴没有为它选择论元[①]。这里只讨论功能范畴选择论元的情况,如:

(4)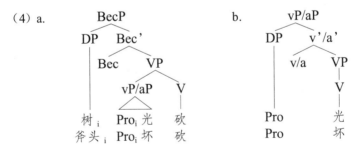

在(4a)中,"砍"由 Bec 进行扩展,选择了两个论元,分别充当役事"树/斧头"与结果"Pro 光/Pro 坏"。结果论元之所以会出现 Pro,是因为"光/坏"在扩展中由 v/a 选择论元,v/a 不能为该论元的格特征定值,

---

① 最有可能的情况也是选择了零形式的论元,该零形式的论元为空事件论元,可标记为 Event,如:
  a. 你砍快了。
  b. [BecP [你] [Bec' [Bec] [VP [aP Event$_i$ 快 [v 砍]]]]]
Event 对应于事件,描写补语指向动作的情况;Pro 对应于个体情况,描写补语指向论元的情况。

所以该论元只能采用零形式①,如(4b)。

零形式的论元可以在句中获得解读,也可以不在句中获得解读。如果要在句中获得解读,则必须满足最短距离原则(minimal distance principle)。最短距离原则要求零形式的论元必须受最近的成分统制(C-command)它的DP控制,如(4a)中Pro都受役事控制。这种控制可用相同的索引进行标注,如(4a)中的"i"。控制理论研究的就是零形式论元的解读问题。

二 状态补语句

我们曾为"这段山路走得我气喘吁吁"指派过如下结构(1a),问题是它不能表达"气喘吁吁"的语义指向,所以我们将之重新指派为(1b)。如:

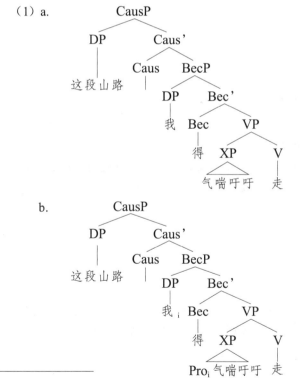

---

① 这是格理论的要求,该理论要求每个有语音形式的名词性短语必须有格,或者说每个有语音形式的名词性短语的格特征必须获得定值。在(4b)中,v/a为"光"与"坏"选择了论元,但没有功能范畴为该论元的格特征定值,所以该论元只能采用无语音的形式。

（1a）与（1b）的差别在于后者中"气喘吁吁"被选择 Pro 论元。根据最短距离原则，（1b）中的 Pro 受"我"控制，而不受"这段山路"的控制。

（1）中的致使范畴 Caus 可以语音实现为"把"。根据最短距离原则，语义上补语通常指向"把"后成分，即役事。如：

(2) a. 今天把我$_i$冻得［Pro$_i$直哆嗦］。
    b. 他那个不孝之子的话把他$_i$气得［Pro$_i$全身直发抖］。
    c. 那个顾客把那个女售货员$_i$说得［Pro$_i$话都说不出来］。
    d. 牧乾把自己$_i$安置得［Pro$_i$相当的舒适］。

论元在句法中都会以某种形式实现，但在语音层会因为某种原因而删除掉。被删除的论元可以找回，零形式的论元不能用语音形式替换。朱德熙（1982）特别讨论了由主谓结构做状态补语的格式，他注意到下列两组句式的不同。如：

(3)　　　　A　　　　　　　　　B
　　　写得谁也看不懂　　　　走得我累死了
　　　热得满头大汗　　　　　气得他直哆嗦
　　　吓得脸色都变了　　　　吓得那孩子直哭
　　　说得一个钱不值　　　　吃得他越来越胖

他认为两类格式只是形式相似，其区别有：

第一，B组紧跟"得"字的体词性成分后头可以有停顿，停顿时还可以插入语气词；A组格式要是有停顿，只能在"得"字后头。如：

　　走得我啊，累死了
　　气得他啊，直哆嗦
　　吓得那孩子吧，直哭
　　吃得他吧，越来越胖

第二，B组里的体词性成分可以提到动词前头去，使原来的述补结构转换为主谓结构；A组的体词性成分不能移到句首去。

　　我走得累死了
　　他气得直哆嗦
　　那孩子吓得直哭
　　他吃得越来越胖

第三，B组格式可以转换成"把"字句；A组格式不能转换成"把"字句。

把我走得累死了
把他气得直哆嗦
把那孩子吓得直哭
把他吃得越来越胖

这种差别在于"得"后名词性短语的合并位置不同。如：

（4）

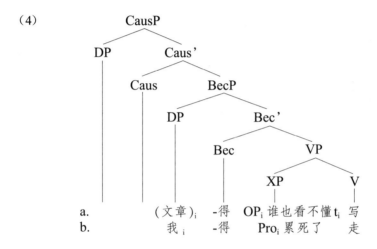

A组中"得"后名词性短语在补语 XP 内部参与合并，如（4a）中的"谁"；B组中"得"后名词性短语在补语 XP 外部参与合并，如（4b）中的"我"。A、B的差异是表面的，是由A组中的役事在语音层删略造成的。A组的役事可以补出来，补出来后就会跟B组有相同的句法行为，如：

（5）a. 文章写得谁也看不懂　　　我走得累死了
　　　b. 把文章写得谁也看不懂　　把我走得累死了
　　　c. 写得文章谁也看不懂　　　走得我累死了
　　　d. 写得文章啊，谁也看不懂　走得我哇，累死了

（5a）没有致使范畴的扩展，是个达成句式；（5b—d）都有致使范畴的扩展，是个致使句式。

三 兼语句

兼语句很复杂,涉及控制理论的兼语句实际上很少,只有选定类与使令类中的一部分动词可以用控制理论解释。使令内部也有不同,吴竞存、梁伯枢(1992)认为:"一般语法书把各种使动概括为'使令'义,其实就语义来说,'使令'义实际有两种:一种是支使,表示使什么做什么,例如:'叫他来',一种是致使,表示使什么怎么样,例如:'令人高兴'。区分这两种语义差别对研究语义结构有价值。"下文分支使、致使与选定三种情况讨论。

(一)支使类兼语句

支使类兼语句,表示使什么做什么。主动词有"请、叫、派、催、逼、求、托、命令、吩咐、动员、促使、发动、组织、鼓励、号召"等。如:

(1) a. 我请他吃饭。

b. …

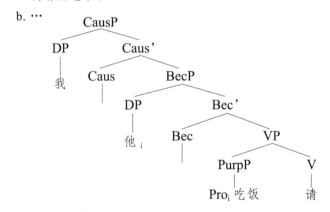

"他"控制目的短语 PurpP 中的 Pro。如果不考虑 Pro,兼语句给人的印象就是"他"既做前一个谓词的宾语,又做后一个谓词的主语。正是因为如此,人们给了它一个兼语的名称,并指派出缠绕结构。如:

(2)

李临定、范芳莲（1961）指出："所谓兼语，它或者是前面动词的宾语，或者只是后面动词的主语（构成主谓宾），不可能一身而二任[①]。"在本书中，兼语也是不被承认的，因为"吃饭"的逻辑主语是Pro，如（1b）。

李临定、范芳莲（1961）还指出"鼓励儿子报名参军"中的"报名参军"不是在说明儿子在干什么，而是表示前面谓语的目的补语。这种目的义，就是由目的范畴Purp表达的。如果目的范畴Purp有语音实现，兼语句可以有相应的"把"字句，如：

（3）a. 我请他吃饭。　　　　　我把他请来吃饭。
　　 b. 我派他扫地。　　　　　我把他派去扫地。
　　 c. 薛宝钗逼贾宝玉读书。　薛宝钗把贾宝玉逼去读书。
　　 d. 学校组织他们旅游。　　学校把他们组织去旅游。

兼语句跟动补结构非常相似，都受达成范畴与致使范畴扩展，都有受控制的Pro部分。所以有先生认为"你气得他跑回去了"是兼语句，意思是"你使他生气，他气得跑回去了"。李临定（1963）也指出："从结构意义上来说，动补格本来有'使得如何'的意思，带'得'字的动补结构同样也是'使得如何'的意思，无论'哭红了眼睛'还是'哭得眼睛通红的'都是因哭而使得眼睛红的意思。"在结构主义语言学中，兼语句与状态补语句可作相同处理：

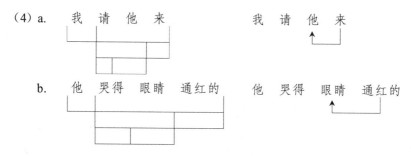

在层次切分上，可按由远至近的方式层层切分；在依存关系上，可用语

[①] 题元准则也排斥"一身而二任"的情况。题元准则要求一个题元只能指派给一个论元，而且一个论元只能接受一个题元。如果"请客人吃饭"中"客人"为兼语，则意味着"客人"这一论元接受了两个题元，如"请"的受事与"吃"的施事。设置零形式的Pro，可满足题元准则的要求。

义指向进行表达。在生成语法中，这种依存关系可以通过控制理论进行表达，如（1b）。

（二）致使类兼语句

"使、令、让"等实际上只有两个论元，一个论元是致事，一个论元是结果。李临定（1986）在分析"你使我很为难"时，认为："这里的'你'是指人名词。可是如果我们仔细体会一下，便会觉得这里一定是'你'做了某件事情，因而'使我很为难'（比较：你这样做使我很为难）。从这里可以看出动词'使'造句的特点，它一般要求前边是表事件的词语。"这实际上是说"使"字句的主语是活动子事件（A）。此外，"使"的宾语是个状态子事件（S），两者有转移关系 (transfer)。如：

（1）

"你使我很为难"是说"你的某种行为"使"我由不为难转移到为难的状态"。不过需要注意的是，活动子事件中的参与者可以转喻该子事件，如：

（2）两眼分得太开，使她常带着惊异的表情。
凤霞哀求地看着我，叫我实在不忍心送她回去。
后悔使他对一切都冷淡了些，干吗故意找不自在呢？
国庆手持菜刀突然出现，使他呆若木鸡。
（3）这层绿光和白气叫人觉着心里非常的痛快，可是有一点儿发燥。
您的话令我深思。
你太让我失望了。
年纪与地位使他们有点儿小冲突。

（2）中的致事是事件，（3）中的致事是事件参与者。

致使类兼语句实际上是动词受转移范畴（Trans）扩展，该范畴为动词选择两个论元，一个是致事，一个是结果，前者表示活动子事件，后者表示状态子事件。如：

(4) a. 谦虚使人进步。

b.
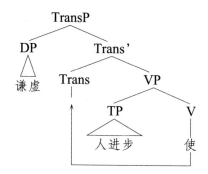

"使"是动词,指示一个抽象的事件图景,Trans 为其选择两个论元。结果论元 TP 中的主语可以是各种事件参与者。如(金奉民,2011):

(5) 老王让小王唱了一首歌。(施事)
孩子不听话,使妈妈很生气。(感事)
三十余年的发展使中国的产品十分丰富。(系事)
战争使大量文物被毁。(受事)
学前教育使学生端正了学习态度。(致事)
我们无论如何也不能使小王姓张。(起事)
多年疏于打理,使院里长满了杂草。(存现时空)

TP 可以是"把"字句,如:

(6) a. 所有带棱角地方,都变得异常光洁而圆润,并且长着如天鹅绒般的茸毛,仿佛晴空下的雪原不是寒冷的,而是温暖的,<u>总使我不由得把自己的脸颊贴在上面</u>。

b. 但是在马缨花那里,总有这样那样的东西,包括她幼稚而又洋溢着智慧的幻想,<u>使我把中断了的记忆联系起来</u>,知道自己是个人,是个正常的人。

c. 这种美女成为他的理想,他的圣母,<u>使他把对女子的普遍的侵略野心变为温和和纯洁的对一个理想的追求</u>。

Trans 跟 Caus 不同,后者扩展 BecP 及其投射。换句话说,Trans 所在句中动词被选了两个论元,而 Caus 所在句中动词被选了三个论元。

不能为"使"类动词指派如下结构:

(7) *

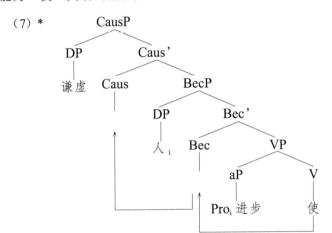

道理很简单,这样的结构应该有"把"字句,而实际上它没有。有些句子可以出现"把""使"交替现象,但其扩展方式不同。如:

(8) 这个野女子把我窘住了。　　这个野女子使我窘住了。
　　贵客临门把老太太乐坏了。　　贵客临门使老太太乐坏了。
　　这篇文章把我写苦了。　　　这篇文章使我写苦了。

"把"字句中有达成范畴、致使范畴,"使"字句中有转移范畴。

3. 选定类兼语句

选定类兼语句,前一动词有"选聘、称、说"等意义,兼语后头的动词有"为、作/做、是"等。如:

(1) a. 我们选他作班长。
　　b. 当他是外人。
　　c. 封了刘濞为吴王。
　　d. 叫根瘤为共生固氮菌。

"为、作/做、是"是等同范畴,在结构中可以实现,也可以不实现。选定类动词受致使范畴扩展,有相应的"把"字句:

(2) a. 我们把他选作班长。
　　b. 处长见我提了礼物上门,一个劲儿怪我太客气了,把他当外人了。
　　c. 就把刘濞封了吴王,封完以后,刘邦就后悔。

d. 人们也把根瘤叫共生固氮菌。

当等同范畴没有语音实现时，动词移到 Caus 之后，可推导出等同双宾句。如：

(3) a. 称：大家称他为活雷锋。　　　大家称他活雷锋。
　　b. 夸：大人夸他是好孩子。　　　大人夸他好孩子。
　　c. 骂：爸爸骂弟弟是大笨蛋。　　爸爸骂弟弟大笨蛋。
　　d. 封：皇上封他作襄阳王。　　　皇上封他襄阳王。

选定类兼语句可以指派如下的部分句法结构：

(4) a. 我们选他作班长。

b.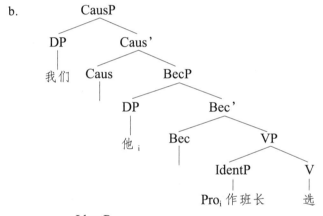

c.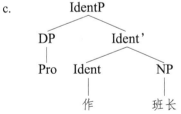

四　作　用

第一，控制理论可以限制句法结构。在功能范畴假设中，结果"Pro 坏"与役事"斧头"都是由 Bec 选择的，理论上，这两个成分跟 V 合并的机会与跟 Bec'合并的机会均等。也就是说，从合并角度来说，

（1a）与（1b）都是正确的。

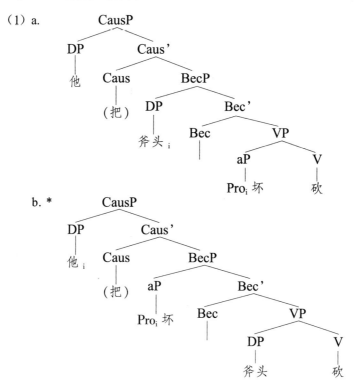

之前，我们不选择（1b）是因为它不符合"嫁接与移位同向假设"，现在我们有了第二个理由，那就是它不能遵守控制理论中的最短距离原则。在（1a）中，Pro受最近的"斧头"控制，获得正确解读。在（1b）中，Pro受最近的"他"控制，不能获得正确解读。

第二，可以解释语法行为。动结式"洗净了"和"洗累了"都是由一个动词和一个单音节形容词构成的"动结式"再带上"了"的格式。陆俭明（2005）认为这两个动结式有着不同的句法行为。如：

(2) 我把衣服洗净了。　　　＊我把衣服洗累了。
　　 脏衣服被我洗净了。　　＊脏衣服被我洗累了。
　＊我洗衣服洗净了。　　　　我洗衣服洗累了。
　＊这盆衣服把我洗净了。　　这盆衣服把我洗累了。
　　 衣服洗净了。　　　　　？衣服洗累了。
　？我洗净了。　　　　　　　我洗累了。

陆俭明（2005）的解释是："洗净了"里的补语"净"在语义上指向"洗"这个动作的受事，而"洗累了"里的补语"累"在语义上指向"洗"这个动作的施事。但从控制理论来看，"洗净了"和"洗累了"的差别并不很大，其中主动词都受达到范畴与致使范畴的扩展。如：

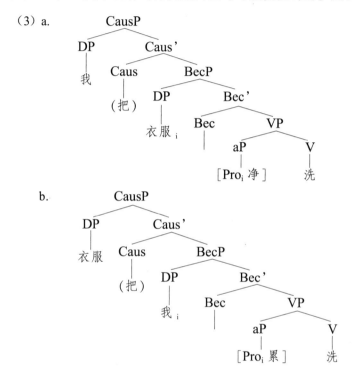

通过句法计算可得到如下的句子：

(4) a. 我把衣服洗净了。　　　　这盆衣服把我洗累了。
　　 b. *这盆衣服把我洗净了。　 *我把衣服洗累了。
　　 c. 衣服洗净了。　　　　　　我洗累了。
　　 d. ?我洗净了。　　　　　　?衣服洗累了。

(4a) 的 Caus 实现为"把"，(4c) 没有受 Caus 扩展。(4b) 与 (4d) 违反了控制理论。

"洗净了"和"洗累了"在"被"字句与重动句上的差异则跟"被"的特征与役事的实现有关。如：

(5) a. 脏衣服被我洗净了。

b. * 我被脏衣服洗累了。
（6）a. * 我洗衣服洗净了。
　　b.　我洗衣服洗累了。

"被"只激发没有［＋Do-er］特征的役事移位，"洗累"中移位的"我"具有［＋Do-er］特征，因为它是活动激发者，试比较（5）中的两个句子。重动句中的役事倾向于有语音的形式，而"洗累"的役事"衣服"实现做了致事中"洗"的宾语，役事只能采用零形式，如（7a）中的OP。根据控制理论，役事的控制语必须成分统制役事，而（7a）中的"衣服"不能成分统制役事OP，（7b）遵守控制理论的要求。如：

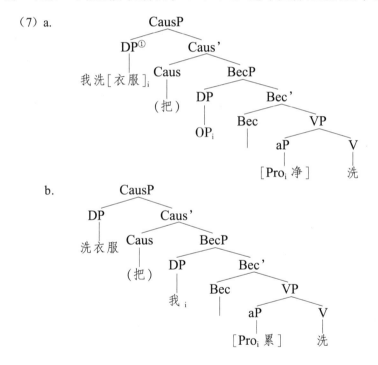

(7) a.

b.

---

① Givón（2001：25）认为限定性动词句（finite verbal clause）可以转化为名词短语，他为典型的名词短语列举了7种属性，如：a. 动词成为核心名词（verb becoming a head noun）；b. 动词获得名词化形态（verb acquiring nominalizing morphology）；c. 失去时制—时体—情态形态（loss of tense aspect-modal morphology）；d. 失去代词性一致形态（loss of pronominal agreement morphology）；e. 主语和/或宾语获得属格标记（subject and/or object acquiring genitive case-marking）；f. 增加限定范畴（addition of determiners）；g. 副词转为形容词（conversion of adverbs into adjectives）。具体论证请参见熊仲儒、刘凡（2013）。

(7b)中的"我"话题化后,可以得到(6b)。

第三,控制理论也可以帮助我们判断语义指向与论元选择。"我看懂了这篇文章"中,"懂"指向的到底是"我",还是"这篇文章"?还是"我"与"这篇文章"? Bec 选择的到底是"我"与"懂"还是"这篇文章"与"懂"?不同的人可能有不同的看法,但从控制理论来看,两种情况都只能是后者。如:

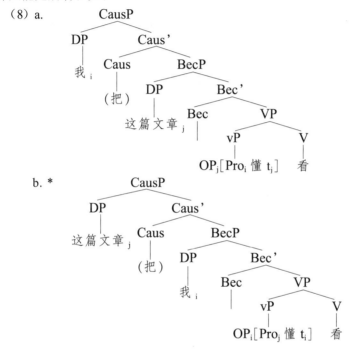

在(8)中,"懂"被选择了两个论元,一个主语论元一个宾语论元。Pro/OP 等零形式的论元要获得解释,必须位于结构的左边界。Pro 已在左边界,需要移位的是宾语论元 OP。如:

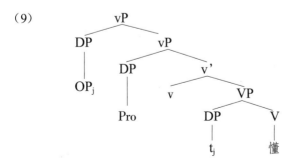

（9）中 OP 位置最高，所以它首先得到最近的成分统制它的 DP 的控制，然后 Pro 向更高位置搜索最近的成分统制它的 DP。在（8a）中，"这篇文章"控制 OP，"我"控制 Pro，两个零形式的论元都获得了正确解读；在（8b）中，"我"控制 OP，"这篇文章"控制 Pro，两个零形式的论元都没有获得正确解读。所以（8a）合法，（8b）不合法。这表明"懂"既指向"我"，又指向"这篇文章"，如（10）：

（10）a. 我 把 这篇文章 看 懂 了

    b. 我 看 懂 了 这篇文章

☞ 推荐阅读

金奉民 2011 致使结构的语义角色，《汉语学习》，第 5 期。
李临定 1963 带"得"字的补语句，《中国语文》，第 5 期。
李临定 1986《现代汉语句型》，北京：中国社会科学出版社。
李临定、范芳莲 1961 语法研究应该依据意义和形式相结合的原则，《中国语文》，第 5 期。
陆俭明 2005《现代汉语语法研究教程》，北京：北京大学出版社。
吴竞存、梁伯枢 1992《现代汉语句法结构与分析》，北京：语文出版社。
熊仲儒 2004《现代汉语中的致使句式》，合肥：安徽大学出版社。
熊仲儒 2013 指宾状语句的句法分析，《现代外语》，第 1 期。
熊仲儒、刘凡 2013 动词短语的名词化与饱和关系子句的句法分析，《华文教学与研究》，第 1 期。
朱德熙 1982《语法讲义》，北京：商务印书馆。

📖 练习七

（一）热身练习

1. 描述下列介词短语的语义指向。

    （1）他在飞机上看海。

    （2）他在飞机上写标语。

    （3）他在车厢上贴标语。

    （4）我在抽屉里发现了蟑螂。

（5）他在沙锅里煮肉。
（6）他在树上摘果子。
（7）他在路边看热闹。

2. 描述下列画线部分的语义指向。
   （1）老王有一个女儿，<u>很满足</u>。
   （2）老王有一个女儿，<u>很漂亮</u>。
   （3）老王有一个女儿，<u>很骄傲</u>。

3. "老张有辆新车很得意"、"老张有条小狗很聪明"没有歧义，而"老张有个女儿很骄傲"则有歧义，请运用语义指向以及语义特征分析法作出解释。

▶ 答题提示：

老张［＋人］，新车［－人］，得意［＋人］，"得意"只能有一个指向，所以本句没有歧义。

老张［＋动物］，小狗［＋动物］，聪明［＋动物］，但在老张的聪明与是否有小狗并无因果关系，所以"聪明"只有一个指向，本句没有歧义。

老张［＋人］，女儿［＋人］，骄傲［＋人］，"骄傲"可以有两个指向，所以本句有歧义。它既可表示 (a) "老张有一个女儿，他很骄傲"的意思（指老张很骄傲）；也可表示 (b) "老张有一个女儿，她很骄傲"的意思（指那女儿很骄傲）。它表示 (a) 义时，后一分句在语义上指向前一分句的主语"老张"；当它表示 (b) 义时，后一分句在语义上指向前一分句的宾语"女儿"。证据是，如果将后一分句的主语补出来，则这主语既可以是"老张"，也可以是"女儿"，如：

老张有一个女儿，所以老张很骄傲。

老张有一个女儿，那女儿很骄傲。

4. 请举例说明带"得"的述补谓语句，补语的语义指向分别指向谓语、主语和宾语的情况。

5. A、B 二人讨论"圆圆的排成一个圈、长长的吁了一口气"的分析。A 主张把"圆圆的、长长的"分析为提前的定语，B 主张分析为状语。请你就他们的分析说明自己的见解。

6. 讨论"领导通知你去开会"与"领导同意你去开会"有什么不同。

（二）巩固练习

1. 描述以下句子中补语的语义指向，并根据控制理论指派结构。
   a. 他洗衣服洗得干干净净。　　　　　　b. 他看小说看得着了迷。

c. 这活儿可把我干苦了。 d. 我干快了。
e. 我干完了活儿。 f. 我干累了。
g. 保姆吓醒了。 h. 保姆吓醒了孩子。
i. 中国队打败了。 j. 中国队打败了美国队。
k. 他打伤了客人。 l. 钱我都花光了。
m. 钱都花光了。 n. 大火把村里的房子都烧毁了。

2. 描述下列画线部分的语义指向，并指派句法结构。
   (1) 他派张三扫地。
   (2) 他陪张三看电影。
   (3) 他给我两块钱用。
   (4) 他买本书看。
   (5) 她买两本书给我看。

3. 从语义指向的角度解释下列句子的语法性。
   (1)　老王喝光了酒。　　　　　　老王喝醉了酒。
       老王把酒喝光了。　　　　　＊老王把酒喝醉了。
       ＊这瓶酒把老王喝光了。　　　这点酒把老王喝醉了。
   (2)　小姑娘唱红了。　　　　　　这首歌唱红了。
       这首歌唱红了小姑娘。　　　小姑娘唱红了这首歌。
       这首歌把小姑娘唱红了。　　小姑娘把这首歌唱红了。

4. 从句法与语义间的不对应关系的角度谈谈兼语结构的处理。

5. 下面两组四个句子，有的是汉语中能说的，有的是汉语中不说的，请指出来，并简要说明其中的规则。
   (1) a. 这首歌听起来很欢快。 b. 这首歌听起来很古老。
   (2) a. 这首歌编起来很高兴。 b. 这首歌编起来很费劲。

6. 描述以下句子中状语的语义指向，并指派结构。
   (1) 我给老张热热地沏了一杯茶。
   (2) 食堂师傅热腾腾地端出一大锅米饭。
   (3) 我重重地摔了一跤。
   (4) 我狠狠地摔了一跤。
   (5) 他漂漂亮亮地写了一篇文章。
   (6) 他高高兴兴地写了一篇文章。

> 答题提示:
> 在结构指派时要满足控制理论的要求。

7. 请谈谈结果实现义"VA了"结构(如"衣服晾干了")和结果偏离义"VA了"结构(如"毛衣织大了")的差异,并解释原因。

8. 下面是 A 为"短"或"长"的"VA了"结构的实例,它们在表义上呈现奇特现象,请作出解释。

VA 了	甲义【结果的实现】	乙义【结果的偏离】
拉短了	−	＋
拉长了	＋	＋
剪短了	＋	＋
剪长了	−	＋
画短了	＋	＋
画长了	＋	＋
买短了	−	＋
买长了	−	＋

9. 讨论以下的句法现象,并作出解释。
   (1) 把眼睛哭肿了。　　眼睛肿了　　＊哭了眼睛
   (2) 把牙吃坏了。　　　牙齿坏了　　＊吃了牙齿
   (3) 把大桥炸毁了。　　大桥毁了　　炸了大桥

10. 下面两个句子有什么不同,为什么?
    (1) 气得老头直跺脚。
    (2) 气得两手直发颤。

11. 下面的句子有什么不同,为下面的句子指派结构。
    (1) 我找个先生教。
    (2) 我找点儿东西吃。
    (3) 我找个旅店住。

第七章　约束理论

> **学习要点：**
> 1. 掌握约束三原则及其应用。
> 2. 了解算子，并能为算子构造论元结构。
> 3. 了解三分结构的语义表达式。
> 4. 了解焦点敏感算子的焦点关联属性。

一　句法约束

（一）约束三原则

有指称的名词性成分大致可分三类：反身代词（"自己、他自己、你自己"等）、普通代词（"我、你、他、他们"等）与指称语（"张三、这孩子、一个孩子"等）。它们在使用的时候有个要求，有的要求先行语很近，有的要求先行语很远，有的要求不能有先行语。如：

(1) a. 张三喜欢他自己。
　　 b. 张三喜欢他。
　　 c. 张三喜欢张三。

(1a) 中的"他自己"一定指"张三"，(1b) 中的"他"不能指"张三"，(1c) 中的"张三"是两个不同的"张三"。换句话说，(1a) 中的"张三"是"他自己"的先行语，(1b) 中的"张三"不是"他"的先行语，(1c) 中的"张三"不是另一"张三"的先行语。

约束是说"A 约束 B 当且仅当 A 成分统制 B，并且 A 跟 B 同标"。这有两个条件，一是同标，一是成分统制。同标（co-index）要求索引（index）相同，如：

(2) a.　张三$_i$喜欢他自己$_i$。
　　 b. * 张三$_i$的妈妈喜欢他自己$_i$。

(3)

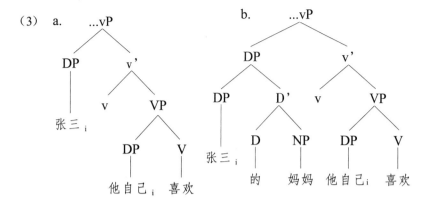

在（3a）中直接支配"张三"的 DP 成分统制直接支配"他自己"的 DP，且"张三"与"他自己"同标，所以"张三"约束"他自己"；在（3b）中直接支配"张三"的 DP 不能成分统制直接支配"他自己"的 DP，尽管"张三"跟"他自己"同标，但它们之间没有约束关系。反身代词"他自己"必须受到约束，否则会引起推导的失败。（3a）中"他自己"受"张三"约束，在计算结束后会得到合法的句子，如（2a）；（3b）中"他自己"不受"张三"约束，计算结束之后得到的句子会不合法，如（2b）。

反身代词、普通代词与指称语在句法上必须遵守约束三原则，如（4），违反三原则就会导致不合法，如（5）：

（4）a. 反身代词在局部语域受约束。
　　 b. 代词在局部语域不受约束。
　　 c. 指称语不受约束。

（5）a. 张三$_i$喜欢他自己$_i$。　　　＊张三$_j$喜欢他自己$_i$。
　　 b. 张三$_j$喜欢他$_i$。　　　　＊张三$_j$喜欢他$_j$。
　　 c. 张三$_j$喜欢张三$_k$。　　　＊张三$_j$喜欢张三$_j$。

（5a）中"他自己"受"张三"约束，（5b）中"他"不受"张三"约束，（5c）中"张三"也不受另一"张三"的约束。

代词在局部语域不受约束，是说在该局部语域内，代词不受约束，但在该语域之外，则可以受约束，当然也可以不受约束；指称语不受约束是说在该局部语域之外也不能受约束。如：

（6）a. 张三$_i$说李四$_j$批评他$_{i^*/j/k}$。

b. 张三$_i$说张三$_j$批评张三$_{k/*i/*j}$。

在（6a）中"他"不受"李四"约束，但可以受"张三"约束，因为"李四批评他"是局部语域，"张三"在该局部语域之外。（6b）中的"张三"只能是三个不同的"张三"。

（二）局部语域

局部语域有多大，可以研究，我们暂规定局部语域为强层阶。T 与 v 都有不可解释的 phi-特征集，phi-特征集有完整与不完整之分，phi-特征集完整的 T 为主语的格特征定值，phi-特征集完整的 v 为宾语的格特征定值①。强层阶是以 phi-特征集完整的 v 为核心的 vP（记为 v*P）或以 phi-特征集完整的 T 为核心的 TP（记为 T*P），它们都是局部语域②。v*P 比 T*P 更局部，只有在没有 v*P 的时候才将局部语域扩展到 T*P。如：

（1） a. *Chris$_i$ said [$_{CP}$ that [$_{T*P}$ himself$_i$ was [$_{aP}$ ⟨himself$_i$⟩ appealing]]].
　　　　　　　　　　　　　　　　　　　　　　　　　　　弱层阶
　　　　　　　　　　　　　　　强层阶

　　 b. [$_{T*P}$ Chris$_i$ [$_{v*P}$ ⟨Chris$_i$⟩ wants [$_{TP}$ himself$_i$ to be [$_{aP}$ ⟨himself$_i$⟩ appealing]]]].
　　　　　　　　　　　　　　　　　　　　　　　　　　　　　　　　弱层阶
　　　　　　　　　　　　　　　　　　　　　弱层阶
　　　　　　　　　强层阶

"himself"在（1a）中的弱层阶 aP 中没有受到约束，到了强层阶 T*P 仍旧没有得到约束，这造成了推导的失败。在（1b）中，"himself"尽管在弱层阶 aP、TP 中都没有得到约束，但在下一个强层阶 v*P 中得到约束，所以推导成功。再如：

（2） a. Heidi$_i$ wants to [$_{v*P}$ PRO$_i$ kiss herself$_i$].
　　　　　　　　　　　　　强层阶

---

① T 的 phi-特征集完整与否可根据限定与非限定进行判断，限定句中 T 的 phi-特征集完整，非限定句中 T 的 phi-特征集不完整。v 的 phi-特征集完整与否可根据主语论元与宾语论元进行判定，选择这两种论元的 v，其 phi-特征集完整，反之则不完整。轻形容词、轻名词、轻介词的 phi-特征集的完整性也根据名词性论元数目判断。

② 早先的定义是：α 为 β 的局部语域（管辖范畴），当且仅当，α = NP 或 S，α 包含 β 及 β 的主管成分的最小语域（最小范畴）。就是将包含指称语、代词与反身代词的名词短语与句子考虑作局部语域。

b. *Heidi$_i$ wants Fred to [$_{v^*P}$ ⟨Fred$_j$⟩ kiss herself$_i$].
　　　　　　　　　　　　强层阶

（2a）中的"herself"在强层阶 v*P 中受 PRO 约束，所以推导成功；PRO 受 Heidi 控制。（2b）中的"herself"在强层阶 v*P 中受 Fred 成分统制，却不同标，这使得"herself"在局部语域得不到约束，违反了约束原则。

名词性短语内部也会包含代词、反身代词与指称语。在名词性短语内部，代词、反身代词与指称语的局部语域将是 v*P 或 n*P①。如：

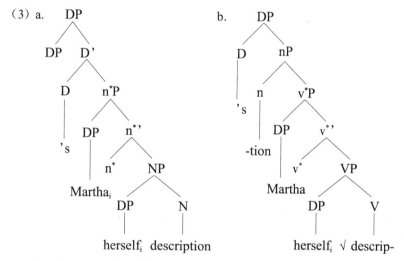

在（3a）中，"herself"受约束的局部语域是 n*P，其先行语为"Martha"；在（3b）中，"herself"受约束的局部语域是 v*P，其先行语为"Martha"。"herself"在该局部语域内遵守约束原则，则合法，如（4a）；反之，则不合法，如（4b）：

　　（4）a.　Heidi$_k$ believes [$_{DP}$ Martha$_i$'s description of herself$_i$].
　　　　 b. * Heidi$_i$ believes [$_{DP}$ Martha$_k$'s description of herself$_i$].

（4a）遵守约束原则，因为"herself"在局部语域中受到"Martha"的约束，可参考图示（3）；（4b）违反约束原则，因为"herself"在局部语域中没有受到"Martha"的约束，可参考图示（3）。再如：

----
①　v*P 是因为名词短语内部可能存在名词化现象。

(5) a. Heidi_i believes [any description of herself_i].

b.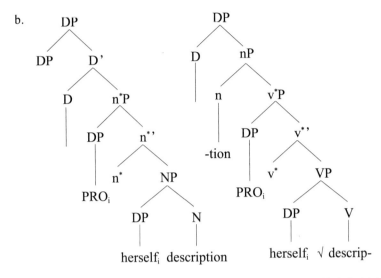

在（5a）中，约束"herself"的局部语域仍然是 nP 或 v*P，其先行语是 PRO，如（5b），其中 PRO 受"Heidi"控制。对（5a）而言，不是"Heidi"约束"herself"，而是 PRO 约束"herself"，"Heidi"只是 PRO 的控制语。再如：

(6) a. * John_i likes [Bill's stories about himself_i].
　　b. John_i likes [stories about himself_i].
　　c.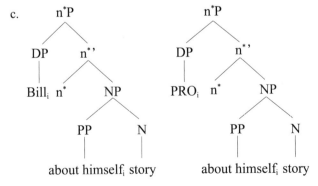

在（6a）与（6b）中，"himself"的局部语域都是 n*P，如（6c）。(6a) 不合法是因为它没有遵守约束原则，即"himself"在局部语域没有得到 Bill 的约束；（6b）合法是因为它遵守了约束原则，即"himself"在局部语域得到了 PRO 的约束，PRO 又受 "John" 的控制。

在名词短语内部，代词也会以 n*P 或 v*P 为局部语域，在该局部语域中不受约束。如：

（7）a. Heidi_i likes her_i violin.
　　b. Heidi_i likes her_k violin.

在这里 "her" 的局部语域是 n*P，在该局部语域中 "her" 不受约束。"heidi" 在该语域之外，可约束 "her"，如（7a），也可以不约束 "her"，如（7b）。"her violin" 的结构可指派如下：

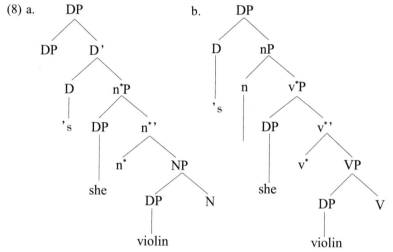

在（8a）中，"she" 的局部语域是 n*P①；在（8b）中，"she" 的局部语域是 v*P。

（三）汉语应用

汉语语法中有一类看似简单但实际上并不容易分析的句法格式，如（1），有学者认为是单宾句，有学者认为是双宾句：

（1）张先生打碎了他四个杯子。　　李小姐骗了她三百块钱。
　　李小姐喝了她两杯饮料。　　张先生耽误了他五天时间。
　　张先生吃了他三个苹果。　　李小姐占了她一个上午。

有学者根据约束理论认为这些句子是双宾句，其理由是这里的代词

---

① 假定代词 "she" 移位到 " 's" 的指示语位置后，"she" 跟 " 's" 拼读为 "her"。

"他/她"不能跟做主语的名词短语指称同一个人,即代词不能受主语约束。如:

(2) *张先生ᵢ打碎了他ᵢ四个杯子。 *李小姐ᵢ骗了她ᵢ三百块钱。
    *李小姐ᵢ喝了她ᵢ两杯饮料。 *张先生ᵢ耽误了他ᵢ五天时间。
    *张先生ᵢ吃了他ᵢ三个苹果。 *李小姐ᵢ占了她ᵢ一个上午。

(1) 是不是双宾句,我们暂不论。需要指出的是这里的理论应用存在问题,因为约束原则只是要求"代词在局部语域不受约束",至于代词在局部语域之外是否必须受约束,约束原则就管不上了。也就是说,即使是单宾句,(1) 中的代词"他"也是遵守约束理论的。如:

(3)

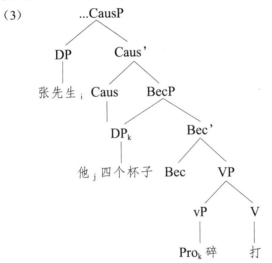

汉语"被"字句可以留接应代词,而这接应代词跟全句的主语同标,并且全句主语成分统制该接应代词。这意味着,全句的主语约束接应代词,如:

(4) a. 张三ᵢ被李四ⱼ打了他ᵢ/*ⱼ一顿。
    b. 张三ᵢ被李四ⱼ把他ᵢ/*ⱼ骗得团团转。

代词在局部语域内部不能受约束,这意味着全句主语不在接应代词的局部语域之内。按照之前的分析确实如此,如:

(5)
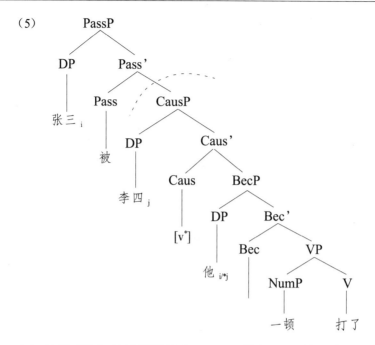

(5) 显示"他"的局部语域为 CausP，其中 Caus 是一种 phi-特征集完整的轻动词 v*。具有 phi-特征集完整的 Caus 不仅可以引进致事，而且可以为役事的格特征定值。

二 算子约束

（一）算子

语言学中经常提到算子这个概念，如否定算子、焦点敏感算子、量化算子等。算子实际上就是一种运算符。我们比较熟悉的运算符大概就是数学中的加号、减号"＋、－"，如：

(1) a. 2＋3　　　　2－3
　　b. ＋(2, 3)　　－(2, 3)

"＋、－"对两个数进行运算，可以放在两个数之间，如（1a），也可以放在两个数的前面，如（1b）。语言学中一般将运算符（算子）放在前边，如：

(2) a. 来（张三）

b. 吃（张三，苹果）

c. 送（张三，李四，汽车）

（2）中"来、吃、送"是算子，括号中的成分是其操作对象。在语言学中，（2）中的算子叫谓词，操作对象叫论元。再如：

（3）a. Every man walks.

b. 所有的 x，如果 x 是 man，则 x walks。

c. ∀x [man (x) →walk (x)]

（3b）是对（3a）的语义描述，（3c）是对（3a）的语义刻画。"every"的意思可刻画为（4）：

（4）λP [λQ [∀x [P (x) →Q (x)]]]

由（4）到（3c），这意味"every"有两个论元，一是其修饰的普通名词，如"man"；一是对量化短语陈述的谓语，如"walk"。这两个论元在表层句法是得不到的，唯有通过移位，如：

（5）

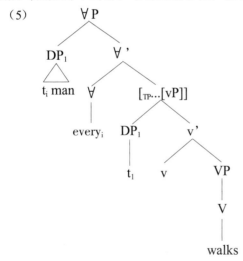

首先是"every man"的核心"every"进行核心移位，接着是剩余部分"t_i man"移位到"every"的指示语位置。（5）中的移位可看作是构造算子的论元结构的方法之一，这种移位发生语义层面。

在 DP_1 中，"man"是个普通名词，表示属性，跟索引"1"构成开放句"man (x)"；在 [$_{TP}$ … [vP]] 中，"walk"是谓词，跟"every man"的语迹留下的索引"1"构成开放句"walk (x)"。所以（3）的语义从论

元结构的角度也可以作如下刻画:

(6) every [man (x), walks (x)]

其中"every"是算子,"man (x)"与"walks (x)"是它的论元;"every"约束移位成分"man"引出的变量 x。(6)是个二分结构,也可改写成一个三分结构(tripartite structure),如:

(7) every [man (x)] [walks (x)]

其中"every"是算子,"man (x)"是限定部分,"walks (x)"是核心域。

语义表达式在传统的形式语义学中常常表达为二分结构(Hajičová, Partee & Sgall,1998),如:

(8) a. Most quadratic equations have two different solutions.

b. [Det'(CNP')] (VP')

c.

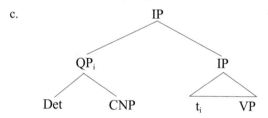

(8b)是一种二分结构,这种结构保证了句法与语义的对应性,如(8c)①,Det'对应于"most",CNP'对应于"quadratic equations",Det'(CNP')对应于"most quadratic equations",VP'对应于"have two different solutions",[Det'(CNP')] (VP')对应于"Most quadratic equations have two different solutions"。Det 是个算子,CNP'是其论元,它们构成一个新的算子,VP'是新构造的算子的论元。二分结构不太好表达副词性算子。如:

---

① 在生成语法中,由句法结构向语义结构映射要经过 LF 层。量化句中需要发生量词提升(QR),如(8c),留下一个由量化短语约束的语迹。如:

a. Most quadratic equations have two different solutions.

b. [$_{IP}$ Most quadratic equations$_i$ [$_{IP}$ t$_i$ have two different solutions]]。

由 b 可得到如下的语义表达式:

c. (Most x: x is a quadratic equation) (x has two different solutions)

Hajičová, Partee & Sgall (1998)采用的是表层结构,为演示起见,我们用的是 LF 层结构。

(9) A quadratic equation usually has two different solutions.

(9) 跟 (8) 真值条件相同，然而句法上 (8) 中限定性算子可以修饰普通名词，而 (9) 中副词性算子只能修饰动词短语。为了表征 (8) 与 (9) 的语义，目前主流技术是采用三分结构。如：

(10) a. Det' (CNP') (VP')

most (x is a quadratic equation) (x has two different solutions)

b. ADV' (CNP') (VP')

usually (x is a quadratic equation) (x has two different solutions)

在 (10) 中算子 most 与 usually 都约束其两个论元中的变量 x。算子也可以具有非选择性约束（unselective binding）特性，即可以约束其辖域内的所有自由变量。如：

(11) a. Usually, if a man owns a donkey, he beats it.

b. usually (x is a man) (y is a donkey) (x owns y) (x beats y)

(11) 是著名的驴子句，算子 usually 不仅约束 x，也约束 y。

(二) 焦点

对句子中的某个成分指派焦点特征，会产生某种语义或语用上的影响，或称焦点效应。获得焦点特征的成分为焦点。如：

(1) a. John introduced [Bill]$_F$ to Sue.

b. John introduced Bill to [Sue]$_F$.

(2) a. John only introduced [Bill]$_F$ to Sue.

b. John only introduced Bill to [Sue]$_F$.

(1) 中的两个句子真值条件相同，不论事实是什么，这两句只能同时为真或为假，它们的分别只是在于说话人所要强调的信息不同。在 (1a) 中，说话人要强调的是 Bill，目的可能是想更正他人说 John 没有向 Sue 介绍 Bill；而在 (1b) 中，说话人要强调的是 Sue，目的可能是想更正他人说 John 没有把 Bill 介绍给 sue 的说法。(2) 中的两个句子的真值条件不同：假定 John 把 Bill 与 Tom 介绍给 Sue，而没有其他方面的介绍，则 (2a) 为假而 (2b) 为真；假定 John 把 Bill 介绍给 Sue 与 Tom，而没有其他方面的介绍，则 (2a) 为真而 (2b) 为假。(2) 中焦点之所以对句子语义的真值条件产生影响，主要是因为其中有 only 这样的焦点敏感算子。only 有"焦点关联"特性。

句子被指派焦点之后，句子的语义就会有两个部分，一个是焦点，一个是预设集。焦点的指派过程如下：首先，用变量来代替句子中的焦点从而形成预设［Presupp$_s$ (x)］；然后，建立预设集：［λx Presupp$_s$ (x)］。预设集指的是那些替换［Presupp$_s$ (x)］中的变量 x 就可以形成一个真命题的值的集合。预设是通过变量代替焦点推导出来的，所以焦点肯定是预设集的成员，即：焦点∈λx Presupp$_s$ (x)。如：

(3) a. John introduced [Bill]$_F$ to Sue.
　　b. 焦点：Bill
　　c. 预设：John introduced x to Sue
　　d. 预设集：λx [John introduced x to Sue]
　　e. 关系：Bill ∈ λx [John introduced x to Sue]
　　f. 算子：Foc

(3c—e) 采用的是类似于自然语言的描述。断言是预设集中的一个成员，(3) 的断言是"John introduced Bill to Sue"。句子的焦点－预设集可采用有序二元组表达，如 (4a)，也可以采用三分结构表达，如 (4b)：

(4) a. < λx [John introduced x to Sue], Bill >
　　b. Foc (x＝Bill) (John introduced x to Sue)

焦点关联句也可采用类似的分析，如：

(5) a. John only introduced [Bill]$_F$ to Sue.
　　b. 焦点：Bill
　　c. 预设：John introduced x to Sue
　　d. 预设集：λx [John introduced x to Sue]
　　e. 关系：Bill ∈ λx [John introduced x to Sue]
　　f. 算子：only-Foc

断言是预设集中的一个成员，(5a) 的断言是"John introduced Bill to Sue"。该句的语义可表达为：

(6) only-Foc (x＝Bill) (John introduced x to Sue)

焦点算子（Foc）或焦点敏感算子之所以有两个论元，是因为焦点成分发生了隐性移位。此外，焦点敏感算子 only 也发生了隐性移位，并嫁接于 Foc。如：

(7)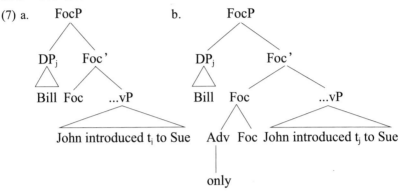

(7a) 中算子 Foc 是隐性的，(7b) 中算子是复合的，如 only-Foc。如果焦点不能单独移位，就会拖带整个短语进行移位。如：

(8) a. Sam only talked to [Bill]$_F$'s mother.（Sam 只与 [Bill]$_F$ 的妈妈交谈过。）

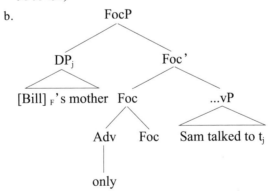

c. only-Foc (x＝Bill's mother) (Sam talked to x)

(8c) 是说"与 Sam 交谈的女人为唯一的 x，且该 x 等于 Bill 的母亲"。如果焦点单独移位，就会造成解读错误，如：

(9) a. Sam only talked to [Bill]$_F$'s mother.（Sam 只与 [Bill]$_F$ 的妈妈交谈过。）

b.
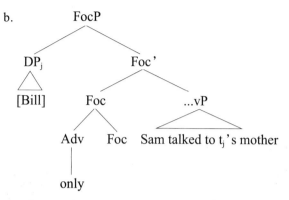

c. only-Foc (x=Bill) (Sam talked to x's mother)

（9c）是说 Sam 只跟 Bill 的妈妈交谈，而没跟别人的妈妈交流过，这意味着 Bill 是独子。而（9a）并无此解。

让焦点成分隐性移位，可以统一解释焦点、量化短语与疑问短语的句法行为。（10a）中的焦点标记成分 John 不能与代词所有格 his 同指，（10b）和（10c）中的量化词语 everyone 和 who 也不能与其句内的代词所有格 his 同指。如：

(10) a. * His$_i$ dog bit JOHN$_i$.　　＊他$_i$的狗咬了约翰$_i$。

　　b. * His$_i$ dog bit everyone$_i$.　＊他$_i$的狗咬了每一个人$_i$。

　　c. * Who$_i$ did his$_i$ dog bite?　＊他$_i$的狗咬了谁$_i$？

（10c）是显性的 wh-移位，（10b）是量词的 LF 移位，（10a）是焦点的 LF 移位。这种移位也可以简单地表示如下：

(11)
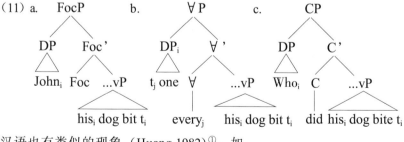

汉语也有类似的现象（Huang 1982）①，如：

---

① 可用左向限制（Leftness Condition）进行解释，即"变量不能做其左侧代词的先行语"。焦点、量化词、疑问词都会通过移位制造出变量，所以不能做其左侧代词的先行语。

(12) a.   他ᵢ的妈妈回来的时候,张三ᵢ已经睡了。
   b. * 他ᵢ的妈妈回来的时候,是张三ᵢ已经睡了。
   c. * 他ᵢ的妈妈回来的时候,每个人ᵢ都已经睡了。
   d. * 他ᵢ的妈妈回来的时候,谁ᵢ已经睡了?

(12b) 含有焦点标记词"是",(12c) 含有量化词"每个人",(12d) 含有疑问词语"谁",分别类似于(10a)、(10b)与(10c)。

(三) 否定词

否定词不一定否定整个句子,可以否定部分成分。比如说"张三不是坐火车来芜湖"这句话,其中的"不"否定的是"坐火车",而不是否定"来芜湖";再比如说"张三坐火车不是来芜湖",其中的"不"否定的是"来芜湖",而不是否定"坐火车"。其原因就是焦点不同,在"张三不是坐火车来芜湖"中的焦点是"坐火车",在"张三坐火车不是来芜湖"中的焦点是"来芜湖"。由此可见,"不"否定的是焦点,或者说"不"与焦点关联。这里的焦点都在否定词的后边,如果焦点在否定词之前,会怎么样呢?

(1) 是老王没来。

(1) 是个经典的案例,有学者认为"没"否定的是"老王",有学者认为"没"否定的是"来"。从焦点移位来看,可指派以下结构:

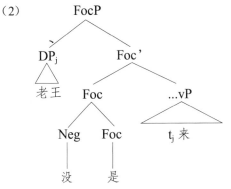

根据隐性移位,可指派以下语义表达式:

(3) 没-是(x=老王)(x来了)

从语义表达式来看,"没"为作为算子①,约束的是焦点引出的变量 x,"老王"是焦点,"x 来了"是预设。该表达式的意思是"有人来了,这个人不是老王"②。简单地说,"没"否定的是"老王"。

(4) a. 老王是没来。

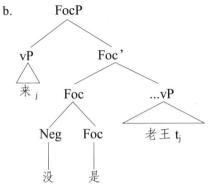

c. 没一是（x＝来）（老王 x）

从语义表达式来看,"没"作为算子,约束的是变量 x,"来"是焦点,"老王 x"是预设。该表达式的意思是"老王具有 x 属性,但这个属性不是来"。简单地说,就是"没"否定的是"来"。"老王具有 x 属性"是个预设集,可以是老王散步、老王跑步、老王唱歌、老王谈恋爱等。在这个句子中"没"并没有否定老王散步、跑步、唱歌、谈恋爱等属性,而是否定"来"这一属性。

吕叔湘（1985）也指出:"否定句也常常有一个否定的焦点。这个焦点一般是末了一个成分,即句末重音所在（即除去语助词、人称代词等）。但如果前边有对比重音,否定的焦点就移到这个重音所在。"他举的例子是:

---

① "是"是焦点算子,它将"x＝老王"定为核心域,将"x 来了"定为限定域。限定域是对变项的限定,核心域说明变项可能具有或可能不具有某一属性。
② "是老王没来"可以翻译为:"不存在这样一个人,他是老王,并且他来了"或"对于所有的 x 来说,如果 x 来了,则 x 不是老王",可作如下刻画:
a. ¬∃x（x＝老王 ∧ 来（x））
b. ∀x（来（x）→¬（x＝老王））
这两种表达是等义的,b 清晰地反映"没"否定的是"老王"。

(5) a. 我没问他的经历（只谈了现在的情况）。
　　b. 我没问他的详细经历（只知道他在农村里呆过）。
　　c. 我没问他的经历（是他自己告诉我的）。
　　d. 我没特地问他的经历（是谈情况时透露的）。
　　e. 你明天别来（＝你别明天来）。
　　f. 小王不想打球（小李想打）。

有一种观点认为既然否定词否定的是焦点，那它就可以自由地出现在句子中的任何位置。如：

(6) a. 他不好好吃饭。　　　　　＊他［好好］$_F$不吃饭。
　　b. 他不慢慢走。　　　　　　＊他［慢慢］$_F$不走。

这种观点不对。否定词出现的位置由句法规则决定，像"好好、慢慢"是动词短语的修饰语，表示动作行为的方式，否定词的位置高于这些修饰语。(6)中不合法的句子之所以不合法，是因为它违反了句法规则。否定词的指向或约束属于语义规则。

（四）焦点的位置

有些焦点敏感算子所关联的焦点成分可以在其左侧，也可以在其右侧，而有些焦点敏感算子所关联的焦点成分只能在其右侧，受其成分统制。前者如"不""都"等，后者如"只""究竟""是"等。

受事可以在动词之后，也可以在动词之前。但它在受"只"指向时，就只能位于动词之后，即受"只"成分统制。如：

(1) a. 他学了英语。　　　　　英语他学了。
　　b. 她只学了英语。　　　　＊英语他只学了。

"只"要求被指向的成分在表层句法中只能在其右侧。

"究竟"也要求焦点受其成分统制，即要求指向的成分必须出现在它的右侧，如果违反该限制，句子就会不合法。如：

(2) a.　究竟他出了多少钱？
　　b.　他究竟出了多少钱？
　　c.　究竟谁出了那么多钱？
　　d.＊谁究竟出了那么多钱？

在（2a—c）中"究竟"都处于所指向成分"多少"或"谁"之前，在

(2d)中"究竟"处于指向成分"谁"之后。(2d)违反了"究竟"的指向要求,所以不合法。"是"也有类似的性质,如:

(3) a. 是他出了很多钱吗?
    b. 他是出了很多钱吗?
    c. 是谁出了很多钱呢?
    d. * 谁是出了很多钱呢?

"是"也要求指向的成分必须出现在它的右侧,如果违反该限制,则不合法,如(3d)。

"究竟"与"是"的差别在于,前者要求关联的成分必须是具体的疑问形式,而后者没有类似的要求。如:

(4) a. 你究竟去哪儿?
    b. 你究竟去广州还是福州?
    c. 这个月你究竟去没去广州?
    d. * 你究竟去上海吗?

(4a—c)都采用了疑问形式,如疑问代词、选择问、正反问等形式,(4d)没有采用具体的疑问形式。

☞ 推荐阅读

蔡维天 2004 谈"只"与"连"的形式语义,《中国语文》,第2期。
胡建华 2007 否定、焦点与辖域,《中国语文》,第2期。
蒋　严 1998 语用推理与"都"的句法/语义特征,《现代外语》,第1期。
李宝伦 2010 何处关联:焦点还是焦点短语,《当代语言学》,第1期。
李宝伦、潘海华 2005 焦点与汉语否定和量词的相互作用,《焦点结构和意义研究》
    (徐烈炯、潘海华主编),北京:外语教学与研究出版社。
李宝伦、潘海华、徐烈炯 2003 对焦点敏感的结构及焦点的语义解释(上、下),
    《当代语言学》,第1期、第2期。
陆俭明 2005《现代汉语研究教程》,北京:北京大学出版社。
吕叔湘 1985 疑问·否定·肯定,《中国语文》,第4期。
马　真 1983 关于"都/全"所总括的对象的位置,《汉语学习》,第1期。
潘海华 2006 焦点、三分结构与汉语"都"的语义解释,《语法研究和探索》(十三),
    北京:商务印书馆。
熊仲儒 2007 否定焦点及其句法蕴含,《中国语文》,第4期。

熊仲儒 2008 "都"的右向语义关联,《现代外语》,第 1 期。
熊仲儒 2011《现代汉语中的功能范畴》,芜湖:安徽师范大学出版社。
徐　杰 1999 "打碎了他四个杯子"与约束原则,《中国语文》,第 3 期。
徐　杰、李英哲 1993 焦点和两个非线性语法范畴:"否定""疑问",《中国语文》,第 2 期。
徐烈炯 2001 焦点的不同概念及其在汉语中的表现形式,《现代中国语研究》,第 3 期。
袁毓林 2005 "都"的语义功能和关联方向新解,《中国语文》,第 2 期。
袁毓林 2005 "都"的加合性语义功能及其分配性效应,《当代语言学》,第 4 期。
袁毓林 2007 论"都"的隐性否定和极项允准功能,《中国语文》,第 3 期。

📖 练习八

(一) 热身练习

1. 指出下列短语产生歧义的原因。

　　(1) 学生家长　　　　(2) 保留意见
　　(3) 研究老舍的文章　(4) 部分被侵占的国家
　　(5) 厂里有三辆汽车　(6) 陈玲是前年生的孩子
　　(7) 我准备了一年的粮食　(8) 他们就订了五份杂志
　　(9) 我们小组讨论　(10) 钱华到这里工作才一个月,好多人还不认识
　　(11) 追得我满头大汗　(12) 他让老婆狠骂了一顿

▶ 答题提示:
　　(1) 是结构关系不同造成的歧义。如:

　　　　　学生　家长
　　　A　偏　　正(定中)
　　　B　联　　合
　　(2) 是结构关系不同造成的歧义。如:

　　　　　保留　意见
　　　A　偏　　正(定中)
　　　B　述　　宾
　　(3) 是结构层次不同造成的歧义。如:

　　　　研究　老舍的文章
　　　　研究老舍的　文章
　　(4) 是结构层次不同造成的歧义。如:

　　　　部分　被侵占的国家

部分被侵占的　国家

（5）是由词汇多义造成的歧义。"有"表示拥有，这时候"厂里"是机构。"有"表示存在，这时候"厂里"是处所。

（6）是由语义关系不同造成的歧义。"陈玲"既可以是"生"的施事，又可以是"生"的受事。

（7）是由结构层次不同造成的歧义：

我准备了　一年的粮食

我准备了一年的　粮食

（8）是由语义指向不同造成的歧义。如：

他们　就　订了五份杂志

前指时言多，后指时言少。

（9）是结构层次不同造成的歧义。如：

我们　小组讨论

我们小组　讨论

（10）是由语义关系不同造成的歧义。"钱华"既可以是"认识"的施事，又可以是"认识"的受事。

（11）是由语义关系不同造成的歧义。"我"既可以是"追"的施事，又可以是"追"的受事。

（12）是由语义关系不同造成的歧义。"他"既可以是"骂"的受事，又可以是"让"的致使者。也可以归结为"让"的多义，在前者"让"为被动，在后者"让"为使动。

2. 标明下面各句子中画线成分的语义指向，并说明理由。

（1）填词谱曲我都会。

（2）上海、天津、北京我都去过。

（3）他们就卖了三份报纸。

（二）巩固练习

1. 标记下列相关成分的局部语域，并解释其语法性。

（1）　Bill said that Mary$_i$ criticized herself$_i$.

（2）* Bill$_j$ said that Mary criticized himself$_j$.

（3）* Bill said that Mary$_i$ criticized her$_i$.

（4）　Bill$_j$ said that Mary criticized him$_j$.

（5）　Bill$_j$ said that Mary criticized him$_i$.

（6）* He$_i$ said that Mary criticized Bill$_i$.

(7) His$_i$ mother said that Mary criticized Bill$_i$.

2. 标记下列相关成分的局部语域，并解释其语法性。
   (1) 我$_i$认为张三$_j$喜欢自己$_{*i/j}$。
   (2) 张三$_i$认为我$_j$喜欢自己$_{i/*j}$。
   (3) 张三$_i$认为小李$_j$喜欢他$_{i/*j}$。
   (4) 他$_{*i}$认为你喜欢张三$_i$。
   (5) 他$_i$的妈妈认为你喜欢张三$_i$。

3. 按（1-2）加下标的办法，指出（3-6）中反身代词"自己"的先行语，试总结反身代词回指先行语的条件。
   (1) 老王$_i$经常表扬自己$_i$。
   (2) 小李$_j$说老王$_i$经常表扬自己$_{i/j}$。
   (3) 小李告诉老王自己是上海人。
   (4) 这件事告诉小李自己以前的想法不一定对。
   (5) 我知道他们对自己没有信心。
   (6) 老张坚持认为我的做法最终会害了自己。

4. 写出下列句子的语义表达式。
   (1) Everyone$_i$ loves his$_i$ mother.
   (2) Someone$_i$ loves his$_i$ mother.
   (3) Who$_i$ loves his$_i$ mother?

➤ 答题提示：
   (1) every x (x is a person) (x loves x's mother)
   (2) some x (x is a person) (x loves x's mother)
   (3) which x (x is a person) (x loves x's mother)

5. 解释下面的歧义。
   (1) 比起李四，张三更喜欢语言学。
   (2) 除了李四，张三也喜欢语言学。

6. 判断"清清楚楚"的语义指向，谈谈你的理由。
   (1) 黑板上清清楚楚地写着个"忍"字。
   (2) 黑板上清清楚楚地写着五个大字，你怎么就抄了四个？

7. 解释下列句子的语法性。
   (1) 每个人$_i$都希望我们会喜欢他$_i$。

(2) 每个人ᵢ都很担心他ᵢ的母亲。
(3) ?? 每个人ᵢ的母亲都很担心他ᵢ。
(4) * 我看到每个人ᵢ的时候，他ᵢ都正在吃饭。
(5) * 我看到他ᵢ的时候，每个人ᵢ都正在吃饭。
(6) 每个人ᵢ经过这里的时候，我都跟他ᵢ打招呼。
(7) * 如果每个人ᵢ经过这里，我都跟他ᵢ打招呼。

8. 请运用语义指向的分析法分析下列歧义结构。
   (1) 他不吃面条。
   (2) 国王的脾气你也知道的。

➢ 答题提示：

根据焦点系联进行说明。
(1) a. [他]_F 不吃面条。他不吃面条，其他人吃面条。（"不"指向"他"）
    b. 他不吃 [面条]_F。他不吃面条，吃别的。（"不"指向"面条"）
(2) a. 国王的脾气我知道，你也知道。（"也"指向"你"）
    b. 国王的其他方面你知道，脾气你也知道。（"也"指向"脾气"）
    c. 别人的脾气你知道，国王的脾气你也知道（"也"指向"国王"）

9. 指出"是老王没来"的预设与焦点，写出这个句子的语义表达式与"没"的否定对象。

➢ 答题提示：

预设：有人来了
焦点：老王
语义表达式：没－是（x= 老王）(x 来)
否定对象：老王

10. 写出下列句子的预设、断言与语义表达式。
    (1) 连张三都来了。
    (2) 连张三都没来。

➢ 答题提示：

(1) 的预设是"张三之外的人来了"（"∃x[x≠张三 ∧ 来 (x)]"），断言是"张三来了"；(2) 的预设是"张三之外的人没来"（"∃x[x≠张三 ∧ ¬来 (x)]"），断言是"张三没来"。

(1) 的语义可以表达为"∀x[x≠张三 →likelihood (x 来) > likelihood (张三来)]"（对所有的 x 而言，如果 x 不是张三，则'x 来'的可能性高于'张三来'的可能性）；(2) 的语义可表达为"∀x[x≠张三 →likelihood (¬(x 来)) > likelihood (¬

(张三来))]"（对所有的 x 而言，如果 x 不是张三，则'x 不来'的可能性高于'张三不来'的可能性）或 "∀x [x ≠ 张三 → likelihood (张三来) > likelihood (x 来)]"（对所有的 x 而言，如果 x 不是张三，则'张三来'的可能性高于'x 来'的可能性）。

11. "NP（大主语）＋周遍性主语＋VP"的格式有的可以变换为"周遍性主语＋NP（小主语）＋VP"的格式，有的则不能，如：

（1）这个人什么东西都吃。→ 什么东西这个人都吃。

（2）这个字什么人都认识。→ * 什么人这个字都认识。

再找些例子，说明这种变换的条件。

➤ 答题提示：

"都"具有跟焦点系联的性质，当句中还有其他成分需要跟"都"系联时会导致不合法，因为"都"只能跟一个成分发生系联，如：

（1）这个人　[什么东西]$_{Focus}$ 都吃→[什么东西]$_{Topic}$ 这个人都吃

（2）这个字　[什么人]$_{Subj}$ 都认识→[什么人]$_{Topic}$[这个字]$_{Focus}$ 都认识

对于不合法的句子而言，问题不在于"这个字"的单数性，而在于"什么人"的任指解与"这个字"的焦点身份，如：

（3）a. * 什么人这些字都认识。　　　　b. 张三这个字都认识。

(3a) 中"这些字"尽管有复数解，但仍不合法，因为"都"需要同时与"什么人"跟"这些字"发生关联；(3b) 尽管"这个字"为单数解，但合法，因为只有"这个字"跟"都"发生关联。后者通过焦点制造出复数解，即包含"这个字"的集合，实为"张三连这个字都认识"。再如：

（4）他什么字都认识。

其中跟"都"发生关联的只有"什么字"，也合法。在"SOV"序列中，O 常常是焦点。为变换成功，必须禁止"SO 都 V"中的"都"与 S 发生关联。

12. 请观察下面的句子，并作出解释。

（1）* 什么人这个字都认识。

（2）　是什么人这个字都认识？

13. 分析下列例句中副词"都"的用法，分别指出"都"所约束的成分是什么；试总结"都"跟其约束成分发生语义关联的规律，包括："都"约束方向及其条件、"都"的预设、辖域和焦点。

（1）他们都去了美国。　　　　〜 他们去了美国。

(2) 那三个苹果我们都吃了。　～ 那三个苹果我们吃了。
(3) 所有的学生都来了。　～ *所有的学生来了。
(4) 这孩子什么都吃。　～ *这孩子什么吃。
(5) 连这本书他都没有读过。　～ *连这本书他没有读过。
(6) 小刘都买了哪些东西？　～ 小刘买了哪些东西？
(7) 你们都说了些什么话？　～ 你们说了些什么话？

➤ 答题提示：

"都"在（1—5）中前指，在（6—7）中后指。对于（1）、（2）、（6）、（7）来说，有"都"和无"都"，语义不同。（3）中的"所有的学生"、（4）中的"什么"与（5）中的"连这本书"要获得任指解，需要借助于"都"，其他句子在获得任指解时也都如此；差别在于：其他句子中相应成分不是强制性地取任指解，而（3—5）中这些成分在这儿是强制性地取任指解，而自身又缺乏量化动力。（3）中"所有的学生"在宾语位置可获得量化动力，如：

　　a. 他喜欢所有的学生。

（4）中的"什么"也可以在别的语境中获得量化动力，如：

　　b. 这孩子看见什么吃什么。 / 这孩子什么也没吃。

（5）中"连"字短语也可以通过"也"获得量化动力，如：

　　c. 连这本书他也没有读过。

"都"一般跟左向的复数成分发生语义关联，如（1—3）；也会跟左向或右向的焦点成分发生语义关联，如（4—7）。

14. 从语法结构和意义角度分析下列句子的特点。

（1）a. 昨天我谁也没有遇到。
　　b. 昨天我没有遇到谁。
（2）a. 在操场上我谁都没有遇到。
　　b. 在操场上我没有遇到谁。
（3）a. 考古队员在古墓里什么也没有发现。
　　b. 考古队员在古墓里没有发现什么。
（4）a. 这一年来我哪儿也没去。
　　b. 这一年来我没有去哪儿。

➤ 答题提示：

在 a 句中，疑问代词位于主语与动词之间，为焦点成分，为任指解（全称解）。在 b 句中，疑问代词位于宾语位置，为虚指解（存在解）。否定词在 a 句中位于疑问代词之后，在 b 句中位于疑问代词之前，"否定存在式等于全称否定式"使得两句的意义相同。如：

(1a) 表示：$\forall x \neg($人$(x) \to$ 我昨天遇见 $x)$

(1b) 表示：$\neg \exists x ($人$(x) \to$ 我昨天遇见 $x)$

∵ $\neg \exists x\ P(x) \equiv \forall x\ \neg P(x)$

∴ （1a）$\equiv$ （1b）

如果考虑焦点系联，会更复杂。

15. 讨论下列语言表达式的偏误原因。
    (1) a. 我们全班同学集体买的礼物
        b. *我们全班同学都买的礼物
    (2) a. 出过国的那些人
        b. *都出过国的那些人
    (3) a. 我还了的那几本书
        b. *我都还了的那几本书
    (4) a. 每个人$_i$收到的信上面都写着他$_i$家的地址。
        b. *每个人$_i$都收到的信上面写着他$_i$家的地址。
    (5) a. 每个人$_i$喜欢的小说都让他$_i$想起了童年往事。
        b. *每个人$_i$都喜欢的小说让他$_i$想起了童年往事。

16. 从语义指向的角度解释下面句子的语法性。
    (1) 他究竟去哪个城市？   *他究竟去广州？   他去广州？
    (2) 他究竟去不去？   *他究竟不去？   他不去？
    (3) 他究竟去了没有？   *他究竟去了？   他去了？
    (4) 他究竟去，还是不去？ *他究竟去？   他去？
    (5) 他究竟何时去？   *他究竟八月去？   他八月去？
    (6) 他究竟去多久？   *他究竟去半年？   他去半年？

> 答题提示：

"究竟"在疑问句中做状语时，在语义指向上有两个特点：一是它在语义上所指向的成分必须是一个有形的疑问成分，二是它在语义上只能指向它后面的成分，不能指向它前面的成分（据语料说明）。

17. 从语义指向的角度解释下面句子的语法性。
    (1) 张三是谁？   到底张三是谁？   张三到底是谁？
    (2) 谁是张三？   到底谁是张三？   *谁到底是张三？

> 答题提示：

"到底"在疑问句中做状语时，在语义指向上有两个特点：一是它在语义上所指向的成分必须是一个有形的疑问成分，二是它在语义上只能指向它后面的成分，不能指向它前面的成分（据语料说明）。

18. 讨论下列句子的偏误原因。
    （1）a.　你究竟喜欢谁写的书？
        b. * 你喜欢究竟谁写的书？
    （2）a.　你究竟喜欢干什么的人？
        b. * 你喜欢究竟干什么的人？
    （3）a.　你究竟喜欢去哪儿的人？
        b. * 你喜欢究竟去哪儿的人？

19. 解释下面句子的语法性。
    （1）a. 难道有人喜欢李四吗？　　b. * 有人难道喜欢李四吗？
    （2）a. 难道是李四先逃走的吗？　b. * 是李四难道先逃走的吗？
    （3）a. 他难道是昨天才出发的吗？　b. * 他是难道昨天才出发的吗？
    （4）a. 难道连一个人都不来吗？　b. * 连一个人难道都不来吗？
    （5）a. 你难道不想过来吗？　　b. * 你不难道想过来吗？

第八章 语音与语法

> **学习要点：**
> 1. 了解语音依附会造成句法结构与语音结构的不匹配。
> 2. 了解语音依附是激发移位的一个动因。
> 3. 了解语音对移位高度的影响。

一 语音黏附

我们将"的"处理为限定范畴 D，跟人们的感觉并不一致。在人们的感觉中，"的"应该跟前面的成分组合，如（1a），而按照我们的分析，"的"应该跟后边的成分组合，如（1b）：

(1) a. 我的 | 爸爸　张三的 | 书包　开车的 | 司机　开车的 | 技术
　　b. 我 | 的爸爸　张三 | 的书包　开车 | 的司机　开车 | 的技术

这种现象我们的解释是（1a）反映的是语音结构，（1b）反映的是句法结构。句法结构跟语音结构有种不对应性。

学界很早就注意到句法结构与语音结构的不完全对应。最为经典的例子来自于 Chomsky & Halle（1968），他们指出多重内嵌 NP 的句法结构是（2a），而其语音结构是（2b），如：

(2) a. [This [is [the cat that killed [the rat that ate [the malt]$_{NP}$]$_{NP}$]$_{NP}$]$_{VP}$]$_S$
　　b. [This is the cat] % [that killed the rat] % [that ate the malt]

(2b) 中停顿的地方并不与（2a）中的句法结构对应。他们建议从句法结构到语音结构要重新打括号，即插入边界（boundary）符号。Selkirk（1984）、Nespor & Vogel（1986）及 Hayes（1989）等认为这样的线性边界理论（linear boundary theory）不能反映域（domain）间的层级包含关系。Hayes（1989）在 Selkirk（1984）的基础上提出严格的层次假设

(strict layer hypothesis),并将语音结构分成话语(U)、语调短语(I)、韵律短语(P)、黏附组(C)、韵律词(W)这五个层次,上个层次严格地包含下一个层次。比如说:

(3) On Tuesdays, he gives the Chinese dishes.

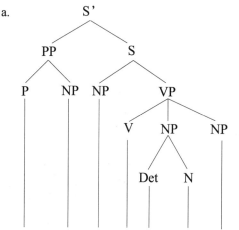

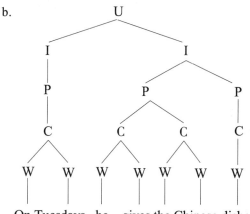

(3a)是句法结构,(3b)是语音结构,语音结构遵守严格的层次假设。从图示可以看出,语音结构跟句法结构有些相似,但不完全相同。Hayes(1989)认为黏附组是音系规则在句中运用的范围,他对"黏附组"作了如下的限定:

(4) 黏附组的组成

  a. 每一个有描写内容的词（content word / lexical category）属于一个独立的黏附组；

  b. 定义：黏附组的韵核（host）是其所包含的有描写内容的词；

  c. 定义：如果 C 支配 X 与 Y，则 X 与 Y 在 C 中共享范畴成员资格（share category membership）；

  d. 规则：附缀词（clitic word）或左向或右向依附于毗邻[①]黏附组。被选择依附的黏附组是附缀词跟其韵核共享范畴成员资格的数目较多的那一个。

根据黏附组的组成，(3) 中代词 he 由于缺乏描写内容，又跟有描写内容的 gives 在 S 中共享范畴成员资格，所以向右与 gives 构成黏附组，如 (3b) 所示。

  附缀词的依附方向从理论上来说只有三种，或左或右或不依附。"被选择依附的黏附组是附缀词跟其韵核共享范畴成员资格的数目较多的那一个"（"共享范畴成员资格的数目限制"）就是为解决左向或右向而制定的规则。比如说：

(5) a. [$_S$ [$_{NP}$ he] [$_{VP}$ [$_{V'}$ kept it] [$_{PP}$ in a large jar]]]

  b. [$_C$ he kept it] [$_C$ in a large] [$_C$ jar]

kept、large 与 jar 是有描写内容的词，为独立的黏附组，且为各自黏附组的韵核。it、in 与 a 是介于韵核 kept 与 large 之间的附缀词，它们不同的依附方向就是由"共享范畴成员资格的数目限制"规定的。从 (5a) 可知，it 跟 kept 比 it 跟 large 多受一个 V' 支配，即 it 与 kept 共享的范畴成员资格数目多，所以 it 左向依附于 kept，如 (5b)。in 跟 large 比 in 跟 kept 多受一个 PP 支配，所以 in 右向依附于 large；同样，a 也只能右向依附于 large，如 (5b)。

  汉语中的有些附缀词在选择依附的方向时可以违反"共享范畴成员资格的数目限制"，如：

(6) a. 买 [$_{NP}$ 碗酒]   买 一 碗 酒

[①] 毗邻是两个成分在线性上的靠近，即没有任何成分介于其间。为应用某种操作，毗邻条件要求两个表达式在线性上靠近，如 They've gone home，have 为黏附于 they，两者必须毗邻。

b. 买 [NP 两碗汤]　　　买—两—碗　汤

(6a) 是 Shih（1986）在研究汉语的上声连读变调时发现的，他指出量词会附着在其左向的动词上。相同的语言事实赵元任（1996）也注意到了，如（6b），他说："虽然名词宾语是重音，但其数量不定的修饰语还是轻声，如'买·两·碗汤'、'吃·个梨'。"如果考虑共享范畴成员资格的数目的话，（6a）中"碗"跟"酒"比"碗"跟"买"多受一个NP支配，按理"碗"向"酒"依附，但实际上不是。（6b）中附缀词"两、碗"也是如此，本该跟"汤"依附，而实际上却跟"买"依附。所以我们将（4）修正为：

(7)（汉语中）黏附组的组成（初步的）
 a. 每一个有描写内容的词（content word / lexical category）属于一个独立的黏附组；
 b. 规则：附缀词（clitic word）或左向或右向依附于毗邻黏附组。

基于数词、量词可以不受"共享范畴成员资格的数目限制"，而与左向的黏附组构成一个黏附组的事实，我们不妨假定"汉语的功能范畴可以左向依附"。汉语中的数词、量词就是功能范畴，它们对名词短语进行扩展，可指派如下结构：

(8) [$_{NumP}$ [$_{Num}$ 两] [$_{ClP}$ [$_{Cl}$ 碗] [$_{NP}$ [$_{N}$ 汤]]]]

如果汉语的功能范畴可以左向依附，则数词"两"、量词"碗"可以不受"共享范畴成员资格的数目限制"，跟左向的黏附组构成一个黏附组，如"[$_{C}$买两碗] [$_{C}$汤]"。

不仅扩展名词的功能范畴可以左向依附，扩展动词的功能范畴也可以左向依附。比如说"狗把鸟咬了"，Cheng（1986）认为其上声变读结果是"2323"。要获得这样的结果，其中一种可能性就是将"狗把"与"鸟咬"分别处理成独立的黏附组。在传统语法中，"把鸟"是介词短语。按 Hayes 的"共享范畴成员资格的数目限制"，附缀词"把"应与黏附组"鸟"构成黏附组，但这样的结构不能得到"2323"。按照 Sybesma（1999）、熊仲儒（2004）等的看法，"把"是个致使性功能范畴。根据"功能范畴可以左向依附"的制约条件，"把"当然可以跟左向的黏附组"狗"构成一个黏附组。

说功能范畴可以左向依附，并非说功能范畴不可以右向依附。比如说数词与量词,它们可以左向依附于动词,如"[c买两碗][c汤]";也可以右向依附于名词,如"[c买][c两碗汤]"。"把"也是如此,如"狗把鸟咬了"也可以读成"3223"(Cheng,1986),很显然这里构成黏附组的是"把鸟"。这可图示为(9)(无关细节忽略不计):

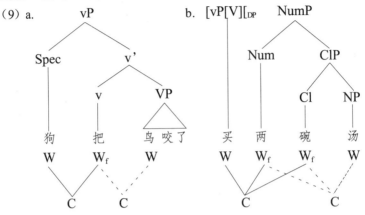

实线表示功能范畴左向依附,虚线表示功能范畴右向依附。语流呈线性序列,而功能范畴"在音韵上/形态上缺乏独立性"(Abney,1987),所以它一般或左向或右向依附;如果左向的黏附组独立成为韵律短语,则功能范畴只能右向依附。左向的黏附组独立与否,既跟自身的语用特征有关,也跟右向成分的语用特征有关。如(9a)中"狗"有话题特征时,按赵元任(1979)的看法,它就会跟右向的述题间有停顿或可能的停顿,即它会独立成韵律短语,"把"只能右向依附;(9b)中"两"如果自身成为焦点,则"两碗"就可以独立成为黏附组,并吸引"汤"向其依附。此外,还跟左向成分的语音特征有关,如韵律长度(王洪君,2002)。

一般来说,虽然绝大部分的功能范畴可以左向依附,也可以右向依附,但有些功能范畴却只能左向依附,比如说易位句"干什么呀你",其中的"呀",虽然夹在句中,但只能左向依附,而不能右向依附。再比如说:

（10）您是哪里呀？　　　　（王茂林，2005）

输入项：您是哪里呀	助—语气	节奏	完整
a. ☞ 您是 | 哪里呀			
b. 您 | 是哪 | 里呀		*！	*
c. 您是 | 哪里 | 呀	*！	*	

（"＊"表示对规则的违反，"＊！"为致命的违反，"☞"表示最优选择）

这里的"呀"也只能左向依附，所以王茂林提出一个制约条件，即"语气词和助词要前附"（助—语气），其"前附"就是我们的左向依附。（10c）就是严重地违反了该制约条件。

语气词也是功能范畴，这种功能范畴有个特殊的语音属性，那就是轻声。所以，我们可以提出"轻声的功能范畴强制性左向依附"这一制约条件。如果助词也是功能范畴的话，则这一制约条件虽跟王茂林的"语气词和助词要前附"相似，但不相同。因为助词有轻声的，也有非轻声的，而非轻声的助词不一定左向依附，如"所写的文章"中的"所"、"张三被批评了"中的"被"。轻声的助词都是左向依附的，如结构助词"的、地、得"与时态助词"着、了、过"等。

除了语气词、助词之外，还有别的轻声功能范畴也必须左向依附于黏附组。如"里、上、下、面、边"等方位词，它们读轻声（邵敬敏，2001；黄伯荣、廖序东，2007），这些词也都必须向左向依附于黏附组。从句法上讲，这些方位词都是功能范畴，它扩展的是名词短语，并能激发其补足语移位到其指示语的位置，所以从线性序列上讲，它处于所扩展短语的后边。从其线性位置与功能范畴这个角度看，刘丹青（2003）称之为"后置词"并将之归为虚词是有道理的。一般的教科书都把它们作为名词的一个小类进行处理，这可能是因为这种功能范畴具有名词性范畴特征；从句法扩展来看，方位词扩展的是名词，当然也可以共享名词的范畴特征。功能范畴激发成分移位，并不意味着它必须左向依附于移来的成分。方位词之所以左向依附于移来的成分，是因为它本身具有轻声。需要指出的是，单音方位词不是附着于整个词组上，而是最近的黏附组，这种情况跟"的"相同。如：

（11）a. [$_{NP}$张三的桌子] [$_{Loc}$上]　　[$_C$张三的] [$_C$桌子上]

　　　b. [父亲的父亲的] [父亲]　　[$_C$父亲的] [$_C$父亲的] [$_C$父亲]

这里指派的句法结构是结构主义的，如陆俭明（1985）。（11）中的语音结构跟句法结构不平行，（11a）中的"上"与"桌子"构成一个黏附组，而不是跟"张三的桌子"构成一个黏附组；（11b）中最后一个"的"跟左向毗邻的"父亲"构成一个黏附组，而不是跟"父亲的父亲"构成一个黏附组。

一般的功能范畴可以左向依附，也可以右向依附。右向依附是有条件的，跟左向或右向成分的语用特征及左向成分的韵律特征等有关，只有轻声的功能范畴才会强制性地左向依附。这说明汉语中的功能范畴通常可以不受"共享范畴成员资格的数目限制"而左向依附。据此，我们可以将汉语中的黏附组的组成作如下修正：

(12)（汉语中）黏附组的组成（修正的）
    a. 每一个有描写内容的词（content word / lexical category）属于一个独立的黏附组；
    b. 规则：功能范畴可以左向依附于毗邻黏附组，而轻声的功能范畴则强制性左向依附于毗邻黏附组。功能范畴的右向依附跟左向或右向成分的语用特征及左向成分的韵律特征等有关。

功能范畴有两种黏附，一是句法黏附，一是语音黏附。前者通过吸引词汇核心进行核心移位，而黏附在词汇核心之后；后者纯粹是语音行为。句法黏附的功能范畴大致有"着、了、过、得"等被朱德熙称为词缀而被其他学者称为助词的成分。除掉句法黏附的功能范畴，大概就是语音黏附的功能范畴了，强制性左向黏附的功能范畴是一些通常读轻声的功能范畴。

二 移位动因

移位的动因大致有三个：句法动因、语义动因与语音动因。句法动因，会激发着某个格特征没有定值的成分进行移位，以满足某个核心的主语要求（主语特征）。语义动因，会激发某个成分进行隐性移位，如量化短语。我们在这一节讨论语音动因。

(一) 短语移位

轻声的功能范畴会强制性地左向依附，也会激发相应的成分进行移位以满足其语音要求。有些功能范畴激发短语移位，如（1a）；有些功能范畴激发核心移位，如（1b）：

（1）a.　　　　　　　　　　b.

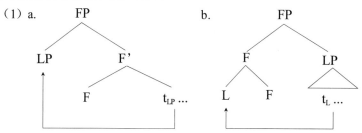

在汉语中激发短语移位的功能范畴有语气词、限定范畴"的"、单音节方位词等；激发核心移位的有时体范畴"着、了、过"等，达成范畴"得"等。此外，一些没有语音形式的功能范畴也会激发核心的移位。激发短语移位，可以激发 F 的补足语，也可以激发 F 补足语的内部成员。

一般将方位词当作名词的小类，实际上单音节的方位词与双音节方位词在句法行为上是不同的。如：

（2）桌子上　　　　　　＊桌子的上
　　我的桌子上　　　　＊我的桌子的上
（3）桌子上面　　　　　桌子的上面
　　我的桌子上面　　　我的桌子的上面

这种不同可以让我们假定单音节的方位词为功能范畴，双音节的方位词为名词[①]。如：

[①] 吕叔湘（1979）也从音节的角度指出单音节方位词与双音节方位词的不同，他指出："单音方位词和双音方位词的性质也有所不同，单音方位词主要是附在名词之后，构成方位短语。只有在'往里''向上'这类组合里不是附着于名词，但也不一定非算作词不可，把'往里''向上'整个地算作词也是可以的，比较'从前'，'往后'。另外，有人把用在名词前边的方位词算作形容词，如'前门'的'前'，'东城'的'东'，这也是不必要的。我们可以说单音方位词有三种用途：（1）构成方位短语；（2）做复合词的前加成分；（3）跟介词组合成副词。"

(4)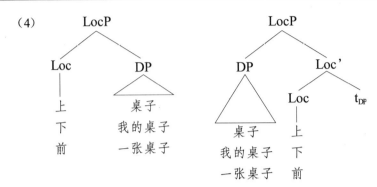

作为功能范畴的单音节方位词,具有黏附性,是它激发它的补足语进行移位的。

(二) 核心移位

词汇范畴激发词汇范畴的移位,也是基于语音上的要求。汉语有种双音化趋向,这使得单音节的词汇范畴会吸引补足语中的核心成分进行移位。如:

(1) 走到小店门口,他一软就坐在了地上。
　　还是那两条烟,放在了敌人仓库的木箱里。
　　她急忙打开了箱子,把麦子放在了箱子里。
　　反复地读着邓子恢同志的报告,我的心飞向了很远很远的时代,很远很远的地方。
　　战士们连使用冲锋枪都嫌慢,就用满把满把的手榴弹砸向了敌人。

这里的主动词"坐、放、飞、砸"都是单音节的,它们吸引着介词"在、向"等核心移位,其操作可参见第二章。

已经双音节的主动词就不大能激发核心移位了。吕叔湘(1963)发现如果主动词是双音节的,就不会构成"V-P",他说:"双音动词后面不出现这种情况。例如'软瘫了在地上',不会把'了'字搁在'在'字后面;'飞奔向很远的地方',不会在'向'字后面加'了'。"范继淹(1982)认为"V(双音)在了N"不规范,他指出:"扔在了床上 | 倒在了地上 | 摔在了地上 | 掉在了地下——即使合乎规范,适用范围也有限,双音节动词没有这种形式(* 围绕在了四周 | * 寄存在了车站)"。朱德熙(1987)认为这种"V(双音)在了N"不合法,他指出:"合法的句式的出现频率不一定都很高,不过不合法的句式的出现频率一定极低。下边举一个实例来说。有的文章提出,双音节动词跟单音节动词一样也能造

第八章 语音与语法

成'V在了＋处所'的句式。……这种句式口语里没有，书面语里也极为罕见。文章里一共引了十二个例子，其中倒有八个集中在两位作者的两篇作品里，如上文所引。仅仅凭这十来个例子恐怕还不足以证明由双音节动词组成的'V在了＋处所词'的句式已经在书面语里站住脚了。"

不过需要指出的是，多音节的动词现在也可以激发介词移位了。可能的原因是类推，也可能是介词的语音弱化。如（邢福义，1997）：

（2）自己木已成舟，壮心不死，便把希望<u>寄托在</u>了孩子身上。
这个正在井台上摇辘轳的老头儿，把刚刚提上来的一筲水<u>泼洒在</u>了地上。
她调皮地将头侧了过来，长长的秀发<u>披散在</u>了肩膀的一边。
多日来，他失去的最宝贵的东西，突然间又<u>降临在</u>了他的面前。
逝去的白鹤被<u>封闭在</u>了湖里，空中的白鹤却决不会再朝这里飞。
我只把她的尸体<u>保存在</u>了这里。
管连长又已经树桩般<u>挺立在</u>了丁一知面前。
张子慈让老伴拿上东西追出去<u>扔放在</u>了楼门口。
雪峰突然<u>显现在</u>了我的眼前。
那前后两年里的苦难悲怆，都已<u>溶铸在</u>了他的生命中。
取了自己的衣衫，往那树枝一搭，把那牙苗<u>遮盖在</u>了一片荫凉里。
最不应该发生的事情偏偏<u>发生在</u>了他身上。

汉语单音节的主动词如果跟补足语子句中的核心毗邻[①]，会强制性地吸引核心移位。毗邻是线性上的靠近。如果核心移位不能得到满足，会造成推导的崩溃。如：

（3）a. 他买报纸看。　　　　a'. *报纸，他买看了。
　　 b. 他倒茶喝。　　　　　b'. *茶，他倒喝了。

（3a'）与（3b'）中的"买看""倒喝"在核心毗邻的情况下没有融合，所以推导崩溃。为满足主动词的融合要求，可以插入"来、去"，即让"来、去"跟主动词融合。如：

（4）a. 他买报纸看。　　　　a'. 报纸，他买来看了。

[①] Bobaljik (1995) 建立的毗邻图示如下：
a. … $[_X [_{YP}$ NP$_{[显性]}$ $[_{Y'}$ Y …　（X、Y不毗邻）
b. … $[_X [_{YP}$ trace $[_{Y'}$ Y …　（X、Y毗邻）
可进一步将 NP 抽象为有语音形式的 α。α 在（3）中为 DP，在（4）中为"来"。

b. 他倒茶喝。　　　　　　b'. 茶，他倒去喝了。

赵元任（1968/2002）认为"来/去"是目的语助词，他说："有时候'来'或'去'（'去'比较少用）插在两个动词词语的中间，形成连环连动式，也表示目的，比如：'打水去洗澡'、'倒碗茶来喝'，其中'来'跟'去'实际上是语助词，像英文不定词中的 to。"张伯江（2000）认为"来＋VP"中的"来"是专门表示目的意义的标记。我们认为"来、去"属于目的范畴，如：

（5）a. 他来看报纸。　　　　他去喝茶。

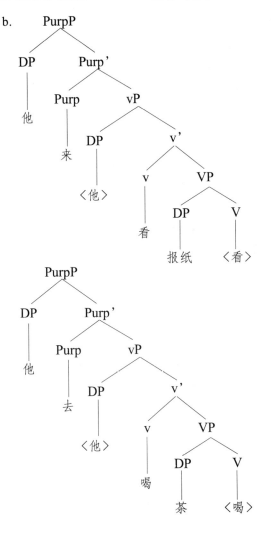

目的范畴高于选择论元的功能范畴，动词不能移位到目的范畴。目的范畴位置较高的证据是它不能跟时体范畴融合，如：

(6) *昨天朋友来了看望我。　　　昨天朋友来看望了我。

　　*以前我去过参观故宫。　　　以前我去参观过故宫。

如果（3）中主动词被选择了目的短语做补足语，则其结构如下：

(7)

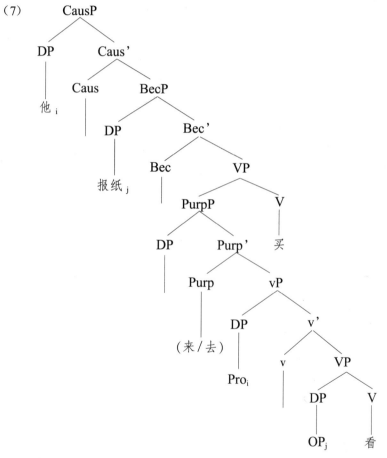

从结构来看，Purp 的位置较高。如果动词移位的高度有限制，比如说"看"不能上移到 Purp 位置，则它就不能跟"买"融合。上移到 Bec 的"买"跟上移到 v 的"看"在语音上毗邻，这激活了"买"的融合要求，而"买"的融合要求又得不到实现，所以推导失败，如（3a'）与（3b'）。为挽救句法，或消除"买"的融合要求，如将"买"上移到 Caus

位置，让役事隔开"买"与"看"，如（3a）与（3b）；或满足"买"的融合要求，如实现 Purp 的语音形式"来""去"，如（4a'）与（4b'）。

汉语有双音化趋向，这使得单音节词汇核心有融合要求，如动结式中的动词是强制性要求融合，动介式中的动词是可选性要求融合，后者只是在语音上毗邻时才会激发这种要求。目的性连动句中的动词类似于动介式中的动词，其融合要求也是可选的，但由于移位高度的限制，其主动词不能吸引补足语中的动词上移，但可吸引目的范畴"来/去"上移。

三 移位高度

（一）多音节核心

移位的高度跟移位成分的轻重有关。像助动词跟主动词相比，前者轻，后者重。英语中助动词可以向更高位置移位，而主动词不能向更高位置移位。汉语也受到类似的制约。如：

(1) 他打牢了基础。　　　　＊他打牢固了基础。
　　张三关严了窗户。　　　＊张三关严实了窗户。
　　他哭哑了嗓子。　　　　＊他哭嘶哑了嗓子。
　　张三摆齐了桌子。　　　＊张三摆整齐了桌子。

(1) 中补语为单音节时，句子合法；为双音节时，句子不合法。不合法的原因很多，其中的一种可能性就是主动词的融合要求没有得到满足。但这种原因不成立，因为在把字句中动词可以和双音节的补语融合，如：

(2) 他把基础打牢了。　　　他把基础打牢固了。
　　张三把窗户关严了。　　张三把窗户关严实了。
　　他把嗓子哭哑了。　　　他把嗓子哭嘶哑了。
　　张三把桌子摆齐了。　　张三把桌子摆整齐了。

对此，我们认为推导的崩溃不是主动词不能跟双音节的补语融合，而是融合后的动结式不能向更高的位置移位。如：

(3)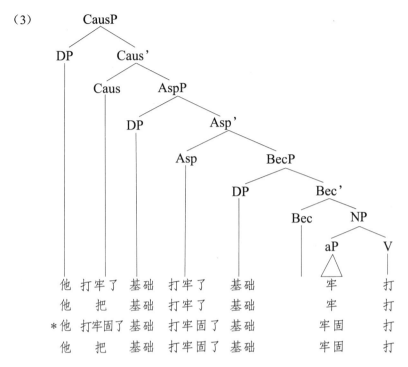

从结构来看，不合法是因为四音节的"打牢固了"不能提升到 Caus 位置。"打牢固"可以核心移位到 Asp 位置，但不能移位到 Caus 位置，"打牢"既可以核心移位到 Asp 位置，又能核心移位到 Caus 位置。这种对立大概只能归结为语音原因，即"打牢固了"比"打牢了"重，不能向更高位置移位。

"了"表明"打"与"牢固"已经融合，"打牢固"之所以不能带宾语，是因为它太重，不能移位到 Caus 位置。类似的情况还有：

(4) 简化复杂问题　　＊简单化复杂问题　　把复杂问题简单化
　　丑化领导形象　　＊丑恶化领导形象　　把领导形象丑恶化
　　激化矛盾　　　　＊激烈化矛盾　　　　把矛盾激烈化

深化改革开放　　＊深入化改革开放　　把改革开放（进一步）深入化
细化工作职责　　＊细致化工作职责　　把工作职责细致化

(5)

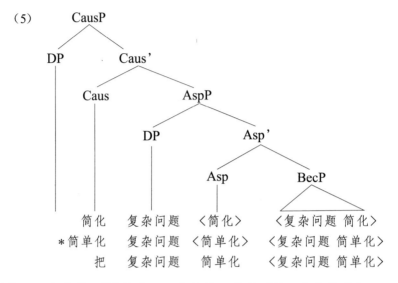

"简化"两个音节，"简单化"三个音节，前者更易于向高位移位。

（二）可能补语

可能补语也会涉及移位高度问题。朱德熙（1982）指出："大部分结果补语和趋向补语都能转换为可能补语。原来读轻声的结果补语和趋向补语转换为可能补语之后就不读轻声了。"如果属实的话，意味着可能补语跟结果补语、趋向补语一样，都是结果补语，最先跟动词合并；结果补语、趋向补语因跟动词融合，根据词重音的左重右轻原理，这些补语都读轻声。既然可能补语不读轻声，这意味着它不是词。所以我们假定可能补语跟结果补语、趋向补语在最先的计算中是相同的，后来动结式或动趋式需要向更高的能性范畴 Mod 移位时，发生了分解操作，使得补语从合成词中分离出来，所以不再轻读。如：

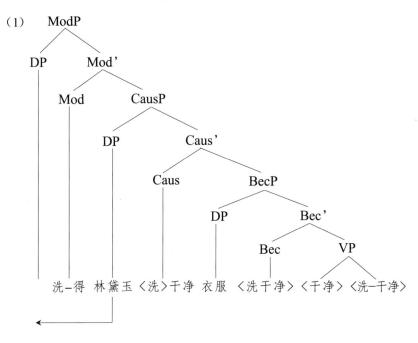

"洗干净"之所以发生分解操作，这可能跟移位高度有关，Mod 高于 Caus。"林黛玉"向更高节点移位。

朱德熙（1982）指出："在表示可能的述补结构里，宾语的位置总是在整个述补结构的后头，例如：听得懂话 | 赶得上车 | 叫不出名字 | 跨不过这道沟。宾语放在述语之后（拉他不住）或'得'字之后（岂能瞒得我过）是宋元白话的格式，现代汉语里除了一些熟语性的说法（放心不下、吃罪不起）之外很少见。"宋元白话中宾语之所以可以在述语或"V－得"之后，可能是因为这个时期，"V（-得）"移位的高度更高，移到比 Mod 更高的 K 位置，这需要进一步分解。如：

（2）a. 林黛玉瞒得我过。
　　　b. 林黛玉拉他不住。

c.

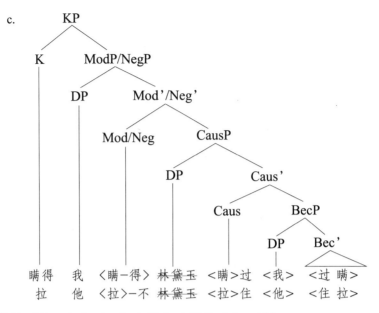

表示可能的"得"字也可以加在单个动词的后头。例如:

(3) a. 他家的东西,偷得吗?

b. 她又能做,打柴、摘茶、养蚕都来得。

"偷得"就是"能偷","来得"就是"能来"。

(三) 役事主语句

动结式一般是致事充当主语,役事不能充当主语,如(1),但有些动结式的役事也可以做主语,如(2):

(1) [致事故事] 听乐了孩子。　　* [役事孩子] 听乐了故事。

　　[致事小说] 看哭了妈妈。　　* [役事妈妈] 看哭了小说。

　　[致事衣服] 洗累了姐姐。　　* [役事姐姐] 洗累了衣服。

(2) [致事酒] 喝醉了老王。　　　[役事老王] 喝醉了酒。

　　[致事课] 讲烦了老师。　　　[役事老师] 讲烦了课。

　　[致事剩菜] 吃腻了大家。　　[役事大家] 吃腻了剩菜。

我们需要探讨的是为什么役事可以充当主语。如果仔细观察的话,则不难发现(1—2)的役事由活动的施事充当。我们不妨假定有一个为 Do 的功能范畴激发有 [+Do-er] 特征值的役事发生了移位,如:

（3）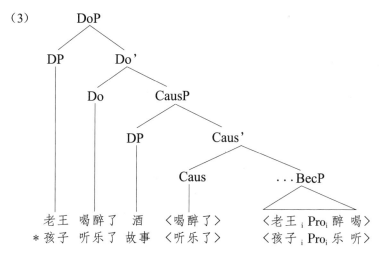

从结构而言，（1）中的役事应该也能做主语，它之所以没有做主语，可能是由于 Do 的位置太高，使得动结式不倾向于上移。动结式也绝非不能上移，如"你们背累了外语，休息时可以做几道化学题"。

有趣的是下列歧义现象，从逻辑上讲，应该有"谁追谁、谁累"的四种可能解读，但实际上只有三种可能，而且对于（4c）义还存在争议：

（4）张三追累了李四。
    a. 张三追李四，李四累了。
    b. 李四追张三，李四累了。
    c. 张三追李四，张三累了。

朱德熙（1982）也认为相类于（4）的状态补语句也可以有三种不同的理解。其中意义（5c）也存在争议：

（5）这孩子追得我直喘气。
    a. 我追孩子，我喘气。
    b. 孩子追我，我喘气。
    c. 孩子追我，孩子喘气。

对此，我们的解释是有不同解读跟功能范畴假设有关，存在的争议跟移位高度有关。如：

(6) a.

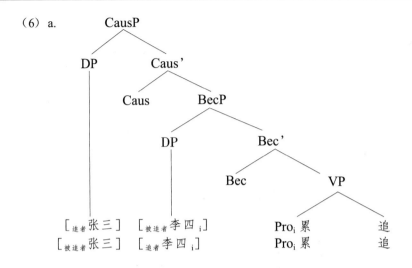

b.

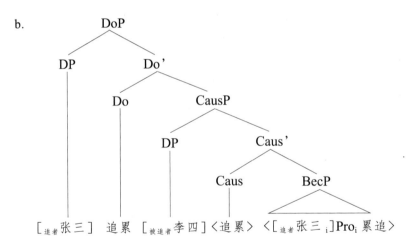

在功能范畴假设中，功能范畴可以任意地选择参与者充当论元，像致使范畴，可以选择追者作致事，也可以选择被追者作致事，如（6a）与（4a—b）。如果达成范畴选择追者作役事，该役事与动结式会在 Do 的激发下移位，如（6b）与（4c）。人们之所以对（4）有无（4c）解读有不同看法，就是因为移位高度问题，如果不允许动结式向 Do 移位，就没有（4c），反之则可以存在（4c）。

☞ 推荐阅读

范继淹 1986 论介词短语"在十处所",《范继淹语言学论文集》,北京:语文出版社。

黄伯荣、廖序东 2007《现代汉语》(上),北京:高等教育出版社。

陆俭明 1985 由指人的名词自相组合造成的偏正结构,《中国语言学报》,第 2 期。

吕叔湘 1963 现代汉语单双音节初探,《中国语文》,第 1 期。

邵敬敏 2001《现代汉语通论》,上海:上海教育出版社。

邢福义 1997 V 为双音节的"V 在了 N"格式,《语言文字应用》,第 4 期。

张伯江 2000《汉语连动式的及物性考察》,《语法研究和探索》(九),北京:商务印书馆。

赵元任 2002《中国话的文法》(丁邦新译),香港:香港中文大学出版社。

朱德熙 1982《语法讲义》,北京:商务印书馆。

朱德熙 1987 现代汉语语法研究的对象是什么,《中国语文》,第 5 期。

📖 练习九

(一)热身练习

1. "张三的爸爸"可以有几种切分方式?哪种切分比较合理?为什么?

2. 单音方位词附加在名词之后的时候为多,可是也有独立用的时候,如"朝上"、"往里";复合式方位词独立用的时候不少,可是也常常附加在名词之后。因此,吕叔湘(2004)在《助词说略》中指出:"把两种形式分别归类是有困难的。有些语法学家把它们全放在名词里,未免太忽视了它们有时候表现出来的附着性。有些语法学家把它们全算做词尾,或是'后置词',又不太照顾它们能作名词用的事实。"张谊生(2000)在《现代汉语虚词研究》中认为:"方位词可以单独运用(尤其是合成的方位词),在句子里能充当一定的成分;它具有名词的一些特点。但它经常附着在词或词组之后,起辅助作用,因此,又具有虚词的性质。"请讨论方位词该如何处理。

3. 下面的句子有无歧义?为什么?
   (1)张三追累了李四。
   (2)张三骑累了马。
   (3)张三追得李四直喘气。
   (4)张三讲得李四眼泪汪汪。

（二）巩固练习

1. 讨论下列语言单位的语法性。
   - （1）他想透了问题　　＊他想透彻了问题
   - （2）他哭哑了嗓子　　＊他哭嘶哑了嗓子
   - （3）他摆齐了桌子　　＊他摆整齐了桌子

2. 讨论下列语言单位的语法性。
   - （1）＊清洗净　　清洗干净　　洗干净　　洗净
   - （2）＊关闭严　　关闭严实　　关严实　　关严
   - （3）＊测量准　　测量准确　　测准确　　测准
   - （4）＊摆放齐　　摆放整齐　　摆整齐　　摆齐
   - （5）　计算好　　捆绑好　　　整理好　　研制好

3. 请推导休宁话中的可能补语句。
   - （1）老王讲得小李过。
   - （2）老王讲小李得过。
   - （3）老王讲得过小李。

4. 请描述"这孩子追得我直喘气"的歧义，并进行推导。

5. 有人认为"他唱红了这首歌"有歧义，分别表示"他把这首歌唱红了"与"这首歌他唱红了"，请进行句法推导。

6. 讨论下列语言单位的语法性。
   - （1）种植大蒜　　＊种植蒜　　种大蒜　　种蒜
     　　学习绘画　　＊学习画　　学绘画　　学画
     　　购买粮食　　＊购买粮　　买粮食　　买粮
     　　收割麦子　　＊收割麦　　割麦子　　割麦
   - （2）煤炭商店　　＊煤商店　　煤炭店　　煤店
     　　技术工人　　＊技工人　　技术工　　技工
     　　医药商品　　＊药商品　　医药品　　药品
     　　手表工厂　　＊表工厂　　手表厂　　表厂

第九章　形容词短语

> **学习要点：**
> 1. 了解性质形容词与状态形容词都受量度范畴扩展，差别在于前者由量度范畴指派量特征，后者由量度范畴核查量特征。
> 2. 性质形容词与状态形容词在做谓语上的差异可归结于量度范畴。
> 3. 进一步了解功能范畴假设的作用，并能用功能范畴假设解释形容词的变价现象。
> 4. "的"可参与构词。

一　形容词的扩展

（一）语言现象

朱德熙（1982）根据能否受"很"修饰将汉语形容词分为性质形容词与状态形容词。状态形容词不能受"很"修饰，它有五种类型：

(1) a. 单音节形容词重叠式：小小的。
　　b. 双音节形容词重叠式：干干净净（的）。
　　c. "煞白、冰凉、通红、喷香、粉碎、稀烂、精光"等。
　　d. 带后缀的形容词，包括 ABB 式："黑乎乎、绿油油、慢腾腾、硬梆梆"，A 里 BC 式："脏里呱唧"，A 不 BC 式："灰不溜秋、白不雌列"，双音节形容词带后缀的只有"可怜巴巴、老实巴焦"等少数例子。
　　e. "f＋形容词＋的"形式的合成词（f 代表"很、挺"一类程度副词）：挺好的、很小的、怪可怜的。

性质形容词做谓语的有以下几种情形（沈家煊，1997）：

(2) a. 在前面加程度副词，不过加了程度副词整个组合已经变成状态形容词了，例如：很懒、很对、很穷、更大、比较高、非常好、那么木、有点儿热、很高兴、很重要、很盲目、很准确、很痛苦、很冲动、很难受、很愉快、很清楚、很周到、很熟悉、很困难。

b. 用在否定句里，如：不馋、不对、不疼、不高、不好、不合适、不漂亮、不富有。

c. 加上表时间的成分后表示变化，如：走的人多了、眼圈就红了、瘦了下来、兴奋起来、这朵花红了一点儿。

d. 对比着说，如：这朵花红、那朵花黄。

状态形容词做谓语有的必须加"的"，有的不能加"的"，有的"的"可加可不加，大致情形是（沈家煊，1997）：

（3）第一，同样是重叠形式，双音形容词的重叠式倾向于不加"的"，单音形容词的重叠式倾向于加"的"。如：

a. "红红、亮亮、薄薄、胖胖"这类单音形容词的重叠式必须加"的"。

b. "臭哄哄、红通通、静悄悄、傻里呱哪、灰不溜秋"这类单音词加后附成分的格式一般也要加"的"，只在特殊的场合才可不加"的"，如影片名"这里的黎明静悄悄"。

c. "胡里胡涂、古里古怪、干干净净、老老实实"这类双音节形容词的重叠式一般也要加"的"，不过不加"的"的用例也很多，尤其是后面有后续小句时，如"我看他胡里胡涂，什么都弄不明白"，"他在服刑期间老老实实，从不违反监规"。

第二，前面有程度词或类似于程度词的语素（如"雪白"、"冰凉"中的"雪"、"冰"）不需或不能带"的"。

a. "很大、挺好、非常聪明"这类由程度副词跟形容词构成的词组一般不加"的"，加了"的"是表示强调的意思，如"那江南风情还是很浓的"，"你还真是挺闲在的"，"大家很平等的"，这里出现的"的"不宜看作是加在形容词后的标记，而应看作是句子的后附成分。

b. "雪白、冰凉、通红"这类双音词以及"那么长、多么新鲜、又高又大"这类以形容词为中心构成的合成词或词组，都不能加"的"，表示强调也不行，如"* 他的脸雪白的"，"* 那双小手冰凉的"，"* 这篇文章那么长的"，"* 这棵树又高又大的","* 这孩子特别聪明的"都不成话。

(二) 句法解释

Lasnik（1995）认为英语中的 be 与 have 在词库中完全屈折，而其他动词则呈光杆状态，其理据是删略现象，be 与 have 只能在词项与形态相同的情形下删略，而其他动词可以在词项相同的情况下删略，至于采用什么形态可不论。如：

(1) John slept, and Mary will too.
    a. * John slept, and Mary will slept too.
    b.   John slept, and Mary will sleep too.
(2) * John was here, and Mary will too.
    a. * John was here and Mary will was here too.
    b.   John was here and Mary will be here too.
(3) John will be here, and Mary will too.

在这里，我们采用弱假设：不是所有语言中的词项都必须带形态参与计算，对于同一种语言而言也不是所有词类的词都必须带形态参与计算。根据该假设，我们接着假设状态形容词带着形态参与计算，性质形容词则以光杆形式参与计算。

凡形态必受核查。张伯江（2011）认为状态形容词是汉语形容词独有的形态化的谓语形式。如果张伯江正确的话，则状态形容词在句法中应该进行特征核查。根据朱德熙（1982）关于状态形容词包含"量"特征的观点，我们不妨认为状态形容词需要跟量度范畴 Deg 进行特征核查，如（4a）。以下结构忽略了无关细节。

(4)

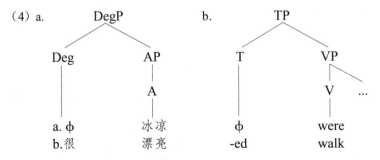

状态形容词的量特征由量度范畴核查，这类似于英语中的 be，其屈折形式 were 的时制特征也需要由 T 核查，如（4a）。性质形容词的量特

征由量度范畴指派，这类似于英语中的 walk，其时制特征由 T 指派，如（4b）。前者的量度范畴没有语音实现，后者的量度范畴有语音实现。汉语的"很、挺"等是量度范畴的语音实现，"很、挺"没有粘着性，不会吸引形容词核心移位，不像"-ed"。

汉语形容词在扩展中要么带着形态参与计算，然后由量度范畴核查量特征；要么在扩展中以光杆形式出现，然后由量度范畴指派量特征，这样的量度范畴必须有语音实现，否则必须借助于别的方式得到允准。

状态形容词受量度范畴扩展，并接受量度范畴核查量特征，可以自由地充当谓语。如：

（5）屋里黑魆魆的。
  松针通红。
  马胆小、艾和尚几个脸色死白。
  他心里空空洞洞的，什么也不怕。
  公所里静悄悄的。

性质形容词受量度范畴扩展，量度范畴有语音实现的时候，也可以自由地充当谓语。以下是朱德熙（1982）给出的例句：

（6）a. 今儿怪冷的。
  b. 价钱挺便宜。

朱德熙（1982）将（6）中的谓语视为状态形容词，认为它是"f＋形容词＋的"形式的合成词。从（4）来看，"f＋形容词"是短语 DegP，其中 f 是量度范畴，形容词是性质形容词，"怪、挺"是量度范畴的语音实现。

张伯江（2011）也有类似的看法，如他将"借助程度性成分"与"借助相应的形态手段"并提，并认同 Larson（2009）关于"很漂亮"为短语的看法，张伯江的证据是：实际韵律节奏上，"很"后常有明显停顿，如（7a）；"很"后停顿，还可以再插入其他成分，如（7b）；"很"后停顿，临时改变想法，原来的形容词没有说出来，如（7c）。

（7）a. 现在呢，由于，嗯，肯吃苦，也很，勤劳吧。
  b. 结婚以后呢，这个女同志呀，很，一看，这家里人呢，父母也好，一看，家里这些人呢，都挺明白，她很高兴。
  c. 反正他们都是，很，对起老人就是，家里哈第一就是老人。

(7) 表明"f＋形容词"为形容词短语，相应的，"f＋形容词＋的"就不能是状态形容词。

朱德熙所认可的性质形容词，在充当谓语上都不很自由，它需要受到程度副词的修饰，即要求量度范畴有语音实现。如：

(8) *我高。　　　　　我很高。
　　 *你帅。　　　　　你很帅。
　　 *她漂亮。　　　　她很漂亮。

性质形容词在扩展过程中，如果量度范畴没有语音实现，它就必须通过别的方式完句。其中最重要的手段就是话语层（C层）的范畴，如焦点、话题等。朱德熙（1982）指出，性质形容词单独做谓语含有比较或对照的意思，因此往往是两件事对比着说的。例如：

(9) a. [$_F$价钱] 便宜，[$_F$质量] 也好。
　　 b. 小萝卜，[$_F$皮] 红 [$_F$肚里] 白。
　　 c. [$_F$人] 小 [$_F$心] 不小。

这实际上就是通过焦点补足句子。焦点补足句子，也表现在对无定主语的允准上，如：

(10) a. *一个小孩儿很聪明。
　　　b. *昨天下午三点钟一个人很聪明。
　　　c. 一个小孩儿很聪明，一个小孩儿很笨。

(10) 中的"聪明"是个体层面的谓词，即使有核查话题的时间成分"昨天下午三点钟"，也不允准无定主语，因为两者不匹配，如 (10b)。但有了对比焦点之后，即使是无定主语，个体层面的谓词句也会合法，如（10c）。

话题也是完句因素。在性质形容词扩展时，如果量度范畴没有语音实现，也可以通过话题获得允准。如：

(11) [$_{Topic}$他] 头发蓬松。　　　[$_{Topic}$树木] 枝叶茂密。
　　　[$_{Topic}$他] 浑身难受。　　　[$_{Topic}$车站] 人员庞杂。
　　　[$_{Topic}$下属部门] 机构庞大。　[$_{Topic}$他] 封建意识浓厚。
　　　[$_{Topic}$他] 精神疲惫。　　　[$_{Topic}$这本书] 内容丰富。

话题、焦点之所以可以完句，是因为句子必须扩展成 IP/CP 才能得到解读（胡建华、石定栩，2005）。话题、焦点是 C 层的范畴（Rizzi，1997），量度范畴是 I 层的范畴。C、I 层的其他范畴也能起到完句作用。黄南松（1994）认为，除疑问句、反问句、祈使句、感叹句和否定句可以自主成句之外，以形容词为谓语的陈述性肯定句要自主成句，就必须具备程度范畴。各种语气属于 C 层的范畴，否定范畴属于 I 层，程度范畴实际上就是我们的量度范畴 Deg。状态形容词受量度范畴核查固有的量特征，特征核查了，推导就可以成功。性质形容词由量度范畴指派量特征，量度范畴有语音实现，推导也会成功；如果量度范畴没有语音实现，则需要借助于 C 层的焦点、话题等范畴或 I 层的否定范畴等允准。

性质形容词可以受否定范畴的扩展，否定范畴可语音实现为"不"，如"不大、不重、不热闹、不干净、不清楚、不混乱、不空虚"等。性质形容词可以受量度范畴的扩展，量度范畴可语音实现为"很、十分、非常、比较、更加、极其、更、较、稍、极、太"，如"很朴素、十分漂亮、比较好、更加热、更加难、较高、稍强、极美、太贵、比较简单、更加好看、极其严重、更认真、较复杂、极危险、太糊涂"。

二　形容词做补语

性质形容词与状态形容词都可以充当补语，前者可以出现"得"也可以不出现"得"，后者只能出现"得"。如：

(1) 写好　　问清　　吃饱　　拉长　　打疼　　站累　　念熟
　　听清楚　说明白　洗干净　勒结实　摆整齐　打扫干净　拴牢固
(2) 穿得漂亮　　讲得好听　　写得生动　　说得容易　　布置得朴素
　　摆得很整齐　说得很对　　到得很早　　变得极快　　打扫得很干净
(3) 打扫得干干净净　　　　　晒得黑黝黝的
　　写得工工整整　　　　　　冻得冰凉
　　穿得古里古怪　　　　　　过得糊里糊涂
　　打得火热　　　　　　　　记得烂熟

达成范畴可以选择各种类型的范畴做补语，但当它选择 TopP 做补语时，达成范畴必须语音实现为"得"。换句话说，"得"选择 TopP 做补语。比如说：

(4) a. 张三把这篇文章写得谁也看不懂。

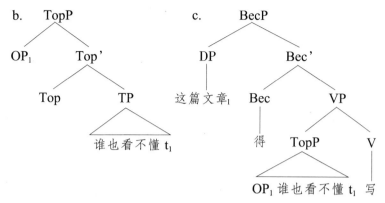

（4b）是补语"谁也看不懂"的图示，"谁"要获得主格，必须跟 T 进行协约操作，所以存在 TP。"看不懂"有个宾语论元，并受"这篇文章"控制，该宾语论元为获得解读必须移到左边界，如（4c）。为接受宾语论元 OP 的移位，TP 必须被继续扩展，我们假定扩展 TP 的是 Top，如（4b）。

状态形容词因强制性的受到量度范畴的扩展，独立成句的表现很明显。扩展性质形容词的量度范畴有语音实现，其成句的表现也很明显；扩展性质形容词的量度范畴如果没有语音实现，则成句表现不明显，需要借助其他方式。换句话说，状态形容词可以自由地充当状态补语，性质形容词不能自由地充当状态补语。朱德熙（1956）曾指出性质形容词做状态补语时"带有比较或对照的意味，因此往往是两件事对比着说的"，如：

（5）攀得高，跌得重。
　　　站得高，看得远。
　　　这张相片照得好，洗得不好。
　　　我买得多，他买得更多。

这是因为（5）中的量度范畴没有语音实现，所以整个 TopP 必须得到别的功能范畴的允准，如焦点的允准。

状态形容词强制性地受量度范畴的扩展，性质形容词可以受量度范畴的扩展，也可以不受量度范畴的扩展。所以，状态形容词只能做状态补语，由"得"标记，如（6D）；而性质形容词既可以做状态补语，如（6C）与（6A），也可以做结果补语，如（6A）与（6B）：

(6)	A	B	C	D
	飞得高	飞高	飞得很高	飞得高高的
	走得远	走远	走得老远	走得远远的
	洗得干净	洗干净	洗得挺干净	洗得干干净净的
	擦得亮	擦亮	擦得很亮	擦得亮晶晶的

（6A－C）中补语的词汇核心是性质形容词，量度范畴在（6A－B）中没有语音实现，在（6C）中有语音实现。（6D）中补语的词汇核心是状态形容词。对（6A）而言，其中的形容词既是结果补语又是状态补语。在（6A）中，形容词为结果补语时，"得"是能性范畴；为状态补语时，"得"为达成范畴。为结果补语时，形容词扩展为aP，没有接受量度范畴的扩展；为状态补语时，形容词扩展为TopP，接受了量度范畴的扩展。

"飞得高"既可以表示状态，也可以表示可能。可能补语是由动结式分解得到的，它跟状态补语的差别在于其中的补语有没有受到量度范畴的扩展，所以可以通过实现量度范畴或其他的功能范畴的语音形式来区别状态补语与可能补语，如量度范畴与否定范畴：

（7）a. 跑得很快　　　　　跑得不快
　　　b. ——　　　　　　跑不快

性质形容词如果没有量度范畴的扩展，在推导中会跟主动词融合，得到动结式。状态形容词只能受量度范畴的扩展，不会跟主动词融合，不能得到相应的动结式。这可能也跟移位的高度有关。

三　形容词的变价

（一）致使句

一般认为形容词不能带宾语，而动词可以带宾语，所以常常将下列的词处理为动词兼形容词。如：

（1）繁荣$_2$市场 = 使市场繁荣$_1$　　缓和$_2$气氛 = 使气氛缓和$_1$
　　　巩固$_2$国防 = 使国防巩固$_1$　　充实$_2$内容 = 使内容充实$_1$
　　　端正$_2$态度 = 使态度端正$_1$　　统一$_2$思想 = 使思想统一$_1$
　　　壮大$_2$队伍 = 使队伍壮大$_1$　　纯洁$_2$队伍 = 使队伍纯洁$_1$

清醒₂头脑 = 使头脑清醒₁　　稳定₂情绪 = 使情绪稳定₁
安定₂人心 = 使人心安定₁　　清洁₂城市 = 使城市清洁₁

"繁荣₁"是形容词的用法,"繁荣₂"是动词的用法。"繁荣₁"和"繁荣₂"意思不相同,前者表示"繁华",后者表示"使繁华"。这种差别可以归结为格式,而在生成语法中,格式是句法计算的结果。我们不妨认为这里的"使"义来自于致使范畴,"繁荣"在词库中为形容词。如:

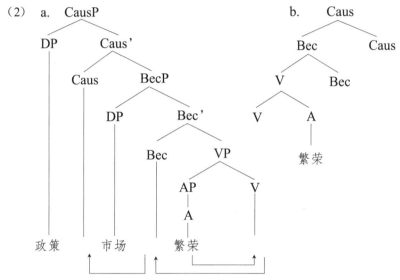

在这个结构中,"繁荣"通过核心移位,移到 Caus 之后,所累积的结构为(2b)。在该结构中,"繁荣"为形容词,其所谓的动词性是由别的功能范畴赋予的。该图示显示"繁荣"有三种用法:

(3) a. 市场很繁荣。
　　b. 市场繁荣了。
　　c. 政策繁荣了市场。

(3a) 是"繁荣"的纯形容词用法;(3b-c) 是"繁荣"的动词用法,在(3b)中为达成用法,在(3c)中为致使—达成用法。

(2) 中的致使范畴不能实现为"把",这主要是因为(2)中的抽象谓词 V 没有语音实现。"把"字句要求主动词有语音实现,如:

(4) a.　我把这个问题弄明白了。

b. * 我把这个问题明白了。

（4b）之所以不合法，就是因为它缺乏类似于"弄""听""想"等的主动词。

（二）比较句

根据功能范畴假设，所有词汇范畴的论元，都是由扩展它的功能范畴选择。形容词也不例外，如：

（1）黑荞麦小你两岁，也奔十九了。　黑荞麦比你小两岁，也奔十九了。
　　　老张高我一头。　　　　　　　　老张比我高一头。
　　　他低我三届。　　　　　　　　　他比我低三届。

"黑荞麦小你两岁"的意思是"黑荞麦小两岁"，据此，我们可认为轻形容词 a 为"小"选择了"黑荞麦"，量度范畴 Deg 为"小"选择了"两岁"；然后再由某一比较范畴为"小"引进"你"；最后用一功能范畴激发移位。如：

（2）

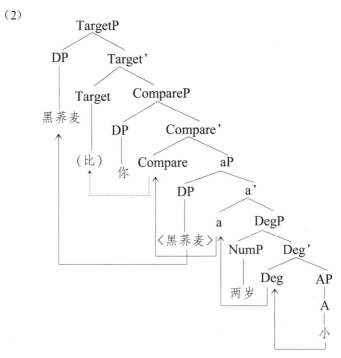

轻形容词 a 引进的是比较主体，如（2）中的"黑荞麦"；Campare

第九章 形容词短语

引进的是比较基准，如（2）中的"你"。Target 实现为"比"时可得到相应的比字句，如"黑荞麦比你小两岁"；Target 没有实现为"比"时，可得到双宾句"黑荞麦小你两岁"。

比较主体与比较基准由不同的功能范畴引进，两者可以是相同的语义范畴，也可以是不同的语义范畴。如：

(3) a. 我的书比他的多。
　　b. 我的书比他多。

(3a) 的比较基准是"书"，比的是"书"；(3b) 的比较基准是"人"，比的是"人"。朱德熙（1982）认为："'我年纪比他大'相比的都不是'我的年纪'和'他的年纪'，而是'我'和'他'两个人，'我年纪比他大'也可以说'我比他年纪大'，从后一种说法里也可以看出比的是人，不是年纪。"

根据李蓝（2003）的文献调查，现代汉语中存在"A 过式"的差比句。他说，在老舍、王朔、刘心武、汪曾祺等十七位现代作家的文学作品中，以"大、高、多、强"等四个形容词为例，"A 过式"比较句共有 23 例，其中，"高过"有 16 例。如：

(4) a. 人还能大过天去吗？
　　b. 秦干事详细地在纸上列下了王景的合适与不合适，结果不合
　　　 适的这边文字要多过数倍。
　　c. 台下掌声一潮高过一潮。
　　d. 他弯着腰，低着头，袖着双手，顶着一阵强过一阵的西北
　　　 风，踏着深雪，艰难地朝粮店的方向走去。

"过"跟形容词融合，则"过"是成分统制 A 的核心，根据其语义，我们也设定它为量度范畴，高过引进数量成分的量度范畴。"更"在句法位置上是比"过"更高的量度范畴，当 Deg 实现为"更"的时候，数量短语常常表示不定量。如：

(5) a. 张三比李四更大一点儿。
　　b. 个子高一点儿的那个比矮的那个更漂亮一些。
　　c. 他说的比奥尼尔更糟一些。
　　d. 它们是双子座里最亮的星，北河三比北河二更亮一些。
　　e. 蛋类的保存期比肉类更长一些。

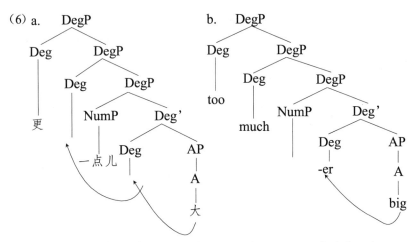

(6)中有多个量度范畴。"更"会阻止形容词的进一步移位,如:

(7) a. 张三比李四更大一点儿。　　＊张三更大李四一点儿。
　　b. 张三比李四大一点儿。　　　　张三大李四一点儿。

性质形容词在表量上有正向与负向之分,(8a)为正向形容词,(8b)为负向形容词。如:

(8) a. 大、长、粗、厚、快、高、胖、好、积极、漂亮、聪明、勤快、善良
　　b. 小、短、细、薄、慢、矮、瘦、坏、消极、丑、愚蠢、笨、懒惰、恶毒

正向形容词,像"高",它不仅仅说有一定的高度,而且还表示有显著的高度。说某个人高,是说这个人在某个范围内具有显著的高度。带有数量短语或用于比较级时,正向形容词的显著效应会消失:

(9) a. This door is 2 feet wide.

　　b. This door is wider than that door.

　　c. This door is wide.

(10) a. My father is 4 feet tall.

　　b. My father is taller than my mother.

　　c. My father is tall.

(11) a. This pool is 1/2 inch deep.

　　b. This pool is deeper than that pool.

c. This pool is deep.

以上各组的（a）与（b）都不能蕴含（c）。汉语中的正向形容词也是如此，如：

(12) a.　这个门两米高。
　　 b.　这个门比那个门高。
　　 c. ?　这个门高。

负向形容词不能带数量短语，但可用在比较级中。用在比较级中，可蕴含它的肯定形式：

(13) a. ?? This door is 2 feet narrow / short.
　　 b. 　 This door is more narrow / shorter than that door.
　　 c. 　 This door is narrow / short.

这里的（13b）蕴含着（13c）。汉语的负向形容词也是如此。

正向形容词与负向形容词在使用上具有不平衡性。这种不平衡性有些是强制的，如第一点；有些是非强制的，如第二至第四点。

第一，确定量的数量短语。正向形容词可以受数量短语修饰，而负向形容词不能受数量短语修饰。

(14) 两尺高　　　　　＊两尺矮

第二，对确定量的数量短语的提问。一般用"多"提问数量短语，"多"修饰的也只能是正向形容词，不能是负向形容词。

(15) 这个房子有多高？　　＊这个房子有多矮？

第三，极小量的数量短语。极小量的数量短语"（一）点儿"只能修饰负向形容词，不能修饰正向形容词。如：

(16) 那个教室有点儿脏。　＊那个教室有点儿干净。
　　 他哥哥有点儿懒。　　＊他哥哥有点儿勤快。

第四，在"A 不如 B＋adj"和"A 没有 B＋adj"的比较句中，一般只能用正向形容词，而不能用负向形容词。如：

(17)　我不如姐姐聪明/勤快/高/好。
　　 ＊我不如姐姐愚蠢/懒惰/矮/坏。

四 形名合成词

性质形容词,本身没有量特征,它的量特征是由 Deg 指派的。这意味着它可以接受 Deg 的扩展,也可以不接受 Deg 的扩展。接受 Deg 扩展,Deg 就必须有语音实现,否则需借助于其他功能范畴的允准。所以,一般来说,性质形容词之前没有量度范畴的标志时,它本身就是个词,而不会以词的身份去充当短语,除非在句子中有别的成分允准它。这个属性,使得性质形容词可以参与词法计算。如:

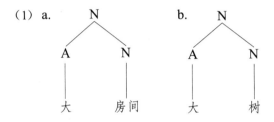

"大房间"与"大树"都是形名合成词。

吕叔湘(1979)说:"有人说,'大树'可以换成'大的树','大车'不能换成'大的车',这是语法上的分别。不对,这仍然是'大车'的词汇意义所加的限制。并且'大树'和'大的树'也不是一回事,在语法上是很有分别的。把'大的树'和'大树'等同起来,好像有没有一个'的'字没有什么关系,这就小看了这个'的'字了。'的'字虽小,它的作用可不小。没有'的'字,前边的形容词和后边的名词都不能随便扩展,有'的'字就行了,例如'挺大的一棵百年大树'('大树'至多能换成'大松树','大柳树')。可见有'的'和没有'的'是很不相同的两种结构,即使都叫做短语,也应该有所区别。"

性质形容词可以直接参与词法计算,受量度范畴扩展之后就不能参加词法计算了,它只能参与句法计算。如:

(2)　　A　　　　　　　B　　　　　　　　C
　　　好朋友　　　　＊很好朋友　　　　很好的朋友
　　　高楼　　　　　＊很高楼　　　　　很高的楼
　　　漂亮女孩　　　＊非常漂亮女孩　　非常漂亮的女孩
　　　危险人物　　　＊非常危险人物　　非常危险的人物

第九章　形容词短语

　　高尚情操　　＊十分高尚情操　　十分高尚的情操
　　简单方法　　＊十分简单方法　　十分简单的方法

（2A）是复合词，（2C）是短语。（2B）不合法，因为这组复合词内部有量度短语（DegP）。当扩展性质形容词的量度范畴有语音实现时，扩展名词的一些功能范畴也能获得语音实现。如：

（3）挺大的一棵树　　　　很薄的一层纸
　　很红的一朵花儿　　　特香的一碗饭

反之则难，如：

（4）＊大的一棵树　　　　＊薄的一层纸
　　＊红的一朵花儿　　　＊香的一碗饭

　　朱德熙（1956）也认为"不能说'红（的）一朵花儿''小（的）三间屋子'"，其理由是"如果中心语所指的不是类名，而是个别的、特殊的事物，那就不能在它前面加限制性定语"。我们不妨将"A 的 N"直接看作复合词，因为其中的 A 没有量度范畴的扩展，也没有得到 TP 内部其他功能范畴的扩展，不能构成 TP，相应的就不能关系化，也就不能得到 DP。相应地，如果 A 得到量度范畴的扩展，也就能够构成 TP，并能关系化。如：

（5）

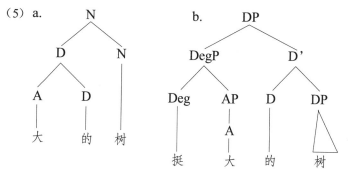

　　（5a）符合"词＋词"为词的假设，（5b）符合"短语＋短语"为短语的假设。（5a）中的"树"为词，不能被扩展，如（4）；（5b）中的"树"为短语，可以被扩展，如（3）。下面似乎是反例：

（6）a. 两人在吃饭，只有一碟菜：两条鱼，<u>一大一小</u>。一位先生先把<u>大的那条鱼</u>夹了，另外一个勃然大怒。

b. 这姚司务面红似火，发白如银，一双眼一大一小，大的那只右眼，炯炯有神；手臂亦是一粗一细，俾不相伦。

c. 这是最近天空中难得一见的景象，但是我们却每天都在看着这两颗星的动向，每天都在猜，这两颗星今天有没有出现。大的那颗应该是金星，小的那颗是木星。我很喜欢，很漂亮。

（6）不是反例，它实际上是通过焦点允准的。

将"A 的 N"处理为复合词，可以解释其中的"N"为什么不能受量词、数词等功能范畴的扩展，但不太好解释并列缩减现象。如：

（7）a. 火车和汽车　　　　　＊[火和汽]车
　　　b. 新车和旧车　　　　　＊[新和旧]车
　　　c. 新的车和旧的车　　　　[新的和旧的]车

"火车"与"汽车"是复合词，它们不能进行并列缩减；"新车"与"旧车"，按照第一章的测试也是复合词，它们也不能进行并列缩减。"新的车"与"旧的车"可以进行并列缩减，按理它们不是复合词。不过我们也可以有另外一种处理策略，就是不将"[新的和旧的]车"处理为"新的车"与"旧的车"的并列缩减，而是当作"新的和旧的"与"车"的同位结构。如：

（8）

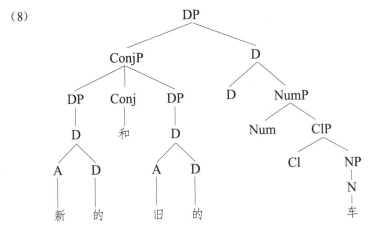

这个时候，名词"车"可以受数量成分修饰了，如"新的和旧的两种车"、"新的和旧的那两种车"。

状态形容词强制性地受量度范畴扩展，而且扩展状态形容词的量度范畴没有语音实现，这使得状态形容词只能以词的身份充当短语。也就是说，状态形容词具有短语属性，这使得它不能参与词法计算，即不能成为合成词的内部成分。如：

(9) * 雪白衬衫
　　* 红通通脸
　　* 古里古怪人

简单地说，就是状态形容词不能直接做定语，而必须在加"的"之后才能做定语。如：

(10) 雪白的衬衫
　　 红通通的脸
　　 古里古怪的人

扩展其中名词的一些功能范畴能获得语音实现。如：

(11) 雪白的一件衬衫
　　 红通通的一张脸
　　 古里古怪的一个人

吕叔湘将"大的树"判断为短语，是因为他将"大"变成了朱德熙的状态形容词"挺大的"，即先将量度范畴扩展"大"之后做出的判断。

沈家煊（2011）注意到状态形容词与性质形容词、动词、名词的差异。这种差别实际上是短语与词的差别。状态形容词因固有的量特征而只能扩展为短语 DegP，而性质形容词、动词与名词可以以词的身份参与词法计算。合成词中不能内嵌短语，这使得状态形容词不能成为合成词的内部成分，而性质形容词、动词、名词可以成为合成词的内嵌成分。

☞ 推荐阅读

胡建华、石定栩 2005 完句条件与指称特征的允准，《语言科学》，第 5 期。
黄南松 1994 试论短语自主成句所应具备的若干语法范畴，《中国语文》，第 6 期。
吕叔湘 1979《汉语语法分析问题》，北京：商务印书馆。
沈家煊 2011 从韵律结构看形容词，《汉语学习》，第 3 期。
熊仲儒 2013 量度范畴与汉语形容词，《世界汉语教学》，第 3 期。
张伯江 2011 现代汉语形容词做谓语问题，《世界汉语教学》，第 1 期。
朱德熙 1956 现代汉语形容词研究，《语言研究》，第 1 期。
朱德熙 1982《语法讲义》，北京：商务印书馆。

练习十

（一）热身练习

1. 下列结构有的合法，有的不合法，为什么？

    (1) a. * 很漆黑　　　　* 非常热乎乎　　　* 最通红
        b. * 乌黑极了　　　* 冰凉得不得了　　* 通红得很

    (2) a. * 她很高高兴兴地回去了。
        b.   她高高兴兴地回去了。
        c.   她很高兴地回去了。

    (3) a. * 第二天早上，玉宝把脸和手洗得很干干净净。
        b.   第二天早上，玉宝把脸和手洗得干干净净的。
        c.   第二天早上，玉宝把脸和手洗得很干净。

2. 在现代汉语中，只能说"他有点儿骄傲"、"他有点儿小气"，不能说"* 他有点儿虚心"、"* 他有点儿大方"，这是为什么？但又能说"他有点儿太虚心了"、"他有点儿太大方了"，这又是为什么？

3. 为什么"长一点儿""短一点儿"都可以说，而"谦虚一点儿"可以说，"骄傲一点儿"不能说？

4. 分析下面两组短语的结构类型，并根据它们的语法性分析其语义特征。

    a. 长三十公分　　　　* 短三十公分
       宽二十五米　　　　* 窄二十五米
       高一米八　　　　　* 矮一米八
       重五十千克　　　　* 轻五十克

    b. 长了三十公分　　　短了三十公分
       宽了二十五米　　　窄了二十五米
       高了一米八　　　　矮了一米八
       重了五十千克　　　轻了五十克

   ➤ 答题提示：
   　　(a) 组是主谓结构，形容词须具有［＋正向］语义特征，所以可以用"长、宽、高、重"，而不能用"短、窄、矮、轻"；(b) 组是动宾结构/动补结构，形容词的语义特征为［±正向］。(a) 组在理解为动宾结构/动补结构时，可成立。

（二）巩固练习

1. "他的书包比你的书包大"中"你的书包"可以省略"书包"，但不可以省略"的书包"；"今年的成绩比去年的成绩好"中"去年的成绩"可以省略"成绩"，也可以省略"的成绩"。为什么会有这种不同？试说明比较句的省略规律。

➢ 答题提示：

一是语法上能否省略，一般来说词汇核心（即有价名词）不能省略；二是语义上能否省略，即省略之后会不会改变语义。如：

(1) a. 他的爷爷比你的爷爷老。　　b. *他的爷爷比你的老。
(2) a. 他的书包比你的书包大。　　b. 他的书包比你的大。
(3) a. 他的书包比你的书包大。　　b. *他的书包比你大。
(4) a. 今年的成绩比去年的成绩好。　b. 今年的成绩比去年的好。
(5) a. 今年的成绩比去年的成绩好。　b. 今年的成绩比去年好。

（1）中名词短语的中心语不可省略，因为它是词汇核心，所以（1b）不合法；（2、4）中名词短语的中心语都可省略，因为它们都不是词汇核心，所以（2b）（4b）合法。（3b）与（5b）严格上不算省略，其 Compare 引进的分别是"你"与"去年"，比较的对象分别是"你"与"去年"，（3b）的不合法是比较对象选错了。

2. 从表面上看，"我的年纪比他大"似乎不合逻辑，因为比的是两个人的年纪，不是"我的年纪"和"他"这个人。从这个角度看，好像"他"字后头省略了"年纪"，合乎逻辑的说法应该是"我的年纪比他的年纪大"，但有人认为这种看法是不对的。为什么？

3. "有三尺长"是连谓结构还是动宾结构，为什么？

➢ 答题提示：

应该分析作动宾结构，"有"是轻动词，"三尺长"这个 DegP 为其补足语，可处理为宾语。当轻动词没有语音实现时，DegP 直接做谓语，如"那匹布三尺长"（可假定没有选择轻动词扩展）；如果轻动词吸引形容词核心移位，可得到"那匹布长三尺"；如果轻动词实现为"有"，可得到"那匹布有三尺长"；如果轻动词实现为"是"，可得到"那匹布是三尺长"。从类比上说也是如此，如：

他有三尺布。　　　　　这匹布有三尺长。
他有没有三尺布？　　　这匹布有没有三尺长？
他连三尺布都没有。　　这匹布连三尺长都没有。
三尺布他应该有。　　　三尺长这匹布应该有。

4. 有的教材认为"很高"的"高"为形容词，而"三尺高"的"高"为名词,这有没有道理?

➤ 答题提示:

没有道理,因为"三尺高"中的"高"可以受副词性代词修饰,如"三尺那么高"。可指派如下结构:

Deg 选择的指示语可以是数量短语,如"三尺高、两米长、四斤重",也可以是名词短语,如"三根筷子那么高、碗口那么粗"等。

5. 根据下面的偏误语例,归纳产生偏误的原因。

 a. *她每天都打扮得美美丽丽的。

 b. *那些工艺品都做得细细致致的。

 c. *她把我的房间打扫得干干净净极了。

 d. *我们一说到她的男朋友,她的脸就很通红通红的。

 e. *下课后,同学们都很高高兴兴地走出了教室。

 f. *这个比那个大大儿的。

 g. *她的头发金金黄黄的。

 h. *那个孩子的小手冻得通通红红的。

 i. *姐姐比我漂漂亮亮。

 k. *中国的孩子没有我们快快乐乐。

6. 分析下列句子的语法性。

 (1) *今天比昨天很冷。 *这个问题比那个问题简单极了。

 (2) *今天比昨天非常冷。 *这个问题比那个问题简单得不得了。

 (3) 今天比昨天更冷。 这个问题比那个问题更简单。

 (4) 今天比昨天冷得多。 这个问题比那个问题简单得多。

7. "解释很清楚"、"解释清楚"在结构上有什么不同,为什么?

8. 以"考得好"为例谈谈状态补语与可能补语的区别。

9. 性质形容词受"很"修饰之后为什么不能直接做补语?
   （1） * 吃很饱　　　　* 听很清楚　　　　* 打扫很干净
   （2）　 吃得很饱　　　　 听得很清楚　　　　 打扫得很干净
10. 观察下列现象，并作出解释。
   （1）　 很好的车　　　* 很好车　　　　很好一辆车
   （2）　 挺干净的房间　* 挺干净房间　　挺干净一个房间
   （3）　 十分老实的人　* 十分老实人　　十分老实一个人

第十章 并列短语

> **学习要点：**
> 1. 了解并列测试的句法作用及其局限性。
> 2. 了解并列项的同类要求，不仅要求范畴相同，也要求语法单位相同。
> 3. 了解连词缺乏范畴特征，其值由指示语的特征值确定。
> 4. 了解并列短语也要适应双分支结构的要求。

一 非结构体的并列

(一) 双宾句

一般来说，只有结构体才可以并列，但实际上，非结构体也能并列。朱德熙（1982）曾指出："双宾语构造是一个述语同时带两个宾语。这两个宾语各自跟述语发生关系，它们互相之间没有结构上的关系。按照这种看法，双宾语格式只能三分（述语、近宾语、远宾语），不能二分。不过我们也可以采取另外一种观点，即把双宾语格式看成是述宾结构带宾语的格式。"如：

(1) a. 送 张三 一本书　　b. 送 张三 一本书

结构体要穷尽地包含（支配）所有的直接成分，在（1a）中"张三""一本书"与"送"才能构成一个结构体，在（1b）中"送"与"张三"可构成一个结构体。这两种切分都表明两个宾语不是一个结构体，但这两个宾语却可以并列。如：

(2) 李四送了（张三一本书，王五一支笔）。

对此，我们认为双宾句的结构应该如下：

(3)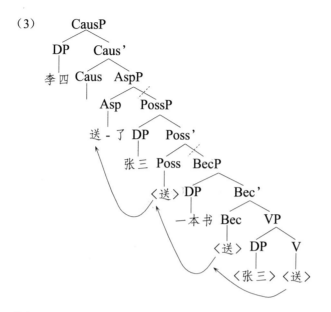

"张三"首先跟"送"合并,这是因为它前面可以实现"给",如"李四送了一本书给张三"与"李四送给了张三一本书"。根据嫁接与移位同向假设,"给张三"要首先跟"送"合并,所以"张三"也要跟"送"首先合并。结构显示:"张三"后于"一本书",但在句子(2)中"张三"却前于"一本书"。这说明"张三"需要移位,只有通过移位才能调整到"一本书"之前。我们设置了领有范畴 Poss,让它激发"张三"移位,"张三"最终将移往 Asp 的指示语位置,"送了"将移往 Caus 位置。图示(3)显示:近宾语跟远宾语虽然不是一个结构体,但它和动词的语迹可以构成 AspP。

(二) 把字句与被字句

类似的现象很多,比如说把字句中的"把"、被字句中的"被"在传统语法中常常被当作介词,理应跟后边的名词短语构成介词短语。如:

(1)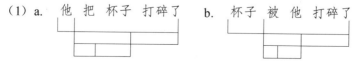

而事实上,"把"后的成分可以并列,而且"被"后的成分也能并

列。如:

(2) a. 急得我把(帽子也摘了,马褂也脱了)。
b. 这一趟把(往日没见过的世面也见着了,没吃过的东西也吃着了)。
c. 把(小脖颈儿一梗梗,眼珠儿一转),心里说道,"这话不错。"
d. 孩子在外面同小伙伴打架,把(新帽子扯破了一块,新鞋也弄丢了一只)。

(3) a. 他被(张三骂了两声,李四踢了一脚)。
b. 所以有些人虽幸免于枪弹,仍是被(木棍、枪柄打伤,大刀砍伤)。
c. 庄稼被(人踏马踩炮轰)。
d. 他被(亲人怀疑外人指责)。

从本书的立场看,就是因为"把"、"被"是功能范畴,可简单地图示为:

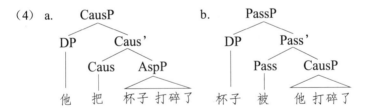

在(4a)中,"把"与"杯子"没有受到某个节点的穷尽支配,而"杯子"与"打碎了"却受到 AspP 的穷尽支配。在(4b)中,"被"与"他"也没有受到某个节点的穷尽支配,而"他"与"打碎了"却受到 CausP 的穷尽支配。

(三) 的系名词短语

人们常常用并列测试判断一个符号串是不是结构。范继淹(1985)说:"如果 ABC 组合的后两项能扩展为并立结构(BC+B'C'),则 ABC=A(B+C);例如'他很高'可以扩展为'他很高,很瘦',所以层次组合是"他|很高"。反之,如果 ABC 组合的前两项能扩展为并立结构(AB+A'B'),则 ABC=(A+B)C;例如'红的花'可以扩展为'红的和白的花',所以层次组合是'红的|花'。"朱德熙采用的也是并列测试,他(1966)指出:"我们在《说'的'》里指出,'S_1 的、

S_2 的…S_n 的 M'一类格式的存在最能证明'的'的后附性。"如：

(1) a. [真的、善的、美的] 东西　b. *[真的、[善的、[美的东西]]]

朱先生认为这个短语的修饰语是并列的（1a），而非递加的（1b），从语义直觉上来说确实如此。目前句法学的分析技术，除了修饰语的并列分析与递加分析之外，还可以有"右向节点提升"（right node raising）分析，如（2a）：

(2) a. [真的 e 善的 e 美的 e] 东西
　　b. [白的 e 或黑的 e] 裤子
　　c. [John loves e and Mary hates e] Oysters.
　　d. [Jack might e but Jill will e] sue the pharmaceutical company.
　　e. [我经常 e 而他很少 e] 抽烟。
　　f. [所有的男孩儿都喜欢 e 而所有的女孩儿都讨厌 e] 那个歌手。
　　g. [我喜欢 e 而他不喜欢 e] 喝啤酒。

尽管目前可能还没有人使用它分析"定中结构"，但在别的结构中已经使用，如（2c—d）。（2c—d）反映的"右向节点提升"分析确实存在，因为 [John loves and Mary hates] 本身是不合法的成分，是不能分析作并列结构的。从（2a）可见，右向节点提升分析不仅可避免递加分析（1b）所造成的语义错觉，而且可保证朱先生的并列分析（1a）所反映的事实。另外，"右向节点提升"在汉语中不是孤立的现象，除了偏正结构（2a—b）中"中心语"能右向提升之外，还有（2d—e）中的部分谓语与（2f—g）中的宾语也能右向提升。

贺川生、蒋严（2011）认为右向节点提升不可信，他们说："我们不能把'广义的和狭义的两种含义'说成是'广义的两种含义和狭义的两种含义'或'广义的含义和狭义的两种含义'。其不合理是显而易见的。"以下是他们的语例：

(3) a. 大体上说来，婴儿可分成容易的、困难的和迟缓的三种类型。
　　b. 在不同的领域里，物资的概念也不一样，具有广义的和狭义的两种含义。
　　c. 它可以向积极的和消极的两方面转化。
　　d. 出土的金饼、金钣，大体有一斤重的和一两重的两类。

(4) a. 我们热烈欢迎来自中国的和外国的各国嘉宾。
　　b. 武林大会上汇聚了来自东方的、南方的、西方的和北方的各方高手。
　　c. 描写春天的、夏天的、秋天的和冬天的四季赞歌。
　　d. 红的、蓝的、紫的和黄的各色花朵。

贺川生、蒋严的分析是对的，可惜他们分析的语例并非定中结构，而是同位结构。如果"真的东西"是短语，可分析为（5a）；如果"真的东西"是复合词，可分析为（5b）。如：

(5)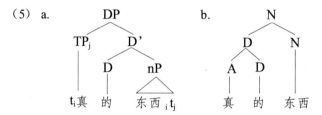

贺川生、蒋严所提到的结构可作如下分析：

(6)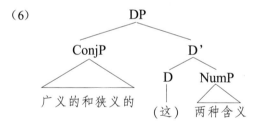

二　非同类结构体的并列

一般认为并列的两个成分同类。Radford（1988）指出："在非临时活用的场合，并列的两个成分应该属于同一词类或同一语类。"如：

(1) a. John wrote [to Mary] and [to Fred].（介词短语与介词短语并列）
　　b. John wrote [a letter] and [a post card].（名词短语与名词短语并列）

c. * John wrote [a letter] and [to Fred].（名词短语与介词短语并列）

d. * John wrote [to Fred] and [a letter].（介词短语与名词短语并列）

学界常用并列测试检验两个成分是否属于同一个句法范畴。如：

(2) a. * [_D my] and [_A lazy] son

b. * [_A silly] and [_D these] ideas

这一测试表明限定词 D 和形容词 A 不属于同一范畴，因为二者不能并列。然而，沈家煊（2009）却发现汉语有大量不同类成分可以并列。如：

(3) 罪与罚，泪与笑，性与死，性与睡，人与斗，情与变，时间与忙，艺术与捧，吃与营养，时间与忙，上海人与吃，长寿与吃盐，裸体与出书，肾病与出疹子，杂文与骂人，女人与花钱，买房与风水，盲文与育人，穷人和买房，睡眠与做梦，年与熬年，佛教与教佛，爱情与熬粥，（并非为了）利益和出名，读书人和读书，比价和贬值，车祸和堵路，挂号公司与看病，春天和防病，股与做人，垃圾广告与挨骂，眼前得失与受穷，一夜情与做工程，早期教育与看电视，孙子兵法与抢反弹，取财之道与抢银行，（梦见）蛇和被抓，梦境和心跳，梦与哭泣，罪与惧怕，收购及其他，股价与跌涨，退出和退出状态，瑜伽和慢跑，烟斗与倒走，日记与偷窥，记忆法和快读，精神的底色与渐变，生死与捧杀，知情权与不知情，责任与不作为，穷人的尊严与不羞辱，（我爱你的）条件与不争，房产商和死扛价，诚信和不折腾，铜兽首与瞎折腾，速食文化和细嚼慢咽，五七干校和上山下乡，利润和持续发展，早期诊断与及时治疗，操作策略与及时解盘，版权保护与特别保护，爱国之心和努力工作，社区卫生服务与看病贵，女人挨骂与"浪"女人，死罗神即将登场和最新 TV 播放时间表

(4) 才与狂，人与贪，力与美，我与帅，裤与酷，核与和，内环境和稳，婚姻与孤独，傲慢与偏见，雨季和懒散，小物和聪明，光感与飘逸，天才与勤奋，流氓和不仗义，（女人的）大度和

不安全感，草民和不识相

其实英语也是如此，如：

(5) a. I consider John crazy and a fool.
　　b. Bill is unhappy and in trouble.
　　c. John walked slowly and with great care.
　　d. [$_{PrP}$ I [$_{Pr'}$consider$_i$ [$_{VP}$ John$_j$ t$_i$ [$_{PrP}$ [$_{PrP}$ t$_j$ e crazy] and [$_{PrP}$ t$_j$ e a fool]]]]]

Bowers（1993）认为这些并列项的不同类是表面的，其实这里的并列项都是述谓短语 PrP，如（5d）。汉语中非同类结构体的并列现象也可以做类似处理。如：

(6) a. 图书和出版　　　b. 这本书和它的出版

(6a) 是短语，其中的"图书"与"出版"都是以词的身份充当的短语，而不是词。如：

(7)

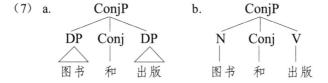

短语中除了核心之外，其他的成分都必须是短语。（7a）符合结构要求，其中"图书"与"出版"都是短语；（7b）是错误的，因为其中"图书"与"出版"都是词。如果用双分支结构，则（7a）可表示成（8）①：

---

① 我们认为功能范畴是扩展词汇范畴的范畴，很显然连词扩展的不是最后一个并列项中的词汇范畴，故需设置另一词汇范畴 X。学界虽采用双分支结构，但一般不设置抽象谓词。如：

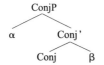

(8)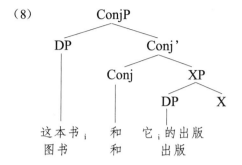

X是词汇核心,指示抽象的事件图景,"和"为其选择论元。"这本书"与"图书"决定了整个短语为限定短语DP。在这个图示中,"这本书"不对称地成分统制"它",所以能约束"它"。注意,"它"的局部语域是它所在短语DP内部的n^*P。英语中也有类似现象:

(9) a. Every man$_i$ and his$_i$ dog left.
 * His$_i$ dog and every man$_i$ left.
 b. every man$_i$ and two of his$_i$ children.
 * two of his$_i$ children and every man$_i$.
 c. every man$_i$ and a picture of himself$_i$.
 * a picture of himself$_i$ and every man$_i$.

学者根据这类现象认为并列结构应采用双分支结构,而不能采用多分支结构。唯有双分支结构才能保证并列项之间的不对称的成分统制关系。Zhang(2006)也指出汉语的类似现象:

(10) a. 每个孩子$_i$和他$_i$的父亲都呆在家里。
 b. * 他$_i$的父亲和每个孩子$_i$都呆在家里。

沈家煊(2007)指出:"'图书和出版'或'这本书和它的出版'中的两个并列项,尽管在句法上属于不同的范畴,但是在语用上都属于'指称语'的范畴,前者指称事物,后者指称活动。"从本书的观点看,就是因为"图书"与"出版"都受限定范畴D扩展,而且也都因为D的扩展而成为同类成分。

三 结构的范畴特征

并列短语最为特殊,它可以是体词性短语,也可以是谓词性短语。

"和、跟、同、与、及"连接名词性短语,"而且"连接谓词性短语。如:

(1) a. 他喜欢语言学与逻辑学。
     * 他喜欢语言学而且逻辑学。
   b. * 她年轻与漂亮。
     她年轻而且漂亮。

朱德熙(1982)指出:"由'和、跟、与、及'等连词连接谓词性成分造成的联合结构却是体词性的,不是谓词性的。比如说,'做诗画画儿'本来是谓词性联合结构,加上连词'跟'之后,'做诗跟画画儿'就转化为体词性的联合结构了,这种格式只能做主语宾语,不能再做谓语,也不受副词修饰。"如:

(2) 大家做诗画画儿　　　　　* 大家做诗跟画画儿
    常常做诗画画儿　　　　　* 常常做诗跟画画儿
    做诗画画儿都不容易　　　做诗跟画画儿都不容易
    他就喜欢做诗画画儿　　　他就喜欢做诗跟画画儿

根据词汇核心在后,扩展它的功能范畴在前,我们可以为"做诗跟画画儿"指派结构(3a),为"做诗画画儿"指派结构(3b):

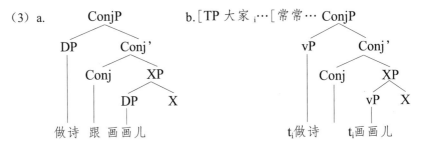

在(3a)中,"跟"跟指示语协约操作,指示语为"跟"的范畴特征定上"[+N,-V,+F]"值,并使得整个短语为名词性;在(3b)中,指示语为连词定上"[-N,+V,+F]"值,并最终使得整个短语为动词性。所以,我们不妨认为连词的范畴特征没有值,其值由指示语定。按朱德熙的语感,就是"跟"对所选择的成分有范畴上的要求,即名词性。

"和"跟"与"既可以选择名词性的成分,又可以选择动词性的成分,它所连接的动词性成分可以带宾语、补语,也可以做谓语中心。以下是选择动词性成分的语例:

第十章 并列短语

(4) a. 他像兄长一样地<u>爱护和关心</u>我们姐妹俩。
b. 在座的都是热心<u>扶持和关心</u>帮助双双小姐的贵宾。
c. 我们要<u>继承和发扬</u>革命的优良传统。

(5) a. 两个特区回归以后根据自己的实际情况<u>选择和规划了</u>发展的方向。
b. 活动现场到处<u>悬挂和张贴着</u>以两国国旗为背景的马中友好年横幅和宣传画。
c. 湖南、四川、宁夏等地也曾经<u>发现和摧毁过</u>制毒窝点。

(6) a. 1956 年 12 月朱光潜正面<u>提出了和论证了</u>他的美学观点。
b. 在高原那两条钢轨之间,<u>发生了和发生着</u>多少平凡而又难忘的故事。
c. 在中国荒芜的山区确实<u>成功了和存在过</u>一个乌托邦。

(7) a. 进一步做好新形势下金融工作,必须<u>深刻理解和全面把握</u>中央的决策和部署。
b. 政府<u>坚决纠正和严肃处理了</u>在城镇房屋拆迁、农村土地征用和征收等方面侵犯群众权益的违法行为。
c. 各级人民法院<u>受理和及时审结了</u>一大批知识产权民事纠纷案件。

(8) 这一支年轻的技术队伍一定会很快地<u>成长和壮大</u>起来。

(9) a. 中央的有关文件,我们正在认真地<u>学习和讨论</u>。
b. 老师讲的你要认真地<u>听和记</u>。
c. 多余的房子只能<u>卖和出租</u>。

(4) 中的并列项没有带时体范畴,(5) 中后一个并列项带了时体范畴,(6) 中两个并列项都带了时体范畴,(7) 中的并列项可以被扩展,(8) 中的并列项可以带补语,(9) 中并列项做谓语中心。这些实例不管怎样处理,最终的结果都说明连词的范畴特征本身没有值,需要它的某个并列项为其定值①,在这里,我们假定为连词范畴特征进行定值的是

---

① Cowper(1987)认为非核心成分也能渗透特征,其条件是核心成分没有指定这些特征。其原文是:"In a structure $[_\alpha \beta \gamma]$, or $[_\alpha \gamma \beta]$, α projection of β, features from γ will percolate to α iff β is not specified for those features." 如:

a. Nobody's car would I borrow.　To nobody would I speak.(否定特征的渗透)
b. Whose book did you read?　To whom would you speak?(疑问特征的渗透)

其指示语。

英语并列短语内部的指示语也决定着连词的范畴特征的值,连词将获得的范畴特征值向母亲节点渗透。如:

(10) a. You can depend on <u>my assistance</u>.
   b. * You can depend on <u>that he will be on time</u>.
   c. You can depend on <u>my assistance</u> and <u>that he will be on time</u>.
   d. * You can depend on <u>that he will be on time</u> and <u>my assistance</u>.
(11) a. Pat was annoyed by <u>the children's noise</u>.
   b. * Pat was annoyed by <u>that their parents did nothing to stop it</u>.
   c. Pat was annoyed by <u>the children's noise</u> and <u>that their parents did nothing to stop it</u>.
   d. * Pat was annoyed by <u>that the parents did nothing to stop the children's noise</u> and <u>the bad radio sound</u>.

"depend on"选择名词短语(10a),不能选择子句(10b),子句与名词短语并列时,名词短语只能在前,试对比(10c)与(10d)。(11)也是如此。

汉语也有类似的情况,《青藏高原》中有一句歌词"我看见一座座山,一座座山川,一座座山川相连……",网上有很多人认为这是一个病句,理由是"座"与"川"搭配不当。实际上"一座座山川"是可以的,而换成"一座座川山"不行。因为"山川"并列之后,渗透的是"山"的属性;而"川山"并列后,渗透的是"川"的属性。

☞ 推荐阅读

储泽祥 2002《汉语联合短语研究》,长沙:湖南大学出版社。
范继淹 1986《范继淹语言学论文集》,北京:语文出版社。
贺川生、蒋严 2011 "XP+的"结构的名词性及"的"的语义功能,《当代语言学》,第 1 期。
沈家煊 2007 汉语里的名词和动词,《汉藏语学报》,第 1 辑。
沈家煊 2009 我看汉语的词类,《语言科学》,第 1 期。
朱德熙 1980 关于《说"的"》,《现代汉语语法研究》,北京:商务印书馆。
朱德熙 1982《语法讲义》,北京:商务印书馆。

第十章 并列短语

📖 练习十一

(一) 热身练习

1. 怎样区分连词与介词,请举例说明。

2. 为什么下列两组句子的变换行为不同?

   (1) 我和王先生是教师。　=> 　我是教师,王先生是教师。

      张三和李四是上海人。=> 　张三是上海人,李四是上海人。

      大葱和生姜是调料。　=> 　大葱是调料,生姜是调料。

      约翰和贝利是英国人。=> 　约翰是英国人,贝利是英国人。

      纸张和笔砚是文具。　=> 　纸张是文具,笔砚是文具。

   (2) 我和王老师是同乡。　=> 　* 我是同乡,王老师是同乡。

      小红和小玲是亲姐妹。=> 　* 小红是亲姐妹,小玲是亲姐妹。

      李瑞和杨民是夫妻。　=> 　* 李瑞是夫妻,杨民是夫妻。

      老王和老萧是老战友。=> 　* 老王是老战友,老萧是老战友。

▶ 答题提示:

   (1) 中的名词表示属性,(2) 中的名词表示关系,可分别表达为"λx 教师 (x)" 与 "$\lambda y\ \lambda x$ 同乡 (x, y)"。这种关系可采用并列结构,也可采用领属结构。如:

     a. 我$_x$和王老师$_y$是同乡。　　　　b. 我$_x$是王老师$_y$的同乡。

   表属性的名词,其主体 x 是可分解的,如 (1);表关系的名词,其主体 (x 和 y) 是不可分解的,如 (2),因为分解后其中一个论元得不到解释,如 "λy 同乡 (我, y)"。

(二) 巩固练习

1. 如果"被"是被动范畴,下列各句该如何分析?

   (1) 同志们的精力一点一点地被深雪、被冰窝、被不停的喘气和跌跤消磨尽了。

   (2) 一会儿,这美妙的声音被树、被草、被一个广漠的空间吞噬了。

▶ 答题提示:

   (1) 可以采用右向节点提升进行分析,也可以采用删略进行分析。如:

     同志们的精力一点一点地 [被 [深雪 e_i]、被 [冰窝 e_i]、被 [不停的喘气和跌跤 e_i]] 消磨尽了$_i$。

     同志们的精力一点一点地被深雪消磨尽了、被冰窝消磨尽了、被不停的喘气和跌跤消磨尽了。

2. 请提供并列测试说明下列结构的切分。

   (1) 主・动・宾

　　　　他爱祖国。　　　　老王在楼上开会。
（2）主·"是……的"
　　　　这是他的。　　　　花儿是红色的。
（3）动·数量·名
　　　　买了一本书。　　　　吃了两回饭。
（4）助·动·宾
　　　　你要看戏？　　　　我们只会叹气。
（5）动（补）·宾·"来"（去）
　　　　倒杯茶来。　　　　唱起歌来。
（6）介词结构·动·宾
　　　　在家里洗衣服。　　　从潜山回来。

3. 根据以下并列测试指派结构。
　（1）买了一件衬衫，两双袜子。
　（2）看过一次电影，一次话剧。

4. 请为下列句子指派句法结构。
　（1）张三送了李四一本书。
　（2）张三送给李四一本书。
　（3）张三把书送给了李四。
　（4）书被张三送给了李四。

5. 并列测试可能碰到的问题是什么？请举例说明。
➢ 答题提示：
　　一般来说，能够并列的成分都是结构体，但有时并非如此，情形大致如下：
　（1）核心移位：嫌疑人去过［银行两次、邮局一次］。
　（2）右向节点提升：［小陈昨天、老赵今儿早上］都去探望过病人了。
　（3）边缘语料：(?) 他们从苏州买了丝绸，南京买了盐水鸭。
　　如果要遵守"能够并列的成分都是结构体"的假设，必须采用一些技术手段，如移位。

第十一章 词汇范畴

> **学习要点：**
> 1. 了解词汇范畴的范畴特征及其句法影响，如有[-N]特征的词可以带名词性补足语，有[+N]特征的词不能带名词性补足语。
> 2. 了解名词、形容词、动词、介词的语法属性由扩展它的功能范畴决定。
> 3. 了解区别词的不成词问题。

一 范畴特征

词可分为词汇范畴（lexical category）与功能范畴（functional category）。功能范畴是扩展词汇范畴的范畴。词汇范畴可分为名词、动词、形容词、介词等，功能范畴可分为轻名词、轻动词、轻形容词、轻介词、限定范畴 D、时制范畴 T、话题范畴 Top 等。词汇范畴与功能范畴的区分跟实词与虚词的区分不完全对应。实词里的数词、量词、代词等在本书中属于功能范畴，助词里的"的"、"得"、"给"分别被识别为限定范畴、达成范畴与被动范畴，介词里的"把"、"被"、"比"等分别被识别为致使范畴、被动范畴、目标范畴等。词汇范畴的范畴特征如下：

(1) a. N：[+N，-V]　　b. V：[-N，+V]
　　c. A：[+N，+V]　　d. P：[-N，-V]

有 [-N] 特征的词可以带名词性补足语，如（2-3）中的动词、介词；有 [+N] 特征的词不能带名词性补足语，如（4-5）中的形容词、名词。

(2) a. The Romans destroyed the city.

　　b. Poirot will analyse the data.

(3) a. Peter is in London.

　　b. He is outside the house.

(4) a. Poirot is envious of Bertie.
　　b. Bill is afraid of the dark.

(5) a. the Roman's destruction of the city
　　b. Poirot's analysis of the data

形容词与名词可以带子句性补足语。如：

(6) a. Bill is afraid that the computer will crash.
　　b. the fact that she stole the diamond

汉语的形容词与名词也不能带名词性补足语，需要通过"对"引进，且放置在形容词与名词之前。如：

(7) 大家对腐败现象很气愤。　　他对什么事情都很麻木。
　　泰国人民对我们很友好。　　张三对人很热情。
　　那狼狗对她特别友善。　　她对谁都很冷淡。
　　她对这一带并不陌生。　　张三对修摩托车最在行了。
　　他对电视机很精。　　　　李老头对这条山路很熟。
　　他对电视机很精通。　　　李老头对这条山路很熟悉。

(8) （他们）对祖国的感情　　（人们）对旅游的兴趣
　　（人们）对弱者的同情心　（他）对艺术的灵感
　　（大家）对这件事的反应　（人们）对陌生人的戒心
　　（村长）对他的敌意　　　（他）对工作的热情
　　（泰国人民）对中国的好感（他）对妇女的偏见
　　（他）对这个问题的结论　（他）对新加坡的印象
　　（他）对考试的意见　　　（他）对这部影片的感想
　　（他）对校长辞职的说法　（阳光）对生命的意义

形容词的补足语也可以由"于"等引进。如：

(9) a. 实践高于理论的认识，因为它不但有普遍性的品格，而且还有直接现实性的品格。
　　b. 在这件事上，干部落后于群众。
　　c. 我们忠诚于教育事业。
　　d. 她伤心于自己的爱完全不被了解，倒像自己的骨头贱，喜欢作牛马似的。

由于"于"可以跟形容词融合,所以"于"引进的论元可以位于形容词之后。

二 名词

名词常常受量词、数词、限定词的扩展,限定词的母亲节点 DP 常常直接被扩展动词、介词的轻动词、轻介词选择作论元,但不能被副词修饰。名词被功能范畴扩展后,相应的功能范畴不一定非得有语音实现,如:

(1) a. 客人来了。 b. 张凤来了。

但也不难实现这些功能范畴,比如说专有名词:

(2) a. 这李莫愁是你师伯,是不是?
b. 这李辅国就官升了,就升成管家了。
c. 这人叫李弈。这李弈非常漂亮,但是他主要还不是漂亮,他非常有才干。
d. 好一个杨本伦,为了庄里的父老乡亲,龙门敢跳,狗洞也钻!
e. 究竟到二十一世纪中国还是不是需要再出一个杨仁山去外国搬运失传佛学回来,再出一个欧阳竟无研究并发扬呢?
f. 最要紧的事,就是要和那个杨晓蝶彻底断掉!

双音节的方位词也是名词。如:

(3) a. 那上面总盖着一幅剪纸花儿,不是龙、凤、福、寿,就是榴、藕、荔、桃。
b. 她们在竹林子前面找了两块大石头,拿锄头把那上面的浮泥刮掉了,面对面坐着叹气。
c. 他觉着那双手又大,又有劲儿,他嗅到那上面散发出来的、浓烈的汽油味儿。

有些名词在受限定范畴扩展的时候,可能永远找不到合适的语音形式去实现限定范畴,但这也不影响我们将之识别为名词,如"去年、今年、今天、昨天"等。

动词、形容词也可以受量词、数词扩展,如(4),所以朱德熙

（1982）强调名词不受副词修饰。

（4）北风那个吹　　　　　　雪花那个飘
　　 玩儿个痛快　　　　　　吃个没够
　　 来一个逃跑　　　　　　来一个掉头就跑
　　 好一个教书育人　　　　好一个领军领先
　　 搞它个水落石出　　　　打它个落花流水
　　 动他个一动　　　　　　试上他一试
　　 三分赞成，七分反对　　一分同情，九分担心
　　 有一点儿慢　　　　　　有些快

名词之所以不能受副词修饰，是因为副词只能修饰谓词性成分。下面似乎是反例，如：

（5）她都大姑娘了。　　　　今天已经星期三了。
　　 他才小孩儿。　　　　　我也潜山人。
　　 你简直大傻瓜。　　　　他们俩都黄头发。
　　 她大大的眼睛，小小的嘴。　她还一个孩子。

"大姑娘、星期三、小孩儿、潜山人、大傻瓜、黄头发"等是复合名词，"大大的眼睛、小小的嘴、一个孩子"是名词短语。复合名词做谓语，常常是主语的不可分离的部分或重要特征，具有显著性；如果对主语来说，没有显著性，则需要对举。如：

（6）这个人黄脸，黑眼睛。　　她妹妹黑皮鞋，白衬衫。

名词短语或以数量词为定语或以形容词短语或状态形容词为定语。如：

（7）房顶上一只喜鹊。　　　＊房顶上喜鹊。
　　 桌上许多灰尘。　　　　＊桌上灰尘。
（8）这个人挺高的个子。　　＊这个人高的个子。
　　 这孩子圆圆的脸，大大的眼睛。＊这孩子圆的脸，大的眼睛。

（5）表面看来，是副词修饰名词，其实不是，因为其中名词受轻动词扩展，成了谓词性短语，朱德熙（1984）称之为"准谓词性偏正结构"。如：

(9)

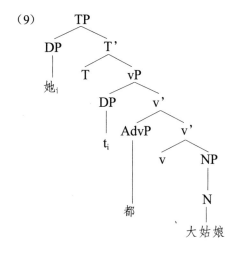

(9) 显示"大姑娘"等仍为名词性短语,"v-大姑娘"为谓词性短语。

三 形容词

McCawley(1992)认为动词跟形容词有以下不同:(1)动词可以直接跟宾语组合,但形容词通常不能,只能靠介词引出名词宾语。(2)动词可以接受三个论元成分;形容词最多只能有两个论元成分,且通常只带一个。(3)形容词可以直接修饰名词,而动词要靠某种形式变化才行,如用分词形式,比如"sleeping child"。(4)无论在形态上还是在语序上,程度成分和比较成分跟形容词结合都比跟动词结合更直接。(5)形容词做谓语时通常要靠一个系词连接,而动词不必。第一个特征跟范畴特征有关,第二个特征跟选择性有关,第三个特征跟词法计算有关,第四个特征跟扩展动词与形容词的量度范畴的语音实现有关,第五个特征跟扩展动词与形容词的时制范畴有关。在这五个特征中,只有第一条跟第三条跟词类有关,其他三条跟扩展的功能范畴的选择性与核心特征有关。

形容词受量度范畴扩展。扩展状态形容词的量度范畴没有语音实现,而扩展性质形容词的量度范畴有语音实现。量度范畴在核查固有的量特征时是不会有语音实现的,只有在核查可选的量特征时才有语音实现。如:

(1)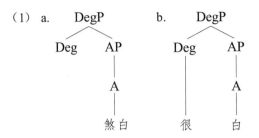

不过，网络语言正在试图填充扩展状态形容词的量度范畴。如：

(2) 为什么一到冬天我的手脚就<u>很冰冷</u>，而夏天反而身体很烫？
我的皮肤算得上是白，但不是<u>很雪白</u>的那种，有点儿黄。
孩子的心灵是<u>很雪亮</u>的，所以我们要保持童心。
为什么有的人喝酒后脸上会<u>很通红</u>，有的人就不红？
最近申彗星把自己练得很结实，晒得<u>很黝黑</u>，看上去很男人。
路边有一种树，闻起来<u>很喷香</u>，有很小的白色花朵，谁知道是什么树吗？
是不是女人抽烟喝酒，去酒吧玩儿就<u>很稀烂</u>？
右后胎爆了，爆得很坚决，很彻底，<u>很粉碎</u>！没啥说的，为自己的急躁买单吧。

沈家煊（2011）的解释是"状态形容词的摹状性在磨损减弱，需要通过一定的方式来重新增强摹状性"。这可能是一个原因，此外，无语音的量度范畴也为"很"提供了位置。这些状态形容词受"很"修饰，也表明状态形容词确实受量度范畴 Deg 扩展。

朱德熙（1982）认为凡受"很"修饰而不能带宾语的谓词是形容词。应该说，朱德熙的分布标准是目前最为成功的标准。从生成语法的角度看，他考虑到了形容词的范畴特征，因为形容词具有［＋N］特征值，这使得它不能带名词性补足语；他也考虑到了形容词短语的扩展状况，即形容词受量度范畴扩展。问题是：

第一，朱德熙没有考虑到量度范畴的语音实现问题。"煞白、冰凉、通红、喷香、粉碎、稀烂、精光……"等状态形容词只是受量度范畴核查固有量特征，该量度范畴不能实现为"很"。在生成语法中，不管这个范畴有无语音实现，都是存在的。

第二，朱德熙没有考虑到形容词还可以受别的功能范畴扩展。这使得形容词不是绝对不能带宾语。例如：

(3) 红着脸　　　　红了脸　　　　　　红过脸
　　空着手　　　　空过手　　　　　　斜着身子
　　粗着脖子　　　粗过脖子　　　　　扁着嘴巴
　　聋了耳朵　　　瞎了眼睛　　　　　坏了事了
　　一下子黄了脸　不要脏了我的手
　　高你一头　　　大他三岁　　　　　忙了你一天

形容词之所以可以带宾语，那完全是轻动词扩展的结果。形容词受轻动词吸引并移位，产生转类现象，可简单地图示为：

(4)

袁毓林（2010）说："从严格意义的词的同一性角度看，形容词带宾语时从意义到功能发生了转变，即变为动词了。"从我们的角度看，"红"仍旧是形容词，派生的"红-e"才是动词。(4)是通过句法派生的，我们在第一章也曾从词法的角度谈过。

一般认为形容词一旦带上宾语就变成动词了。范晓（1983）认为这会产生两个问题：第一，如果音义同一的形容词一带上宾语便转变成动词之说能成立，则音义同一、只是用法略有差别的词似乎都可看作"兼类词"。比如"慢车"、"慢走"中的"慢"，就得看作兼属形容词和副词，"他骄傲"、"骄傲使人落后"中的"骄傲"，就得看作兼属形容词和名词。但这样一来，汉语的词类区分就乱了套了。第二，汉语中的形容词带宾语不是非常普遍，但也决不是个别的或少量的。假如形容词一带宾语就变成动词之说能成立，则汉语中动、形兼类的数量就相当大。范先生的意见值得考虑，在我们看来，形容词是可以带宾语的，只要它受动词性功能范畴扩展。

四 动词

朱德熙（1982）指出：凡不受"很"修饰或能带宾语的谓词是动词。能带名词性宾语，粗略地说，是其范畴特征使然；严格地说，跟扩展动词的功能范畴的phi-特征集有关。带完整phi-特征集的轻动词可以为宾语的格特征定值，反之则不能。一般来说，动词有四类，分别是双及物动词（如"送"）、单及物动词（如"打"）、非作格动词（如"哭"）与非受格动词（如"死"）。双及物动词是带双宾语的动词，它常常受Caus与Bec扩展，也会受到别的范畴的扩展。单及物动词是带单宾语的动词，常常受Do扩展，也会受到别的范畴的扩展。非作格动词是一种不及物动词，但它跟及物动词类似，受Do扩展，Chomsky（1995）认为它是隐含的及物动词。非受格动词也是一种不及物动词，常常受Bec扩展。

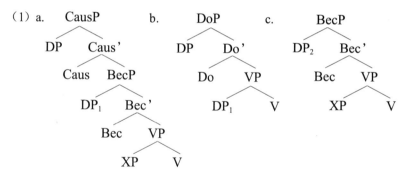

Caus与Do都可以给宾语的格特征定值，即（1a）与（1b）中的DP_1的格特征都是由Caus与Do定值的；而Bec既不能给（1a）中的XP（当其为名词性短语时）的格特征定值，也不能给（1c）中的DP_2的格特征定值。如：

(2) a. A man$_i$ came t$_i$.
   b. There came a man.

"came"是非受格动词，Bec不能给"a man"指派格，所以在（2a）中，"a man"与T协约操作，由T为其格特征定值；在（2b）中，因与T协约的there的phi-特征集不完整，T还需要跟"a man"进行协约操作，并为"a man"的格特征定值。再如：

(3) a. _____ broke the window

　　b. The window broke.

(3) 中 "the window" 的提升，就是因 "break" 是个非受格动词，扩展它的 Bec 不能为其格特征定值。如：

(4) [$_{TP}$ ⋯T⋯ [$_{BecP}$ [the window] [$_{Bec'}$ [Bec　] [$_{VP}$ [broke]]]]

T 具有完整的phi-特征集，它能给 "the window" 的格特征定值。激发 "the window" 移位的是 T 的主语特征。再如：

(5) a. John broke the window.

　　b. [$_{TP}$ ⋯T⋯ [$_{CausP}$ [John] [$_{Caus'}$ [Caus] [$_{BecP}$ [the window] [$_{Bec'}$ [Bec] [$_{VP}$ [broke]]]]]

由（5b）显示，"the window" 的格特征可由 Caus 定值，协约之后 "the window" 就不再活跃了；T 跟 John 进行协约操作。汉语的情况与此相同，如：

(6) a. 来了客人　　　　　b. 沉了三艘货船

(6) 中的动词为非受格动词，Bec 不能为动词指派格，所以（6a）中的"客人"与（6b）中的"三艘货船"跟时制范畴 T 进行协约操作，并由 T 为其格特征定值。

受 Bec 扩展的主动词必须是活动动词、完成动词或动态形容词，唯有如此，才能产生某种结果。如：

(7) a. 他把张三骂了一顿。

　　b. 那件事把张三累病了。

静态动词，如存现动词（有、在）、属性动词（是、属于）、趋向动词（上、下、下去）等不能受 Bec 扩展，也就不能出现于"把"字句。如：

(8) a. *他还没把那本词典有了。

　　b. *人们把玫瑰是爱情的象征。

　　c. *我至今还把西藏去过。

　　d. *我三年只把家回过一次。

这些动词所表示的动作都无法使所涉及的另一事物发生某种变化，或达成某种结果状态。

心理动词等在被选择论元的功能范畴扩展之后，还可以接受量度范畴扩展。如：

(9)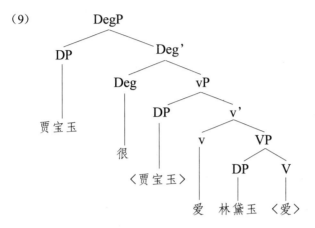

除了心理动词受量度范畴扩展之外，别的动词也可以受量度范畴扩展，因为量度范畴选择的是整个 vP 或扩展 vP 的时体短语，如"他很有钱/他很有经验/他很写了几篇文章"。

一般书上都会特别提到趋向动词。这类动词介于动词与介词之间，既可以跟动词融合，又可以跟动词分离。如：

(10)　　　　A　　　　　　　　B　　　　　　　　C
　　a. 抬上来了一桶啤酒　抬了一桶啤酒上来　抬上了一桶啤酒来
　　b. 扔下来了一个酒瓶　扔了一个酒瓶下来　扔下了一个酒瓶来
　　c. 搬进来了一张桌子　搬了一张桌子进来　搬进了一张桌子来
　　d. 拿出来了一本词典　拿了一本词典出来　拿出了一本词典来
　　e. 买回来了两件衣服　买了两件衣服回来　买回了两件衣服来
　　f. 搬过来了一把椅子　搬了一把椅子过来　搬过了一把椅子来
　　g. 捞起来了一条鲤鱼　捞了一条鲤鱼起来　捞起了一条鲤鱼来
　　h. 抬上去了一桶啤酒　抬了一桶啤酒上去　抬上了一桶啤酒去
　　i. 扔下去了一个酒瓶　扔了一个酒瓶下去　扔下了一个酒瓶去
　　j. 搬进去了一张桌子　搬了一张桌子进去　搬进了一张桌子去
　　k. 拿出去了一本词典　拿了一本词典出去　拿出了一本词典去
　　l. 买回去了两件衣服　买了两件衣服回去　买回了两件衣服去
　　m. 搬过去了一把椅子　搬了一把椅子过去　搬过了一把椅子去

（11） a.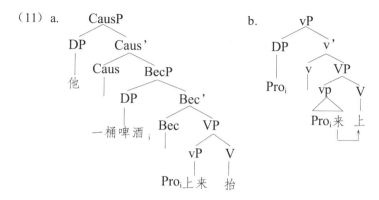

在（11a）中，"抬"可以单独移位，如（10B）；"上"跟"抬"融合，如（10C）；"上来"跟"抬"融合，如（10A）。"上来"也是由融合生成，如（11b）。

五 介 词

介词作为词汇范畴，其论元也应该由功能范畴引进。为介词引进论元的功能范畴，我们称之为轻介词。如：

（1） a.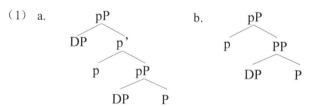

（1a）认为 p 为介词 P 引进两个论元，（1b）认为 p 为介词 P 引进一个论元。英语中介词可以引进两个论元，如：

（2） a. I'm in Wuhu.
　　b. I'm from Qianshan.
　　c. The book is on the table.

当然不是所有的介词都是二元介词，对于一个介词而言，也不是任何时候都可以是二元介词。如：

（3） a. He went up（the stairs）.
　　b. He is outside（the house）.

汉语也可以做类似处理。介词由轻介词扩展，并由轻介词选择论

元。在有些语境中,有些介词的主语论元可以提升为句子的主语,有些介词的主语论元只能采用 Pro 形式。如:

(4) a. 他在教室。
　　b. 他在教室看书。
　　c. 他把书放在教室。

(5) a. [TP 他… [pP [< 他 >] [p' [p] [PP [教室] [在]]]]
　　b. [TP 他ᵢ… [vP [< 他 >] [v' [pP Proᵢ 在教室] [v' [看书]]]]
　　c. [TP 他… [CausP [< 他 >] [Caus' [Caus 把] [BecP [书ᵢ] [Bec' [Bec]
　　　　[VP [pP Proᵢ 在教室] [放]]]]]]]

　　轻介词不能为介词的宾语的格特征定值,介词为其宾语指派固有格。动词也可以为其宾语指派固有格,前提条件是毗邻。
　　在英语中,双宾句是动词首先跟与事合并,还是动词首先跟受事合并,学界有不同的看法,而且都有理论根据,前者根据的是 Larson (1988) 的题元等级,后者根据的是 Grimshaw (1990) 的题元等级①。在汉语中,如果考虑"嫁接与移位同向假设",则只有唯一的合并方式,因为汉语的双宾句中存在动介融合。如:

(6) a. 张三送了李四一本书。
　　b. 张三送给了李四一本书。

这就要求动词首先跟与事合并,与事最后移位到 Asp 的指示语位置。如:

(7)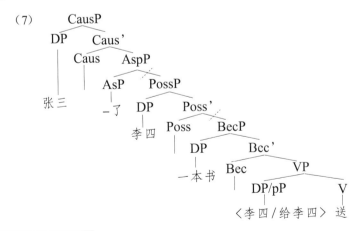

---

① Larson (1988) 的题元等级是 "Agent > Theme > Goal > Obliques", Grimshaw (1990) 的题元等级是 "Agent > Experiencer > Location / Goal / Source > Theme", 差别在于 Theme 的相对位置。

"给"可以向"送"核心移位，根据"嫁接与移位同向假设"，只能生成"送给"。"送"或"送给"通过核心移位，可以分别得到（6a）与（6b）。

（7）中的动词如果没有接受 Poss 的扩展，则在 Caus 实现为"把"的情况下推导出（8a），在动词持续移位到 Caus 之后得到（8b）。如：

(8) a. 张三把这一本书送给了李四。
　　b. 张三送了一本书给李四。

介词"给"的作用有两个：语义上，补足动词的传递义；句法上，为与事指派固有格。在图示（7）中，只有 Caus 能为受其成分统制的最近的基础位置上的 DP 的格特征定值，Bec 等不能为与事的格特征定值，与事只能依赖于词汇范畴指派固有格，固有格要求指派者与接受者毗邻。在动词核心移位到 Caus 之后，由于受事隔离了动词跟与事，这就需要介词为与事指派固有格。如：

(9) a. 张三送了一本书给李四。　　＊张三送了一本书李四。
　　b. Bill sent a book to Mary.　　＊Bill sent a book Mary.

汉语 Caus 可以实现为"把"，这可以使得动词跟与事毗邻，介词的出现具有可选性，除非动词的传递义不显著。如：

(10) a. 张三把这一本书送给了李四。
　　 b. 张三把这一本书送了李四。

（10a）中有"给"，（10b）中没有"给"。在双宾句中，与事跟动词也毗邻，其中的介词也具有可选性。如（11a）与（11a'）：

(11) a. 张三送了李四一本书　　 a'. 张三［送给］了李四一本书
　　 b. Bill sent Mary a book　　b'. ＊Bill sent［to Mary］a book

汉语的动介可以融合，这使得介词移位后的名词短语必须跟着移位。英语动词一般不融合，这使得介词短语不能移位，如（11b）与（11b'）的对立。

六 区别词

"小型、慢性、公共"等区别词有以下六个特点：（1）都可以直接修饰名词；（2）绝大多数可以加"的"，修饰名词；（3）大多数可以加"的"，用在"是"字后面；（4）不能充当一般性的主语和宾语；（5）不能做谓语；（6）不能在前边加"不"或"很"。从本书的观点看，它们恐怕还算不上词，如果硬要把它算上词的话，不妨认为它们是没有范畴特征的词。比如说"小型"，一般都认为它是非谓形容词，人们之所以将"小型"看作非谓形容词，是因为它只能充当定语；朱德熙（1982）叫这类词为区别词，"区别词是只能在名词或助词'的'前边出现的粘着词"、"从意义上看，区别词表示的是一种分类标准，因此区别词往往是成对或成组的"。朱德熙（1985）认为区别词"语法功能上的特点是只能修饰名词或者在'的'字前头出现"。这些性质实际上表明它们是构词成分，如：

(1) a.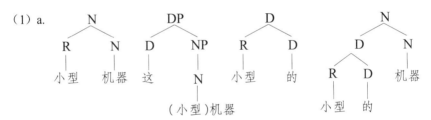

在这构造中，"小型"是哪类词是无关紧要的，因为该特征对句法或词法计算关系不大。

我们不把区别词考虑作形容词，是因为它不受量度范畴扩展；我们不把区别词考虑作名词，是因为它不受限定范畴、数词、量词的扩展。受限定范畴、数词、量词的扩展的，能够充当主宾语；受量度范畴扩展的，要么实现为"很"，要么自由地充当谓语。区别词后面出现"的"，构成的是派生词，如（1c）。该派生词仍旧可以跟"机器"构成合成词，如（1d）。说（1d）是词的理由是，其中"机器"不能被限定范畴、数词、量词扩展。如：

(2) * 小型的一台机器

朱德熙（1985）指出："'金'和'银'，有人认为是形容词里的一类（非谓形容词），有人认为是名词和形容词以外的一个独立的实词词类，管它叫区别词，还有人认为根本不是独立的词。"在我们看来，区别词"根本不是独立的词"①。

区别词可以跟"的"构成合成词或者说派生词，该派生词因为核心是"的"而具有名词性。这种派生词有的可以由功能范畴选择论元，有的不能由功能范畴选择论元，但都可以跟名词构成复合词。如：

(3) a. 这个盘子是方的。　　　　　这些文件是绝密的。
    b. *这个盘子是方。　　　　　*这些文件是绝密。
    c. *这个盘子方的。　　　　　*这些文件绝密的。
(4) a. 他买了一个方的盘子。　　　他丢了一些绝密的文件。
    b. *他买了一个是方的盘子。　*他丢了一些是绝密的文件。
(5) a. *这个语言是公共的。　　　*这个意思是原来的。
    b. 公共的语言　　　　　　　原来的意思

这里涉及的不是关系化问题，而是构词法问题，即"方、绝密、公共、原来"可以跟"的"构成派生词。"方的、绝密的"可以被等同范畴 Ident 扩展，而"公共的、原来的"不能由等同范畴 Ident 扩展。

☞ **推荐阅读**

范　晓 1983 关于形容词带宾语问题，《汉语学习》，第 5 期。
李宇明 1996 非谓形容词的词类地位，《中国语文》，第 1 期。
沈家煊 1997 形容词句法功能的标记模式，《中国语文》，第 4 期。
沈家煊 2007 汉语里的名词和动词，《汉藏语学报》，第 1 辑。
沈家煊 2009 我看汉语的词类，《语言科学》，第 1 期。
沈家煊 2010 英汉否定词的分合和名动的分合，《中国语文》，第 5 期。
沈家煊 2011 从韵律结构看形容词，《汉语学习》，第 3 期。
袁毓林 2010 《汉语词类的认知研究和模糊划分》，上海：上海教育出版社。
朱德熙 1956 现代汉语形容词研究，《语言研究》，第 1 期。

---

① 李宇明（1996）利用词类连续统的观念，在定语的范围内，就空间、程度、时间三个维度考查了区别词与名词、形容词、动词等的差异与联系，发现区别词的空间性、程度性和时间性的值都几近于零。这种发现很有趣。如果区别词"根本不是独立的词"，则"区别词的空间性、程度性和时间性的值都几近于零"的属性是不言而喻的。

朱德熙 1982《语法讲义》，北京：商务印书馆。
朱德熙 1984 定语和状语的区分与体词和谓词的对立，《语言学论丛》，第 13 辑。
朱德熙 1985《语法答问》，北京：商务印书馆。

📖 练习十二

（一）热身练习

1. 名词的语法特征是什么？请举例说明。

2. 动词的语法特征是什么？请举例说明。

3. 形容词的语法特征是什么？请举例说明。

4. 区别词的语法特征是什么？请举例说明。

5. 什么是兼类词？"端正"可以带宾语（端正态度），也可以加"很"（态度很端正），所以我们把"端正"看作形容词兼动词；"喜欢"也可以带宾语（喜欢老师），同时也可以加"很"修饰（很喜欢），但我们却并不把"喜欢"作为兼类词，这是什么原因？

（二）巩固练习

1. 下面的形容词为什么可以带宾语？
   （1）虽然她才只有十六岁，但是她却<u>惭愧</u>自己过去糊里糊涂什么也不懂。
   （2）如果我不爱小杨，哪会<u>紧张</u>他是否含冤而终，既是爱他，那么我曾为他做过什么？
   （3）罗姆<u>不满</u>希特勒的合法夺权策略，鼓吹"第二次革命"，并宣称要以暴力手段……
   （4）文绣颇有个性，向往自由，一贯<u>反感</u>清宫家法的束缚。

2. 讨论芜湖清水话"把"字句的推导。
   （1）格碗汤你把喝得 _{这碗汤你把它喝掉。}
   （2）桌子高头有一瓣西瓜，三仔，你把吃得 _{桌上有一瓣西瓜,三仔,你把它吃掉。}
   （3）那几个纸壳子留着我有用，败把甩得之 _{那几个纸盒留着我有用,别把它扔了。}

3. 分析下列句子的偏误原因。
   （1）* 他把你想了。　　　　　他把你想得饭都不肯吃。
   （2）* 他把她恨了。　　　　　他把她恨透了。

(3) * 他把那件事了解了。　　　他把那件事了解得很透彻。
(4) * 小王把小李喜欢了。　　　小王把小李喜欢上了。
(5) * 我们把他的意图感觉了。　我们把他的意图感觉到了。

4. 讨论下列句子的推导。
   (1) 这个问题必须加以解决　　* 加以解决这个问题
   (2) 要对这一情况予以考虑　　* 予以考虑这一情况
   (3) 他的人格遭受侮辱　　　　* 遭受侮辱他的人格
   (4) 他的情绪受到影响　　　　* 受到影响他的情绪

5. 讨论下列句子的推导与偏误原因。
   (1) * 我要送一件礼物女朋友。
   (2) * 明天我就还钱你。
   (3) * 我要告诉一件事妈妈。
   (4) * 请打电话我。

6. 推导下面的句子。
   (1) 他放了一本书在桌子上。
   (2) 他把那本书放在了桌子上。
   (3) 他放在了桌子上一本书。

7. "男、女、慢性、初级、野生、西式、微型、民用、私营"一类词有人归入形容词，称为"非谓形容词"；有人单独列为一类，称为"区别词"，请分析上述两种不同归类的理由，并在此基础上阐述你自己的看法。

8. 一般认为区别词只能做定语，但实际上它除了可以做定语之外还可以做状语，为什么？

做定语的区别词	做状语的区别词
高速公路	高速前进
长期贷款	长期积压
远程导弹	远程控制
多头政治	多头领导

9. 讨论下列句子的偏误原因。
   (1) * 她的衣服都很中式。
   (2) * 我喜欢特别新式的服装。

(3) * 他的病急性得很。
(4) * 我们的汉语老师男。
(5) * 来了一个男一个女。
(6) * 我们大学是公立。

第十二章 功能范畴

> **学习要点**：
> 1. 了解功能范畴在选择论元、指派题元、激发移位与决定构式意义方面的意义。
> 2. 更进一步掌握功能范畴假设。

一 选择论元

英语中的一些动词表现出论元交替现象。"laugh"、"sneeze"既可以为一元谓词，又可以为二元谓词；"kick"、"hit"既可以为二元谓词，又可以为三元谓词。如：

（1）a. He laughed.　　　　　　He laughed the poor guy out of the room.
　　　b. Frank sneezed.　　　　Frank sneezed the tissue off the table.
　　　c. Joe kicked the dog.　　Joe kicked the dog into the bathroom.
　　　d. Joe hit the ball.　　　Joe hit the ball across the field.

汉语中也有类似的现象，如：

（2）a. 秦始皇笑了。　　　秦始皇笑得孟姜女摸不着头脑。
　　　b. 孟姜女哭了。　　　孟姜女哭得长城轰然倒下。
　　　c. 豹子头画球。　　　豹子头画了一个球给朋友。
　　　d. 豹子头踢球。　　　豹子头踢了一个球到篮子里。

论元交替现象的解释大概有两种策略，一是分立词项，一是分立句式。分立词项就是将用于不同句式的词在词库中处理作不同的词项，如（3）；分立句式是固定动词的词库信息，由句式决定论元的增减，如（4）：

（3）$laugh_1$：V；{1}；{agt}；+ [＿]
　　　$laugh_2$：V；{1, 2, 3}；{agt, theme, goal}；+ [＿NP, PP]

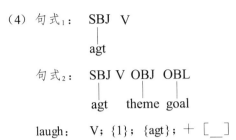

laugh: V; {1}; {agt}; + [__]

"laugh"用到句式₁中正好匹配,用到句式₂中则缺少theme、goal论元,这需要靠句式₂贡献两个论元。应该说,分立词项与分立句式这两种做法是等价的。

从纯句法的角度看,分立词项是可取的,可以使句法推导摆脱句式的影响,但这样不能很好地描写人们的语言知识,因为这些用于不同句式的动词在语义上并没有差别。所以一种对策是假定动词相同,差异是由句式所影响的,但这样做的结果是让句法计算严重地依赖于句式。我们可以采用一种折中的方式,认为不同句式中同音同义的动词是相同的,不同在于扩展动词的功能范畴。也就是让功能范畴决定论元的实现。假定动词如"laugh"指示事件图景,在这个事件图景中可能存在多个参与者,可以简单地表示成:

(5) a. ∃e (laugh (e) & agt (a, e) & theme (b, e) & goal (c, e) & ⋯)
    (存在一个e,这个事件是laugh,a是事件e的agt,b是事件e的theme,c是事件e的goal,⋯⋯)

b.

为生成"He laughed the poor guy out of the room",先从词库中选择动词,然后从词库中选择两个功能范畴v,如v_1与v_2,则它们会在"laugh"所指示的事件图景中选择agt、goal、theme,可记作:

(6) a. laugh-v_1:(goal, theme)
    b. laugh-v_1-v_2:(agt,(goal, theme))

这些所选论元与主动词、功能范畴所建构的句法结构可以表示成:

(7)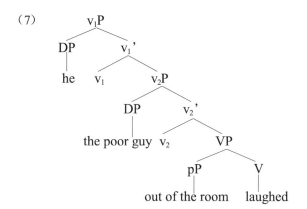

扩展动词的功能范畴的数目不同，则实现的论元数目也不同，(8)中的动词由两个选择论元的功能范畴 v 扩展，(9)中的动词只由一个选择论元的功能范畴 v 扩展。

(8) a. We rolled [the ball] [down the hill].
　　b. He filled [the bath] [with water].
　　c. He broke [the vase] [into pieces].

(9) a. [The ball] rolled [down the hill].
　　b. [The bath] filled [with water].
　　c. [The vase] broke [into pieces].

如果可能的话，我们也可以确定扩展动词的功能范畴的性质，如 Caus、Bec 等。

功能范畴假设认为功能范畴不仅激发移位而且决定合并，包括论元的选择与题元的指派。将论元的选择推给功能范畴，就是因为"实词无价"。Lin（2001）观察到汉语中不仅主语表现出非选择性，宾语也表现出非选择性。它的价信息或者说论元信息来自于扩展它的功能范畴。如：

(10)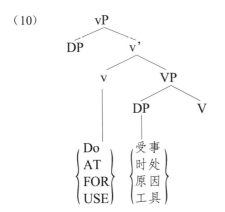

(11) a. 吃饭　　　　切肉　　　　喝酒　　　　读书
　　 b. 睡火车站　　吃饭馆　　　打室内　　　读 MIT
　　 c. 睡上午　　　飞半夜　　　打下午　　　做晚上
　　 d. 哭国破家亡　吃头痛　　　玩儿趣味　　气这个荒谬的结局
　　 e. 写这支笔　　切这把刀　　垫这本书　　喝那个杯子

同一个动词也可以由不同的功能范畴选择不同的参与者充当论元。如：

(12) a. 吃苹果（受事）　　b. 吃大碗（工具）　　c. 吃食堂（处所）
　　 d. 吃环境（目的）　　e. 吃父母（凭借）　　f. 吃头痛（原因）

功能范畴既可以选择个体参与者作论元，也可以选择活动作论元，比如说重动句，它就是由 Caus 选择活动充当致事的。如：

(13) a. [致事 走路][Caus 把] 我走得气喘吁吁。
　　 b. [致事 走路][Caus 走得] 我气喘吁吁。
　　 c. 我 [致事 走路][Caus 走得] 气喘吁吁。

(14) a. [致事 骑马][Caus 把] 他骑累了。
　　 b. [致事 骑马][Caus 骑累了] 他。
　　 c. 他 [致事 骑马][Caus 骑累了]。

(15) a. [致事 吃糖][Caus 把] 牙齿吃坏了。
　　 b. [致事 吃糖][Caus 吃坏了] 牙齿。
　　 c. 牙齿 [致事 吃糖][Caus 吃坏了]。

Caus 选择"走路"为致事，当 Caus 实现为"把"时，会阻止"走得"进一步移位，最后会推导出（13a）；当 Caus 为零形式时，会吸引"走得"进一步移位,最后会推导出(13b);在(13b)的基础上,"我"因别的因素的激发而发生移位,最后推导出(13c)。(13)的部分结构可作如下表达:

(16)
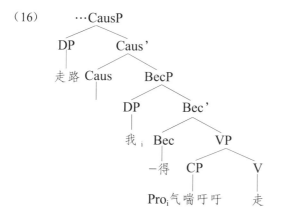

二 指派题元

(一)把字句中的役事

一般认为"把"后成分是受事,实际情况是"把"后成分既可以是受事,也可以是感事、施事、成事、处所、工具、材料、与事、领事,甚至是跟动词没有关系的参与者。如:

(1) 动词的受事。如:
严禁私自把票转送他人。
把球给我,该我发球了。

(2) 动词的感事。如:
陆大哥,你可把小弟想死了……
那件事把她恨得牙痒痒。

(3) 动词的施事。如:
这一十三招名称说将出来,只把老顽童听得如痴如狂。
没想到,他这一申辩,反倒把大家笑得前仰后合。

(4) 动词的成事。如:
他把房子建好了。
他把文章写好了。

(5) 动词的处所。如：

　　他把床板睡坏了。

　　顺妈妈把灯里添了些油，还准备开水。

(6) 动词的工具。如：

　　他把棍子打断了。

　　他把刀切钝了。

(7) 动词的材料。如：

　　他们把面揉成了馒头。

　　他们把粮食酿了酒。

(8) 动词的与事。如：

　　我们把三个平面的语法简称为三维语法。

　　我们把他叫作"王小二"。

(9) 动词后面宾语的领事。如：

　　他把橘子剥了皮。

　　他把队长撤了职。

　　他把花生去了壳。

(10) 跟动词无关。如：

　　他把一顶帽子骑丢了。

　　他把车儿玩儿误了。

　　我的故事把在场的同事都讲哭了。

　　把他眼睛哭肿了。

受事、感事、施事、成事、处所、工具、材料、与事、领事等实际上都是参与者角色，它们在句中都有一个共同的语义特征——即受某种动作行为的影响而出现某种变化的人或物或事，我们叫它役事。这个役事就是由达成范畴（Bec）指派的。

（二）存在句中的存在者

进入句式的论元的题元角色由功能范畴指派。关于这一点可能很难体会，但如果考察一些特殊句式就会发现确实如此。比如说，李临定（1984）在研究"桌子前边坐着一位画家，桌子上边铺着一张纸，纸上画着一头水牛，水牛的背上骑着一个男孩儿"时指出："单纯从意念上看，其中'一位画家'、'一个男孩儿'是施事，而'一张纸'、'一头水牛'则是受事。但是我们从语感上感到，上边的句子没有什么区别。"

为什么会出现这种情况呢？功能范畴假设认为在这种句式中扩展动词的功能范畴为存在范畴（Exist），是它向"一位画家、一张纸"等指派了题元角色（比如说"存在者"），所以语感上没有差别。如：

（1）
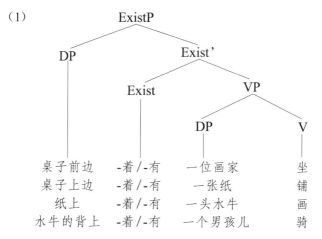

"着/有"是存在范畴的语音实现，可以跟动词融合。存在范畴可以选择各种事件参与者充当论元，并指派相应的题元，如处所与存在者。存在句可以继续受时体范畴扩展，如：

（2）
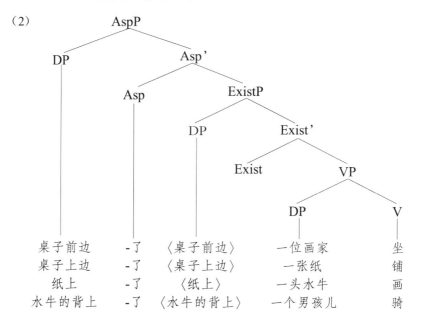

汉语动词后边不能黏附两种有语音形式的功能范畴，所以没有"V-着-了"① 这种形式。当存在范畴实现为"着"后，时体范畴就不能有语音实现；当时体范畴有语音实现时，存在范畴也不能有语音实现。"着""了"排斥，给人们的感觉是"着""了"互换。如：

(3) 椅子上坐着一个人　　　椅子上坐了一个人
　　门口停着一辆车　　　　门口停了一辆车
　　身上穿着红衣服　　　　身上穿了红衣服
　　衣柜里挂着一排衣服　　衣柜里挂了一排衣服
　　地上铺着木地板　　　　地上铺了木地板
　　门上夹着一张纸条　　　门上夹了一张纸条
　　地头架着一口锅　　　　地头架了一口锅
　　腰上别着枪　　　　　　腰上别了枪
　　纸上写着字　　　　　　纸上写了字
　　衣服上绣着一朵花　　　衣服上绣了一朵花

三　激发移位

(一) 核心移位

在句法结构中，功能范畴扩展词汇范畴。功能范畴会激发词汇范畴的核心移位，也会激发功能范畴的核心移位。当然，词汇范畴也可以既激发词汇范畴移位又激发功能范畴的核心移位。在句法结构中由于词汇核心居后，要得到汉语的句子，就必须假定功能核心吸引词汇核心的移位。如：

(1)　a. 张三吃西瓜。　　　　b. 张三吃食堂。

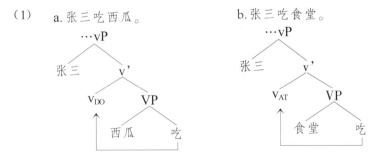

这里的功能范畴没有语音形式。像一些有语音形式的功能范畴也会吸引

---

① "瑞宣的手碰着了他的"，其中的"着"不是功能范畴。

词汇范畴的核心移位,如"着、了、过"、"得"等。如:

(2) a. 他吃着西瓜。　　　　　b. 他吃了西瓜。
　　c. 他吃过西瓜。　　　　　d. 他吃得西瓜直淌水。

这种情况在英语中也有,如 V-to-v 移位与 V-to-T 移位等。

(3) a.　　　　　　　　　　b.

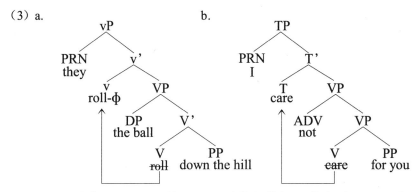

(3a) 是 V-to-v 移位,(3b) 是莎士比亚时代的英语,其中动词可以移向 T。(3) 是 Radford(2009)的分析,他将所有的核心即词汇核心与功能核心都前置。

功能核心吸引功能核心的移位,在汉语中不充分,我们目前所发现的是被动范畴"给"的移位。如:

(4) a. 雨把衣服<u>给</u>淋湿了。　　b. 雨<u>给</u>衣服淋湿了。
　　c. 衣服<u>被</u>雨<u>给</u>淋湿了。　　d. 衣服<u>给</u>雨淋湿了。

(4b) 中"给"向 Caus 移位,试对比(4a);(4d) 中"给"向 Pass 移位,试对比(4c)。

英语中功能核心吸引功能核心的移位较多,如助动词向 T 的移位,助动词向 C 的移位(Radford, 2009)。如:

(5) a. Will you marry me? 　　b. She is not suitable.

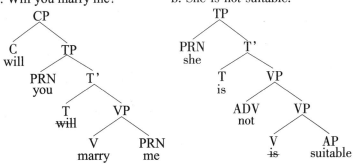

词汇核心吸引词汇核心,在汉语中较多,如动结式、动介式的生成,都涉及到词汇核心向词汇核心的移位。Baker(1988)有很多的探讨,如:

(6) a. Mbidzi zi-na-perek-a msampha kwa nkhandwe.
斑马前缀—前缀—拿—后缀兽夹给狐狸
"斑马拿了那个兽夹给狐狸。"

b. Mbidzi zi-na-perek-er-a nkihandwe msampha.
斑马前缀—前缀—拿—给—后缀狐狸兽夹
"斑马拿给狐狸那个兽夹。"

(6b)中介词跟动词融合。

(二)短语移位

汉语中的短语移位也可以归结为功能范畴的主语特征,比如说被动句中的移位可归结为被动范畴的主语特征。比如说:

(1) a. 李四被张三杀了。

b.

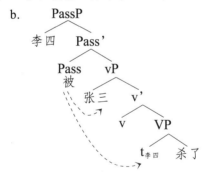

功能范畴的主语特征激发论元移位,从理论上讲"张三"跟"李四"都可以是候选对象,但最终由谁移位得要求特征匹配。"被"只能激发[-Doer]的论元移位,(1)中只有"李四"符合该特征,所以"李四"移位。

一般认为被动句的主语为受事,实际上并非如此。从"被"只能激发[-Doer]的论元移位来看,被动句的主语不能是活动的激发者或执行者,其他参与者都有可能。如:

(2) 纱厂被敌人炸毁了。(受事)
你做的事都被领导知道了。(对象)

墙上被涂满了标语。（处所）

桌子上被他堆满了书。（处所）

天井被雪花装饰得那么美丽，那么纯洁。（处所）

整个星期天都被他花在打扑克上。（范围）

她很着急，觉得一个快乐的晚上硬生生地被什么伤病和战壕玷污了。（范围）

砍刀被砍折了。（工具）

绳子被他捆了包裹。（工具）

青椒被妈妈炒了肉丝。（材料）

我被邻居家的孩子哭醒了。（跟动词无关）

在第三章，我们看到"被"扩展的是致使短语（CausP），致事是活动的激发者，所以致事不能接受"被"的激发移位，最后"被"只能激发役事位置的成分移位。役事如果是活动的执行者，也将不能接受"被"的激发移位，如：

（3）a. 放了一只鸽子。

b. 飞了一只鸽子。

（3）中的两个句子有同有异，同表现在以下三点：

第一，词类序列相同，都是"V＋了＋一只＋NP"；

第二，内部的构造层次相同，都该分析为：

（4）放了 一只 鸽子　　　飞了 一只 鸽子

第三，都可以变换为把字句。请看：

（5）放了一只鸽子。　→ 把只鸽子放了。

飞了一只鸽子。　→ 把只鸽子飞了。

异表现在：(3a) 可以变换为被字句，而 (3b) 不能变换为被字句。如：

（6）放了只鸽子。　→ 　鸽子被我放了。

飞了只鸽子。　↛ ＊鸽子被我飞了。

"鸽子"在"飞"所指示事件图景中是"飞者"，跟"被"的特征不匹配，自然不能被激发移位。再如：

（7）a. 这盆衣服把我洗累了。　　＊我被这盆衣服洗累了。

b. 这个实验做了我一下午。　　＊我被这个实验做了一下午。

c. 那本书找了我一下午。　　　＊我被那本书找了一下午。

d. 他把个犯人跑了。　　　　　＊犯人被他跑了。

这里的"我""犯人"也都是活动的执行者，在（7a—c）中分别为洗衣的人、做实验的人、找书的人，在（7d）中为跑的人。

四　确定句式的意义

（一）双宾句的领有义

给予类双宾句的句式语义来自于领有范畴 Poss。给予类双宾句跟它对应的与格句，在语义上不同，与格句中的 to 凸显一种转移的路径，双宾句凸现的是一种领有关系（possessive relationship）。如：

（1）a. Bill sent a walrus to Joyce.

　　　b. Bill sent Joyce a walrus.

Langacker（1990）用下图表达了它们的不同，如：

（2）a.　　　　　　　　b.

（2a）中粗线表达的是传递，（2b）中的粗圈表达的是领有。Langacker（1990）认为这种微妙的区别可以解释下面的句子：

（3）a. I sent a walrus to Antarctica.

　　　b. ? I sent Antarctica a walrus.

（4）a. I gave the fence a new coat of paint.

　　　b. ? I gave a new coat of paint to the fence.

他说在英语中可以给部分—整体关系赋予领有关系，所以可以把"篱笆"解释成"新的油漆大衣"的领有者，但很难想象"油漆大衣"转移给"篱笆"的路径。

Larson（1988）也认为双宾句跟与格句有不同的隐含（implicature）。双宾句（5a）有一种强烈的隐含，表明学生确实已经学会了一些法语，而与格句（5b）就没有这种隐含。这可能也暗含着"学生"是领有者。

（5）a. John taught the students French.

b. John taught French to the students.

双宾句跟与格句的语义差别就在于双宾句中有领有范畴 Poss，这种差别在汉语中也存在。如：

（6）a.　他写了一封信给我，让我转交给你。
　　　b.＊他写给我一封信，让我转交给你。
（7）a.　我曾经送一件毛衣给她，她不收。
　　　b.＊我曾经送给她一件毛衣，她不收。

沈家煊（1999）说，（7a）"一件毛衣"和"她"之间隔开，所以语义上"她"和"一件毛衣"之间不一定已有<u>领有关系</u>，（7b）"一件毛衣"和"她"紧挨着，语义上已有<u>领有关系</u>。（6）可作类似解释。如果用功能范畴假设来解释的话，区别在于一个选择了 Poss 这样的功能范畴，而另一个没有。

（二）把字句的致使义

"把"字句的语义来自于致使范畴 Caus。吕叔湘（1948）曾说："'把手绢儿哭湿'，并不是哭手绢儿，只是<u>使</u>手绢儿因哭而湿"，还有，"'把邓九公乐的拍手打掌'即可等于'邓九公乐的拍手打掌'，用一种不正规的说法，这个把字只有'<u>使</u>'或'<u>叫</u>'的意义，倘若不是完全没有意义。"宋玉柱（1981）也指出："所谓'处置'作用，不能简单地就字面理解为人对某种事物的处理，而应理解为：句中谓语动词所代表的动作对'把'字所介绍的受动成分施加某种积极的影响，以至<u>使得</u>该受动成分发生某种变化，产生某种结果，或处于某种状态。"薛凤生（1987）将把字句的语义特征定义为"由于 A 的关系，B 变成了 C 所描述的状态"（而不是 A 如何处置 B）。一般认为"把"字句有处置义。处置应该是人有目的地对某人、某物或某事进行处置，使其发生变化。

处置意味着主语是施事，但实际上"把"字句的主语除了施事之外，还有感事、主事、受事、工具、范围、关涉者、命题、外力等。

（1）施事。如：
　　校长才把康南调到我们班来。
　　王秘书把图章刻好了。
　　程心雯一把把江雁容拖了下来。
　　他把头发理了。

(2) 感事。如：
　　我把他爱上了。
　　我心里把春梅恨得咬牙切齿。
　　这位赵先生……把我恨得形诸词色。
(3) 主事。如：
　　中草药把我苦得直想吐。
　　天气把知了热得在半夜也叫。
(4) 受事。如：
　　这一点儿酒就把你喝醉了。
　　这本书把我看腻味了。
　　这些年的大锅饭把人都吃穷了。
(5) 工具。如：
　　那把刀把我的手割破了。
　　一顶轿子就把新娘抬来了。
　　手臂把一个玻璃杯带下地。
　　卡车把东西运回来了。
　　一杯水就把他救活了。
　　毛巾被把身体的中段裹得严严实实。
(6) 范围。如：
　　一个春节把孩子们的心都玩儿野了。
　　两个小时就把我走累了。
(7) 关涉者。如：
　　方先生……连这么着，刚教了几个月的书，还把太太死了呢？
　　他把可爱的小花猫死了。
　　他把个特务跑了。
(8) 命题。如：
　　唱歌把他唱红了。
　　研究火箭把人也研究穷了。
(9) 外力。如：
　　风把气球吹走了。
　　黄河水把我们的庄稼都淹了。
　　封建礼教把他害苦了。
　　传统观念把人们束缚住了。

（2—9）中的各句很难说是处置。胡附、文炼（1955）也说："把字句不一定表示处置意义，许多没有处置意义的意思，在我们的语言里也常常用把字句表示出来。"如：

（10）墙上的那枚钉子把我的衣服撕破了。
　　　这次病把我折磨苦了。
　　　他在吃饭的时候，把一块没有嚼烂的牛肉卡在食道里，咽不下去。

道理很简单，致使范畴可以选择各种事件参与者充当致事。

熊仲儒（2004）根据参与者的意愿性将把字句分成有意愿的致使与无意愿的致使，处置等同于有意愿的致使。叶向阳（2004）也指出：用致使义来说明"把"字句的基本语义，可以将"把"字句的语义统一起来。一方面，那些VP为述补结构的"把"字句可以分析为致使情景，而且那些VP只包含一个谓词的单述"把"字句由于隐含着某种结果，也可以分析为致使情景；另一方面，所谓"处置"实际上是有意志力参与的致使，那些不能用"处置"解释的"把"字句是无意志力参与的致使。

☞ 推荐阅读

胡附、文炼 1955 "把"字句问题，《现代汉语语法探索》，上海：新知识出版社。
李临定 1984 施事、受事和句法分析，《语文研究》，第 4 期。
吕叔湘 1984 把字用法的研究，《汉语语法论文集》（增订本），北京：商务印书馆。
沈家煊 1999 "在"字句和"给"字句，《中国语文》，第 2 期。
宋玉柱 1981 关于"把"字句的两个问题，《语文研究》，第 2 期。
熊仲儒 2004 《现代汉语中的致使句式》，合肥：安徽大学出版社。
薛凤生 1987 试论"把"字句的语义特征，《语言教学与研究》，第 1 期。
叶向阳 2004 "把"字句的致使性解释，《世界汉语教学》，第 2 期。

📖 练习十三

（一）热身练习

1. 现代汉语中表示存在、出现、消失意义的存现句由"$NP_1 + V + NP_2$"的格式构成，在一个存现句中 NP_1、V 和 NP_2 分别表达什么内容，从语法上看，它们各有哪些特点？请举例说明（NP_1 和 NP_2 分别表示不同的名词性词语，V 表示动词性词语）。

2. "台上坐着主席团"可以变换成"主席团坐在台上"，为什么"台上唱着戏"却不能变换成"戏唱在台上"，通过这两个句子的比较，我们可以得出什么有规律性的结论呢？

3. 讨论下列短语歧义的原因，并分化歧义。
　（1）借了他五十块钱。
　（2）这几捆书送安师大图书馆。
　（3）烧了一车炭。
　（4）倒了一杯水。

➢ 答题提示：

　　这道题通常用语义特征进行解释，实际上也可以用参与者角色（语义关系）进行解释，如（1）中的"他"是目标还是来源，（3）中的"炭"是受事还是成事。
　　（1）的歧义是由动词的语义特征不同造成的，"借"既有"［＋给予］"义，如"借给了他五十块钱"，又有"［＋取得］"义，如"从他那儿借来了五十块钱"。
　　（1）的歧义是由动名间的语义关系不同造成的，"他"既是"借"的目标，如"借给了他五十块钱"，又是"借"的来源，如"从他那儿借来了五十块钱"。

（二）巩固练习

1. 用变换的方法分析下列三个句子的不同，并说明为什么第三个句子有歧义。
　（1）台上坐着主席团。
　（2）台上唱着黄梅戏。
　（3）台上摆着酒席。

➢ 答题提示：

　　这道题一般从语义特征的角度进行回答，即"坐"类动词的语义特征为"［＋使附着］"，"唱"类动词的语义特征为［－使附着］，"摆"类动词兼具这两类语义特征。以下是变换：

（1）	↦ A	→ *B
台上坐着主席团	→主席团坐在台上	→*台上正在坐着主席团
门口站着人	→人站在门口	→*门口正在站着人
床上躺着病人	→病人躺在床上	→*床上正在躺着病人
墙上挂着画	→画挂在墙上	→*墙上正在挂着画

（2）	→	*A	→	B
台上唱着黄梅戏	→	*黄梅戏唱在台上	→	台上正在唱着黄梅戏
门外敲着锣	→	*锣敲在门外着	→	门外正在敲着锣
外面下着大雨	→	*大雨下在外面	→	外面正在下着大雨
教室里上着课	→	*课上在教室里	→	教室里正在上着课
（3）	→	A	→	B
台上摆着酒席	→	酒席摆在台上	→	台上正在摆着酒席
银行里存着钱	→	钱存在银行里	→	钱在银行里存着
黑板上写着字	→	字写在黑板上	→	字在黑板上写着
房间里架着鼓	→	鼓架在房间里	→	鼓在房间里架着

从本教材的观点看，就是"坐"类动词可以用存在范畴 Exist 进行扩展，"唱"类动词可以用活动范畴 Do 进行扩展，"摆"类动词可用这两类范畴进行扩展。

2. 用变换的方法分析下列三个句子的不同，并讨论其原因。
   （1）他送了一个新手机给女朋友。
   （2）他买了一辆自行车给小孙子。
   （3）他煮了一点儿百合汤给王大妈。

➤ 答题提示：

这道题一般从语义特征的角度进行回答，即：
"送"类词：[＋给予，－取得，－制作]
"买"类词：[－给予，＋取得，－制作]
"煮"类词：[－给予，－取得，＋制作]

从本教材的角度看可归结为能否受领有范畴 Poss 的扩展，"送"类动词可以，而其他两类不可以。"买"类动词可以有来源参与者。如：

（1）他送了一个新手机给女朋友。　　他送给了女朋友一个新手机。
（2）他买了一辆自行车给小孙子。　*他买给了小孙子一辆自行车。
（3）他煮了一点儿百合汤给王大妈。　*他煮给了王大妈一点儿百合汤。

（1）他送了一个新手机给女朋友。　*他从芜湖送了一个新手机给女朋友。
（2）他买了一辆自行车给小孙子。　他从芜湖买了一辆自行车给小孙子。
（3）他煮了一点儿百合汤给王大妈。　*他从芜湖煮了一点儿百合汤给王大妈。

非"给予"义动词如果能受 Poss 扩展，也有相应的双宾句，如"我写给他好几封信"。

3. "他把钱包丢了"有歧义吗？为什么？

4. 讨论下列句子的推导与偏误原因。
   （1）* 我把饺子吃在五道口。
   （2）* 他把花儿浇在院子里。
   （3）* 把她离婚了。
   （4）* 孩子把故事听高兴了。

➤ 答题提示：
   （1）用的是"把"字句，说明其中的动词"吃"可以接受达成范畴与致使范畴的扩展，如：

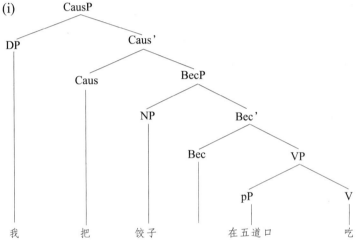

受达成范畴与致使范畴扩展，则整个句子表示"我通过吃致使饺子达成在五道口这个位置"，即"饺子本来不在五道口"，通过"吃"，最后"饺子出现在了五道口"。这跟外部世界的场景不协调，所以推导失败。如果选择合适的补语或动词，句子就会合法。如：
   （ⅱ）a. 我把饺子吃<u>在肚子里</u>。①   b. 我把饺子<u>放</u>在五道口。
这种偏误跟不了解"把"字句的句式意义有关。

5. 讨论下列句子的推导与偏误原因。
   （1）* 妈妈讲我们一个故事。

---

① 以下是类似的真实语料：
（1）穿着破衣，而把烙饼卷酱肉吃在肚中，这是真的！
（2）杂七杂八都吃在肚皮里，也没有看他们有啥不对。
（3）工人们吃在嘴里甜在心上，生产热情更加高涨。
（4）南瓜饭香喷喷的，可是吃在嘴里，却再没有了往日南瓜饭的香甜。

(2) * 请打我一个电话。

(3) * 请问好你的妈妈。

6. 讨论下列句子的推导与偏误原因。

  (1) a. * 他把门踢。   b. 他把门踢坏了。

  (2) a. * 他爱了李小姐。   b. 他爱上了李小姐。

  (3) a. * 那本小说，她读。 b. 那本小说，她读完了。

  (4) a. * 她读书读。   b. 她读书读累了。

7. 推导下列句子，讨论它们的差异。

  (1) 把他烫了一个大燎泡。   烫了他一个大燎泡。

  (2) 那蚊子把我叮了两个大包。 那蚊子叮了我两个大包。

  (3) 把孩子捂了一身痱子。   捂了孩子一身痱子。

  (4) 把辣椒炒了鸡蛋。   * 炒了辣椒鸡蛋。

  (5) 把杠子顶了门。   * 顶了杠子门。

8. "下海""下地狱"里的"海""地狱"是表示位移终点的宾语；可"下楼""下岗"里的"楼""岗"是位移起点的宾语。为什么动词"下"可以带相反方向的宾语？

9. 为什么可以说"把那支笔递给我"，而不说"*把一支笔递给我"，但又能说"我要他把橡皮递给我，他却把一支笔递给我了"？

10. "他把衣服洗干净了"能说，"他把一件衣服洗干净了"不能说，为什么？可是"他不小心把一个热水瓶打了"又能说了，这又是为什么？

11. 讨论下列句子，说说为什么。

  (1) 中国队大胜美国队。 = 中国队大胜。

  (2) 中国队大败美国队。 = 美国队大败。

  (3) 中国队惨胜美国队。 = 中国队惨胜。

  (4) 中国队惜败美国队。 = 中国队惜败。

12. (1) 组句子中的施事可以出现在动词之后，而 (2) 组句子中的施事没有出现，为什么？

  (1) 台上坐着主席团。 门口站着许多孩子。 床上躺着病人。

  (2) 台上放着野菊花。 墙上挂着一幅地图。 门上贴着对联。

13. 讨论下列两组句子,说说为什么。
　　(1) 他打篮球打得好。　　　　　他的篮球打得好。
　　　　他当老师当得好。　　　　　他的老师当得好。
　　　　他开汽车开得好。　　　　　他的汽车开得好。
　　(2) 他打球打累了。　　　　＊他的球打累了。
　　　　他想她想得发呆了。　　＊他的她想得发呆了。
　　　　他开会开得晚了。　　　＊他的会开得晚了。

14. 把字句和被字句在什么条件下不能变换?

第十三章　移位式构词法

> **学习要点：**
> 1. 将功能范畴假设与嫁接与移位同向假设扩展到词法。
> 2. 了解句法合成词与词法合成词只是操作对象不同，而其机制是相同的。
> 3. 能够推导出相关合成词。

在句法研究中，我们发现除了合并规则，还有移位规则，在合并过程中，功能范畴扩展词汇范畴，为其选择论元并激发相应的移位。在这一章，我们将句法理论反哺词法。

一　句法合成词

（一）动宾离合词

句法合成词是在句法推导中生成的词。这种合成词由核心移位生成，如动结式合成词、动介式合成词、"V-得"合成词、"V-着/了/过"合成词、"V-有"合成词等。动宾离合词其实也是通过核心移位生成的。

动宾离合词是由一个动词性成分（或语素）和其所支配的名词性成分（或语素）组成的语言形式，如"帮忙、过瘾、道歉、见面、做寿、招手、唱歌、照相、谈话、让座、争光、受伤、带路、点头、请假、跑步、做操、打拳、洗澡、散步、聊天、睡觉、争气、打球、看病、骑马、认错、刷牙、跳绳、洗脸、起床、录音、游泳、住院、超车、打仗、当兵、毕业、发烧、生气、吵架、放假、养伤"等。从词汇意义的角度看，它们很像一个词，但从语法的角度看，它则不像一个词，因为中间可以插入其他成分。如：

（1）a. 你趁没人抓紧时间在屋里洗个澡，我去把东东接回来，这衣服你换了。
　　b. 真是的，结这样的婚有什么劲啊！
　　c. 她抬起头，看见了瑞宣。她又鞠了一躬。

d. 倒他个八辈子霉，好不容易睡个早觉又碰上个收尸的，他妈的……

e. 妈，您甭操那份没味儿的心啦！正经事还让人急不过来呢！

f. 我提醒你离婚手续要抓紧时间办，别再打被动仗了。

（1a）是"洗澡"，（1b）是"结婚"，（1c）是"鞠躬"，（1d）是"倒霉"与"睡觉"，（1e）是"操心"，（1f）是"打仗"，这些离合词之间都插入了别的成分。

离合词进入句子后又常被拆开使用，两个语素不仅中间可以插入其他成分，甚至前后位置还可以颠倒。如：

(2) a. 但是当他一听说中华人民共和国成立了，就高兴得觉也睡不着，毅然决然抛弃了那里的一切，带着姐姐回到了上海。

b. 按说心操得差不多了吧，可是不行，还得接着操！

c. 那也不能让回去就回去啊！反正要是我，八次婚都跟他离了！

d. 国是不会亡的了，可是瑞宣你自己尽了什么力气呢？

（2a）是"睡觉"，（2b）是"操心"，（2c）是"离婚"，（2d）是"亡国"，其中宾语都可以前置。

语法学界有的认为这种语言形式是词，有的认为是短语，还有的认为是介于词和短语之间的过渡成分。吕叔湘（1979）认为："一个组合的成分要是可以拆开，可以变换位置，这个组合只能是短语。"他以"看书"这类一般的述宾关系组合与"打仗"、"睡觉"这类一般的离合词作比较：

(3)　看了半天书　　　打了三年仗　　　睡了一会儿觉
　　　看新书　　　　　打胜仗　　　　　睡午觉
　　　书看完了　　　　仗打赢了　　　　觉睡够了

"打仗、睡觉"与"看书"有相同的表达形式，因此吕叔湘（1979）指出："从词汇角度看，'睡觉、打仗'等等可以算作一个词，可是从语法的角度看，不得不认为这些组合是短语。"我们认为离合词是核心移位生成的句法复合词，如：

(4) a.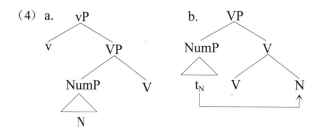

(4a) 是动词和宾语组合的图示，(4b) 是宾语核心移位的图示。根据嫁接与移位同向假设，N 嫁接于动词的右侧。如果 N 不跟 V 融合，就表现为短语；如果 N 与 V 融合，就表现为词。NumP 的证据是其中的功能范畴可以获得语音实现，如：

(5) a. 他睡了（一）（会）觉。　　他散了（一）（次）步了。
　　b. 他睡（一）（睡）觉。　　　他散（一）（散）步。

(6) a. 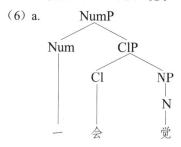　　b.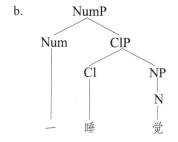

"睡"是动词，临时借用做量词，这种量词是对动词的重复，不能借用别的动词做量词。如：

(7) ＊他睡（一）（散）觉。　　　＊他散（一）（睡）步。

这种借用的量词类似于反身代词，反身代词不能提前，这种量词构成的短语也不能提前。如：

(8) a. 张三喜欢自己。　　　＊自己，张三喜欢。
　　b. 张三睡一睡觉。　　　＊一睡觉，张三也没睡。

包含动量词的短语是可以提前的，如：

(9) a. 他一会觉也没睡。　　b. 他一次步也没散。

量词由动词重复充当，"一"如果省略，则表现为动词的重叠形式，但其结构仍为"V｜VO"。因为后边的 V 是量词，所以"了"只能出现于第一个 V 之后。如：

(10) a. 睡睡觉　　　　散散步　　　　见见面　　　　洗洗澡
　　　　理理发　　　　帮帮忙　　　　跳跳舞
　　b. 睡了睡觉　　　散了散步　　　见了见面　　　洗了洗澡
　　　　理了理发　　　帮了帮忙　　　跳了跳舞
　　c. 我们只是见了见面，并没有多说。
　　d. 昨天他给我帮了帮忙就走了。
　　e. *她虽然很喜欢那件大衣，可翻翻了钱包，不好意思地走了。

动词"重叠"中的第二个动词实为量词，它与名词短语构成数量短语，充当补语，所以动词重叠式排斥数量补语与结果补语。如：

(11) a. *考完试，我要好好玩儿玩儿<u>几天</u>。
　　b. *让我用<u>用</u>　<u>一下儿</u>你的词典，行吗？
　　c. *请你把这个问题说　<u>说</u>　<u>清楚</u>，好吗？
　　d. *我女朋友下星期要来北京，我的房间很脏，我要打扫　<u>打扫</u>　<u>干净</u>。
　　e.

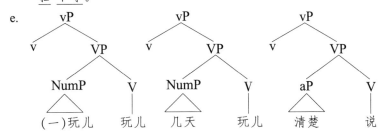

"几天"与"（一）玩儿"都是量词短语，所以相互排斥；（11c）中的"说"与"清楚"都竞争补语位置，所以相互排斥。

动宾离合词不是词库中的词，也不是词法生成的词，在句法（外部）合并时不能当作词使用，即不能直接将动宾离合词作为词汇范畴或者说动词。这使得动宾离合词跟动词有很大的差异，如：不能带宾语，不能带"着、了、过"，也不能带各种补语，还不能重叠。

(12) 作为班长，他经常帮我们。　　　*作为班长，他经常帮忙我们。
　　　她唱得很好，大家都为他鼓掌。*她唱得很好，大家都鼓掌他。
　　　昨天我们谈了很多事情。　　　*昨天我们谈话了很多事情。

(13) *我们都鼓掌着欢迎他们。　　　*我看见他时，他正跑步着。

* 我们下课了就去操场踢球。　　* 我们见面了以后，谈了很多事情。
 * 我们见面过。　　　　　　　　* 我从来没有撒谎过。
(14) * 他一感冒就发烧起来。
 * 我刚开口说话，服务员就生气起来。
 * 上课完，我们去看电影吧。　　* 理发完我去洗澡。
(15) * 我们洗澡了一个小时。　　　　* 她生病了三个星期。
 * 他结婚过两次。　　　　　　　* 我抽烟过几回。
 * 她唱歌得非常好。　　　　　　* 她跳舞得非常出色。
(16) * 爷爷每天都要到河边散步散步。* 我昨天和朋友聊天了聊天。
 * 他对我点头了点头了。

动宾离合词之所以不能再带宾语，是因为其宾语已经占据了动词的姐妹节点；之所以不能带"着、了、过"，是因为动词在宾语与它融合之前就已经发生了核心移位；之所以不能带趋向补语、结果补语，是因为这些补语首先要跟动词融合。如：

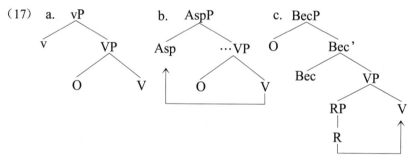

(17a) 排斥别的宾语，(17b) 中动词移位跟时体范畴融合，(17c) 中补语谓词先跟动词进行融合。数量短语可实现为宾语的内部成员。如：

(18) 我们洗了<u>一个小时</u>澡。　　她生了<u>三个星期</u>病。
 他结过<u>两次</u>婚。　　　　　　我抽过<u>几回</u>烟。

也可以构成重动句，如：

(19) 我们洗澡洗了一个小时。　　　她生病生了三个星期。
 他结婚结过两次。　　　　　　我抽烟抽过几回。

离合词是句法生成的合成词，在教学中，最好把它作为短语进行标注，这样学生就不会把它作为词进行操作。

(二)"好 V"合成词

1. "好 V"为形容词

朱德熙(1982)认为,在北方话里,"好不好"后头跟动词宾语是容易不容易的意思,其中"好"是助动词,此外,"难、容易"等几个形容词也有助动词的用法。如:

(1) 日语好不好学? 好学。
　　日语容易学,阿拉伯语难学。

我们认为"好学"等实际上是形容词,尽管"好 V"中的"好"符合朱德熙(1982)为助动词列举的四项特征:a. 只能带谓词宾语,不能带体词宾语;b. 不能重叠;c. 不能带后缀"了""着""过";d. 可以放在"~不~"的格式里。这里只有(a)与(d)是积极测试,其他都是消极测试。其中的(d)还没有排他性,因为正反重叠形式不光是针对词的,也可以针对谓词性合成词的第一个语素。另外,"好"也不符合助动词的第一个特征。如果仔细考察的话,就会发现"好 V"中的 V 算不上"好"的谓词宾语,因为"好 V"中的 V 不能像其他助动词后边的 V 那样可以自由地带宾语:

(2) a. 张三能喜欢　　　　张三能喜欢这部影片
　　b. 好研究　　　　　* 好研究这个问题

从极端情况来看,朱德熙(1982)的五项特征①,普通的双音节形容词中的首语素可以满足其中的四项。如:

(3)　　　能　　　　　好　　　　　　漂
　a.　　能来　　　　好写　　　　　漂亮
　b. *　能能来　　* 好好写②　　　* 漂漂亮
　c. *　能了来　　* 好了写　　　* 漂了亮
　d.　　能不能来　　好不好写　　　漂不漂亮
　e.　　一能!　　* 一好/一好写　* 一漂/一漂亮

如果把"亮"看作跟"写、来"一样的谓词,"好 V"中的"好"倒是

---

① 上文已经列举了助动词四项特征,另一项特征是单说,如(3e)。
② 能说的"好好写"跟"好写"没有关系,"好好写"是劝勉人努力、认真写,而"好写"是容易写。

跟"漂亮"中的"漂"非常平行,而不是跟"能来"中的"能"更平行。人们之所以将"好V"中的"好"看作助动词,而不将"漂亮"中的"漂"看作助动词,其原因可能就在于"好V"是句法生成的词。

现在的关键问题是识别"好V"为词。布龙菲尔德(1985)曾用"隔开法"判别词,他说:"一个词不能被其他形式隔开的原则,几乎适用于一切语言。比方说,black—I should say, bluishblack—birds(一些黑色的——或者说,带点儿蓝黑色的——鸟),但是我们却不能以同样的方式隔开复合词 blackbirds。这个原则的例外情况是稀罕得跟胡闹似的。"赵元任(1979)也说:"如果说到一个多音节词的中间迟疑(吞吞吐吐)起来,那么,重新说下去的时候一定从一个词的起头重说,务必使整个词无停顿地说出来。"如:

(4) 今天 a,我 ia,要——上——,·那·个·那·个——理发——,理发铺——,去理——理——理发。(赵元任,1979)

由于"理发铺、理发"是个词,中间无论怎么迟疑、拉长下去,最后还得连在一起说。用隔开法来观察"好V",同样也能发现它中间的不可停顿性。如:

(5) 这个问题嘛,好——好研究!

由此看来,"好V"也应该是词。不仅"NP+好V"中"好V"的两个成分之间不能插入任何成分,而且"好"后的动词也不能重叠。如:

(6) a. 这支笔好写。
　　 b. * 这支笔好写写。

(7) a. 你摁紧纸,我好写这个字。
　　 b. 你摁紧纸,我好(端端正正地)写(写)这个字。

(6)表明"好"跟V融合成了一个词,(7)则反映助动词"好"跟其后的V不能融合成一个词。

从结构主义的隔开法(语音停顿)和扩展法来看,"好V"应该是个词。根据"凡受'很'修饰而不能带宾语的谓词是形容词"(朱德熙,1982),"好V"应该是形容词。如:

(8) a. 加"很": 苹果很好吃　　公园很好玩儿　　这把刀很好使
　　 b. 带宾语:* 好吃苹果　　* 好玩儿公园　　* 好使这把刀

根据朱德熙的标准,我们可以把"好V"看作形容词。

郭锐(2002)认为形容词除了可以做谓语与受"很"修饰之外,还有其他一些典型特征。这些特征,"好V"也都能满足,如:

(9) a. 可以受"不"的否定,不能受"没"的否定,如:不好吃|*没好吃、不好看|*没好看;

b. 能受其他状语的修饰,如:特别好吃、非常好玩儿、十分好使、最好学;

c. 可以带补语,如:好看得很、好玩儿得很、好研究得很、好学极了;

d. 可以做补语,如:饭做得好吃、头扎得好看、书编得很好学、路修得很好走。

这表明"好V"确实是个形容词。

2. "好V"的推导

根据"嫁接与移位同向假设",我们可以假定"好"是形容词,由轻形容词 a 为其选择论元。如:

(1)

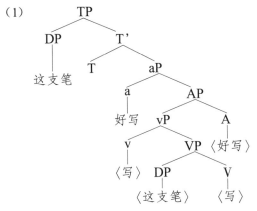

在这个图示中,"写"经由 v 最后跟"好"融合,因为右向移位,所以嫁接于"好"的右侧,得到"好V","好V"最后移位到 a。核心移位产生了"好V"这样的词,其形容词性由轻形容词 a 决定。

现在有一种"分布构词学"的学说,该学说认为句法运算的基本单位是"语素",而不是传统意义上的"词"。和短语一样,词也是在句法结构中生成的,并非由词库所提供。语素有两大类型:抽象语素和词根。抽象语素是具有普遍意义的语法特征的复合体，具有封闭性，不能随意增加新的成员，类似于我们这儿的功能范畴；词根是个别语言中概念的音义复合体，具有开放性，新的成员可以不断被加入，类似于我们这儿的词汇范畴。一般认为词的范畴属性是词库的规定，因为词是在词库中通过形态规则产生的，在进入句法运算之前就已经特征丰满；而分布构词学则认为词是在句法运算中通过形式手段生成的，词类并非词库的规定，而是句法结构的衍生物。如：

"√写"表示词根"写"，"√好"表示词根"好"，它们的范畴由扩展它们的功能范畴或者说抽象语素 v 与 a 决定，所以"写"与"好"分别为动词与形容词。

在（1）中"写"由 phi-特征集不完整的 v 扩展，这使得"写"的外部论元被贬抑，而内部论元"这支笔"的格特征又得不到核查，活跃的"这支笔"最后移位到 T 的指示语位置。v 为动词选择论元，论元可以是动词所指示的事件图景中任何参与者，既可以是通常的核心格，也可以是一些诸如"工具、材料、方式、处所"的外围格。如：

（3）　　　A　　　　　　　　B　　　　　　　　C
　　　飞机票好买　　　（他）买飞机票　　　受事客体
　　　他们好教　　　　（我）教他们体育课　与事客体
　　　道理好懂　　　　（他）懂道理　　　　对象客体
　　　论文好写　　　　（她）写论文　　　　成事客体
　　　任务好完成　　　（我们）完成了任务　使动客体
　　　这笔不好写　　　（你）写这支笔　　　工具
　　　细毛线好织　　　（他）织细毛线　　　材料
　　　男中音好唱　　　（他）唱男中音　　　方式
　　　这条路好走　　　（我们）走这条路　　处所

二 词法合成词

（一）派生词

在复合词中，核心常常是复合词的上位语素，如"火车"的"车"。在派生词中，意义的重点倒在词根上，而不在作为核心的词缀上，如"胖子"，说的是"人"，描述的是"胖"这种状态。这种情况跟"that John hit the ball"有些类似，"hit the ball"这个 VP 描述的是打球这个活动，"John hit the ball"这个 TP 描述的还是打球这个活动，即使是"that John hit the ball"这个 CP 在描述上也仍然是打球这个活动（Abney，1987）。Abney（1987）认为，功能范畴缺乏"描写性内容"，只起着"传递"描写性内容的作用。对于"胖子"这类的派生词，我们可以认为是"子"扩展"胖"。如：

(1)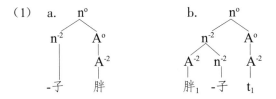

在这里，让词缀扩展词根，类似于功能范畴扩展词汇范畴。如果将词缀看作功能范畴，词根看作词汇范畴，则词法跟句法一致。此外，"胖"向"子"核心移位，也遵守嫁接与移位同向假设①。

不是所有的词缀都可以驱使词根移位的。能驱使词根移位的词缀由于最终占据合成词的右侧，这种词缀叫后缀。相应的，前缀就不能激发移位了。如：

(2) a. 可爱、可悲、可靠、可信、可恨、可笑、可惜、可喜、可怜、可恶

b.

---

① 在句法计算中，最小投射 X、中间投射 X'与最大投射 XP 也有表达为 X^0、X^1、X^2 的，相应的，在词法计算中，人们就用 X^{-2}、X^{-1}、X^0 分别表示词法中的最小投射、中间投射与最大投射。

(二) 复合词

复合词有些需要功能范畴扩展词根，有些则直接合并。论元的引进需要功能范畴，所以动宾式、主谓式就需要功能范畴扩展词根；像偏正式，则可以直接合并，其中一个为核心，一个为非核心成分。如：

(1) 眼红　手软　胆小
(2) 火红　冰冷　雪白

如果从形式来考虑，上述两组的例子都应该拥有 (3a) 的词法结构，"N" 作为 "A" 的非核心成分，形式上没有差异。如：

(3)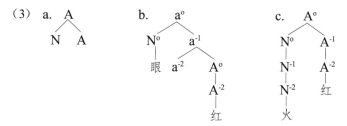

但从论元的引进来看，则两者应有不同的结构，如 (2) 为 (3a)，(1) 为 (3b)。(3a) 也可以改写为 (3c)。

述宾式前后词根之间的关系是支配和被支配的关系。前一语素表示动作、行为，后一语素表示动作、行为支配的对象。它主要构成谓词，也可以构成名词。如：

(4) 出席　得罪　革命　带头　放心　毕业　注意　挂钩　动员
　　　示威　播音
(5) 提纲　司令　顶针　理事　化身　知己　垫肩　卧铺　管家
　　　主席　化石

构成谓词很简单，只要轻动词扩展即可；构成名词，还需要轻名词扩展。如：

(6)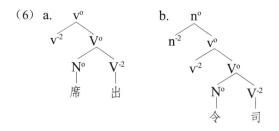

经过核心移位,分别得到"出席"与"司令",(6b)中的 n^{-2} 可实现为"员"。

(三)复杂合成词

复杂合成词的生成方式也类似于句法,即由功能范畴扩展词汇范畴(词根),并为词根选择论元,在推导中,功能范畴也会激发类似于句法中的移位。如:

(1) a.博士生指导老师　　b.老师指导博士生

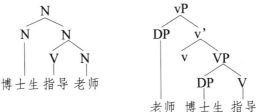

(1a)采用的是合并规则,没有功能范畴对词汇范畴的扩展;(1b)采用的也是合并规则,采用了功能范畴 v 对词汇范畴的扩展。前者不需要移位,而后者需要移位。我们假定词法跟句法操作相同。所以,无论在短语中还是在合成词中,我们都可以假定(1)中"指导"为词汇核心,"博士生"与"老师"都是功能范畴为其选择的论元。合成词的初始结构是(2a):

(2) a.　　　　　　　　　b.

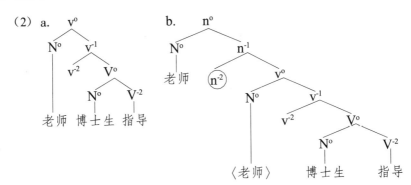

接着采用词汇化操作,即用 n^{-2} 扩展(2a),并让 n^{-2} 激发"老师"移位,使之成为结构体的语义核心,如(2b)。这类似于关系化(3a)与名词化(3b)中的 n,或话题化(3c)中的 Top,都起着激发移位的作用。如:

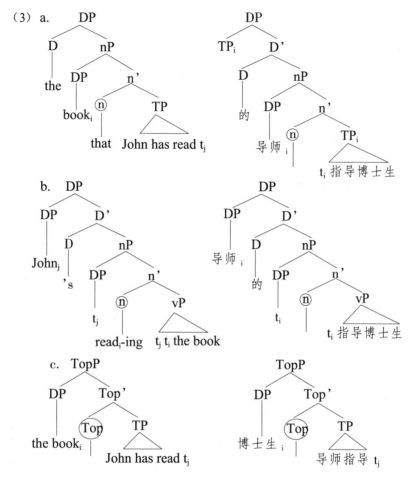

设置n⁻²的理由是：一则是激发"老师"移位；二则是结构保持原则，即使得核心只能向核心位置移位，短语只能向短语位置移位，在词法层面，则是X⁰只能向Y⁰移位，X⁻²只能向Y⁻²移位；三则是英语中n⁻²有-ing、-tion等语音实现。如：

(4) a. book-reading room　　　　图书阅览室
　　b. job-hunting market　　　　人才市场
　　c. web-surfing tool　　　　　网络浏览工具
　　d. cave exploration　　　　　洞穴探索
　　e. star observation　　　　　星体观测
　　f. officer election　　　　　公务员选举

"老师"移位之后,接着增加新的 n^{-2} 以激发"指导"核心移位,如(5a),新的 n^{-2} 还将激发"博士生"在其指示语位置合并,如(5b):

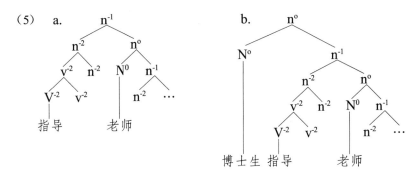

(5b)经过枝叶修正之后,可得到(1a),如:

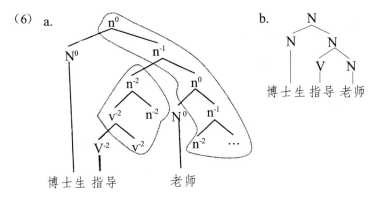

结构堆叠（n^{-2} 扩展 v^0 之后,又接着受 n^{-2} 扩展）与结构保持原则可阻止(7a)的生成:

(7) a. * 饲养军马方法　　* 维修路灯电话　　* 保卫首长人员
　　 b.　军马饲养方法　　　路灯维修电话　　　首长保卫人员

现代汉语有双音化趋势会激发着成分进行核心移位,在词法领域也是这样。如:

(8) a.　修车铺　　　　　榨汁机　　　　　加油站
　　　　钻山豹　　　　　理发店　　　　　写字台
　　 b. * 车修铺　　　　* 汁榨机　　　　* 油加站
　　　 * 山钻豹　　　　* 发理店　　　　* 字写台

词法结构可指派如下:

（9）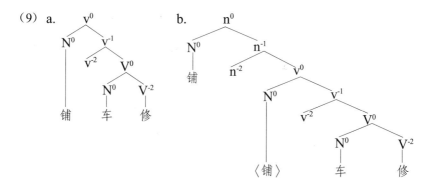

这个结构类似于（2），不同在于，"修"会吸引"车"进行移位，生成"修车"，如（10a），然后核心移位，生成"修车铺"，如（10b）：

（10）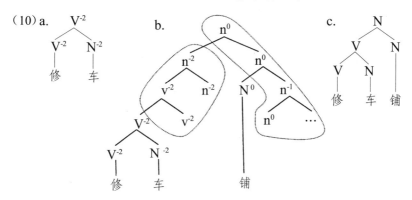

枝叶修剪后，得到（10c）。枝叶修剪对词法计算没有意义，但很直观。

吸引移位的是上层核心，当上层核心是单音节时，往往会吸引下层核心移位，下层核心可以是单音节，也可以是多音节。如：

（11）　抽油烟机　　　　去死皮钳　　　　降血压药
　　　　投硬币口　　　　拜上帝教　　　　取行李处
　　　　抗病毒胶囊　　　反法西斯宣言　　防垃圾邮件程序
（12）＊油烟抽机　　　＊死皮去钳　　　＊血压降药
　　　＊硬币投口　　　＊上帝拜教　　　＊行李取处
　　　＊病毒抗胶囊　　＊法西斯反宣言　＊垃圾邮件防程序

下面似乎是反例：

(13) 电唱机　　　雨刮器　　　脚踏板

其实这不是反例，其中的"电"、"雨""脚"都是附加成分，分别表示"用电"唱，"在雨天"刮雨点，"用脚"踏。如果"雨"、"脚"做论元，则可说"刮雨器"、"踏脚板"。如：

(14) a. 供给机车撒砂装置、风嗽叭和<u>刮雨器</u>等辅助装置所需压缩空气的辅助气路系统。

b. 司机室内装备有机车信号显示器、司机座椅、吹风式电取暖器、空调装置、风扇、<u>刮雨器</u>、顶灯等。

c. <u>脚踏板</u>又称踏脚、承足、盛足，家具中的一种。

d. 打新股的债券型基金既是新手进入证券市场、基金市场的"<u>踏脚板</u>"，也是老基民回避波动、稳健投资的好选择。

有学者主张将"纸张粉碎机"切分为（15a），而我们的看法却近似于(15b)，如：

(15) a. 纸张　粉碎　机　　　b. 纸张　粉碎　机

切分为（15a）的理由有三点：（一）"如果 [N_1 + [V + N_2]] 的划分方式是正确的话，我们就应该得到'泥挡板'这类合成词，可是事实恰恰相反"。（二）"如果将'纸张粉碎机'这种格式都分析为'[纸张[粉碎机]]'，其实就是否认 V 和 N_1 有动宾关系"。（三）"非动宾关系的 N_1 + V + N_2 中 N_1 和 V 之间可以自然地插入'的'（'美国的粉碎机'），而有动宾关系的 N_1 + V + N_2 中 N_1 和 V 之间不能自然地插入'的'（'* 纸张的粉碎机'）"。

在我们看来，第一条理由没有考虑到词汇核心的音节，"纸张粉碎机"与"碎纸机"的差别在于"粉碎"跟"碎"的音节差异；第二条理由没有考虑合并结构与移位结构的差异，在合并结构中，"粉碎"首先跟"纸张"合并，但后来"粉碎"作为核心只能向核心位置移位，相应的，"纸张"只能向其指示语位置移位；第三条理由没有考虑到短语与合成词的差别。

☞ 推荐阅读

程工 2005 汉语"者"字合成复合词及其对普遍语法的启示,《现代外语》,第 3 期。
冯胜利 2004 动宾倒置与韵律构词法,《语言科学》,第 3 期。
冯胜利 2007 韵律语法理论与汉语研究,《语言科学》,第 2 期。
顾阳、沈阳 2001 汉语合成复合词的构造过程,《中国语文》,第 2 期。
何元建 2004 回环理论与汉语构词法,《当代语言学》,第 3 期。
何元建、王玲玲 2005 汉语真假复合词,《语言教学与研究》,第 5 期。
裴雨来、邱金萍等 2010 "纸张粉碎机"的层次结构,《当代语言学》,第 4 期。
熊仲儒 2011 "NP ＋ 好 V"的句法分析,《当代语言学》,第 1 期。
周韧 2011《现代汉语韵律与语法的互动关系研究》,北京:商务印书馆。

📖 练习十四

（一）热身练习

1. 讨论下列动宾短语的推导。

小海看了电视。	小海看了五十分钟的电视。
老李找我谈了话。	老李找我谈了几分钟的话。
我们开了会。	我们开了两小时的会。
陈老师讲了课。	陈老师讲了三小时的课。
育才小学开了运动会。	育才小学开了两天的运动会。
他听了相声。	他听了二十分钟的相声。

2. 根据下面的语料判断"看报""拿信""担心""进口"是词还是短语。

　　（1）a.　看了这份报　　　　　拿了这封信
　　　　 b.＊看报过　　　　　　　＊拿信过
　　（2）a.？担了这个心　　　　　＊进了这个口
　　　　 b.　担心过　　　　　　　进口过
　　　　 c.　担心他弟弟　　　　　进口这批货

3. 讨论下列句法现象。

　　（1）我去洗洗。　　　　　　＊我去洗洗了。
　　　　 你去洗洗!　　　　　　 ＊你去洗洗了!
　　（2）我该去洗洗。　　　　　我该去洗洗了。
　　　　 你该去洗洗。　　　　　你该去洗洗了。

4. 有些 VVO 能改成 OVV，有些不能。为什么？
   （1）洗洗衣服。　　　　　　　把衣服洗洗。
       热热饭。　　　　　　　　把饭热热。
       擦擦桌子。　　　　　　　把桌子擦擦。
   （2）看看电视。　　　　　　*把电视看看。
       骑骑马。　　　　　　　　*把马骑骑。
       打打牌。　　　　　　　　*把牌打打。

（二）巩固练习

1. 讨论下列句子的推导。
   （1）他放了一些钱在我的口袋。　　*他放钱在我的口袋。
   （2）我贴了一张邮票在信封上。　　*我贴邮票在信封上。
   （3）他把汉语翻译成韩语。　　　　*他翻译汉语成韩语。

2. 推导下列语法单位。
   （1）睡觉　　　睡了两个觉　　　　睡了两觉
   （2）打仗　　　打了两次仗　　　　打了两仗
   （3）打架　　　打了两次架　　　　打了两架
   （4）打枪　　　打了几下枪　　　　打了几枪
   （5）打板子　　打了（犯人）几下板子　打了（犯人）几板子

3. 讨论下列短语的推导。
   （1）走夜路　　　　（夜里走路）
   （2）洗热水澡　　　（用热水洗澡）
   （3）拜个晚年　　　（迟到的拜年≈晚拜年）
   （4）吃青春饭　　　（靠青春吃饭）
   （5）吃白食　　　　（白吃东西，不给钱）
   （6）告地状　　　　（用文字在地面上写明遭遇以求人同情、施舍）

4. 讨论下列句子的推导。
   （1）a. 我真想跟他见面。　　　b. 我真想见他的面。
   （2）a. 他会给你帮忙的。　　　b. 他会帮你的忙。
   （3）a. 他到你家给你告状去了。　b. 他到你家告你的状去了。
   （4）a. 您就别跟他生气了。　　b. 您就别生他的气了。

5. 讨论下列复合词的推导。
   （1）文物拍卖网站　　　汽车修理设备　　　商品出售资料
   （2）车载雷达　　　　　手抓羊肉　　　　　港产电影

6. 讨论下列复合词的推导。
   （1）教师学生休息室　　　＊教师休息学生休息室
   （2）老人儿童游乐室　　　＊老人游乐儿童游乐室
   （3）员工顾客留言本　　　＊员工留言顾客留言本
   （4）硕士博士必读书　　　＊硕士必读博士必读书

7. 以下画线词语是不是离合词，为什么？
   （1）他一直很<u>注意</u>这个问题。
   （2）我最不<u>放心</u>这件事。
   （3）他<u>担心</u>你明天来不了。
   （4）他正在<u>起草</u>一个文件。
   （5）别光顾看热闹，<u>当心</u>小偷。
   （6）老人<u>操心</u>儿子的婚事。
   （7）联合国<u>出兵</u>柬埔寨了。

8. 讨论下列画线部分的推导。
   （1）慷慨　　别<u>慷</u>我的<u>慨</u>。
   （2）提醒　　不用你<u>提</u>我的<u>醒</u>。
   （3）放松　　你就<u>放</u>你的<u>松</u>吧。
   （4）演出　　等赚够了钱，我可能不会<u>演</u>太多的<u>出</u>。

9. 请推导以下合成词。
   （1）truck-driver（卡车司机）　　　conference-goer（会议参加者）
   （2）truck-driving（卡车驾驶）　　　conference-going（参加会议）

10. 根据下列语言现象，考察汉语"人口调查、煤炭运输、语言研究"的结构。
    （1）drive a truck　　　　　truck-driving
    （2）trim a tree　　　　　　tree-trimming
    （3）hunt for a house　　　house-hunting

11. 为什么既存在"VO-者"，又存在"OV-者"？
    （1）浪漫文学爱好者　　　课件制作者　　　地下城守护者
    （2）爱好浪漫文学者　　　制作课件者　　　守护地下城者

12. 推导下列语言单位。
    (1) 碎纸机　　　　　　＊纸碎机
    (2) ＊粉碎纸张机　　　　纸张粉碎机
    (3) 养马场　　　　　　＊马养场
    (4) ＊饲养军马场　　　　军马饲养场

13. "出租房"十有八九是定中而不是述宾，"租房屋"肯定是述宾而不是定中，为什么？

主要符号说明

符号	英文名称	中文名称
→	implication	蕴含
¬	negation	否定
λ	lambda operator	兰姆达算子
∀	universal quantifier	全称量词
∃	existential quantifier	存在量词
√	root	词根
A；AP	adjective；adjective phrase	形容词；形容词短语
a	light adjective	轻形容词
Adv	adverb	副词
aff	affix	词缀
Asp	aspect	时体范畴
Be	be	状态范畴
Bec	become	达成范畴
C；CP	complementizer；complementizer phrase	标句词；标句词短语（子句）
Caus	cause	致使范畴
Cl；ClP	classifier；classifier phrase	量词；量词短语
Compare	compare	比较范畴
Conj；ConjP	conjunction；conjunction phrase	连词；连词（并列）短语
D；DP	determiner；determiner phrase	限定词；限定短语
Deg	degree	量度范畴
Do	do	活动范畴

(续表)

符号	英文名称	中文名称
e	empty category	空语类
ET	event time	事件时间
Exist	exist	存在范畴
F	functional category	功能范畴
Foc	focus	焦点范畴
I；IP	inflection; inflectional phrase	屈折范畴；屈折短语（句子）
Imp	imperative	祈使范畴
L	lexical category	词汇范畴
Loc	locative	方位词
Mo	mood	语气词
Mod	modal	能性范畴
N；NP	noun; noun phrase	名词；名词短语
n	light noun	轻名词
n*	n with complete phi-features	phi-特征集完整的轻名词
Neg	negation	否定词
Num	number	数词
OP	operator	算子
P	phrase	短语
P；PP	preposition; prepositional phrase	介词；介词短语
p	light preposition	轻介词
Pass	passive	被动范畴
Poss	possession	领有范畴
Pro	empty pronominal element	零形式的主语论元
Prt	particle	小品词
Purp	purpose	目的范畴
R	root	抽象谓词（词根）

(续表)

符号	英文名称	中文名称
RT	reference time	参考时间
S	sentence	句子
Spec	specifier	指示语
ST	speak time	说话时间
T	tense	时制范畴
t	trace	语迹
Target	target	目标范畴
Top	topic	话题范畴
V；VP	verb；verb phrase	动词；动词短语
v	light verb	轻动词
v*	v with complete phi-features	phi-特征集完整的轻动词
X	type x	任意范畴
X'	intermediate syntactic phrase of type X	词的中间投射（中间短语）
XP	full syntactic phrase of type X	词的最大投射（短语）
X^0	syntactic head of type X	词（语素的最大投射、词的最小投射）
X^1	intermediate morphologic word of type X	语素的中间投射
X^2	morphologic head of type X	语素

后 记

我是2003年从北京语言大学毕业的。一晃,十年过去了。这十年里,我除了教书,就是读书写作。《当代语法学教程》就是我这十年来教学科研成果的一个大整合。

这十年里,我的研究主要有两条线,一是顺着动词往上做,二是沿着动词往名词里做。顺着动词往上做,是说先做题元层,再做形态层,最后做话语层;沿着动词往名词里做,是说将动词里的成果往名词里拓展。最近,我又找到了第三个领域,那就是形容词研究。《当代语法学教程》中大部分章节的主体内容,我都有相关的论著发表;对其中的每一个写作内容,我都做了精深的钻研。

这十年里,我先后获得了安徽省社科项目"虚词'的'与皖西赣语中名词短语研究"(AHSK05-06D28)、国家社科基金项目"英汉论元结构的对比研究"(08BYY002)与教育部规划项目"英汉名词短语的对比研究"(12YJA740082)等项目的资助。感谢这些基金项目,因为它让我可以轻松愉悦地开展工作,也让我取得了一些科研成果。《当代语法学教程》也是这些基金项目的成果转化。

这十年里,我得到《安徽师范大学学报》《当代语言学》《汉语学习》《华文教学与研究》《世界汉语教学》《外国语》《外语学刊》《现代外语》《语言暨语言学》《语言科学》《中国语文》等学术期刊的编辑及其审稿人的指导与帮助。感谢这些学术期刊,它使我的学术成果得到了完善、发表与传播。《当代语法学教程》的大多内容来自于我在这些期刊发表的论文。

这十年里,我一直在给学生讲授语法学及相关课程。在教学中,我们选用过相关的中文教材,也选用过英文教材,最后选择了我自编的讲义。感谢你们,我亲爱的学生,感谢你们的容忍、捧场与积极评价,你们的积极评价和优秀表现是我科研与教学的不懈动力,也是《当代语法学教程》能够不断编写不断完善的动因。

最后,我要感谢北京大学出版社的支持,特别是王飙先生与唐娟华女士，他们为本书的出版，付出了辛勤的劳动。王飙先生在接到书稿后，非常热忱，不仅帮我做读者定位，而且帮我确定书的名称。原来我是按照我们的课程名称来安排书名的，这没有很好地突显当代性。在王飙先生的建议下，我对书稿作了进一步的调整和修改。唐娟华女士，非常认真细致，还亲自打电话跟我确认书中的例句、图示和某些表达。谢谢你们，辛苦了！是你们的辛苦使《当代语法学教程》能够面世。

熊仲儒
2013 年 8 月

北京大学出版社语言学教材方阵

博雅21世纪汉语言专业规划教材：专业基础教材系列

  现代汉语（上）　黄伯荣、李炜主编
  现代汉语（下）　黄伯荣、李炜主编
  现代汉语学习参考　黄伯荣、李炜主编
  语言学纲要（修订版）　叶蜚声、徐通锵著，王洪君、李娟修订
  语言学纲要（修订版）学习指导书　王洪君等编著
  古代汉语　邵永海主编（即出）
  古代汉语阅读文选　邵永海主编（即出）
  古代汉语常识　邵永海主编（即出）

博雅21世纪汉语言专业规划教材：专业方向基础教材系列

  语音学教程（增订版）　林焘、王理嘉著，王韫佳、王理嘉增订
  词汇学教程　周荐著
  当代语法学教程　熊仲儒著
  修辞学教程（修订版）　陈汝东著（即出）
  汉语方言学基础教程　李小凡、项梦冰编著
  新编语义学概要（修订版）　伍谦光编著
  语用学教程（修订版）　索振羽编著（即出）
  新编社会语言学概论　祝畹瑾主编
  计算语言学教程　詹卫东编著（即出）
  音韵学教程（第四版）　唐作藩著
  音韵学教程学习指导书　唐作藩、邱克威编著
  训诂学教程（第三版）　许威汉著
  校勘学教程　管锡华著
  文字学教程　喻遂生著（即出）
  文化语言学教程　戴昭铭著（即出）
  实验语音学基础教程　孔江平编著（即出）

博雅21世纪汉语言专业规划教材:专题研究教材系列

现代汉语语法研究教程(第四版)　陆俭明著
汉语语法专题研究(增订版)　邵敬敏等著
现代汉语词汇(增订版)　符淮青著(即出)
新编语用学概论　何自然、冉永平编著
现代实用汉语修辞(修订版)　李庆荣编著
汉语语音史教程　唐作藩著
近代汉语研究概要　蒋绍愚著
实验语音学概要(增订版)　鲍怀翘主编(即出)
外国语言学简史　李娟编著(即出)